DR. OETKER
CAKES & COOKIES VON A-Z

DR. OETKER CAKES & COOKIES VON A–Z

Dr. Oetker Verlag

Abkürzungen

EL	=	Esslöffel
TL	=	Teelöffel
Msp.	=	Messerspitze
Pck.	=	Packung/Päckchen
g	=	Gramm
kg	=	Kilogramm
ml	=	Milliliter
l	=	Liter
evtl.	=	eventuell
geh.	=	gehäuft
gem.	=	gemahlen
ger.	=	gerieben
gestr.	=	gestrichen
TK	=	Tiefkühlprodukt
°C	=	Grad Celsius
Ø	=	Durchmesser

Kalorien-/Nährwertangaben

E	=	Eiweiß
F	=	Fett
Kh	=	Kohlenhydrate
kJ	=	Kilojoule
kcal	=	Kilokalorien
BE	=	Broteinheiten

Bei den Nährwertangaben in den Rezepten handelt es sich um auf- bzw. abgerundete ganze Werte. Lediglich die Broteinheiten werden in 0,5er-Schritten mit einer Stelle nach dem Komma angegeben.
Aufgrund von ständigen Rohstoffschwankungen und/oder Rezepturveränderungen bei Lebensmitteln, kann es zu Abweichungen kommen. Die Nährwertangaben dienen daher lediglich Ihrer Orientierung und eignen sich nur bedingt für die Berechnung eines Diätplans, zum Beispiel bei Krankheiten wie Diabetes.
Bei krankheitsbedingten Diäten richten Sie sich daher bitte nach den Anweisungen Ihres Diätassistenten bzw. Ihres Arztes.

Allgemeine Hinweise

Lesen Sie vor der Zubereitung – besser noch vor dem Einkauf – das Rezept einmal vollständig durch. Oft werden Arbeitsabläufe oder -zusammenhänge dann klarer.

Zutatenliste und Arbeitsschritte

Die Zutaten sind in der Reihenfolge ihrer Verarbeitung aufgeführt.
Die Arbeitsschritte sind einzeln hervorgehoben, in der Reihenfolge, in der sie von uns ausprobiert wurden.

Zubereitungszeiten

Die Zubereitungszeit ist ein Anhaltswert für die Zeit der Vorbereitung und die eigentliche Zubereitung. Sie variiert je nach Geschick und Übung. Wartezeiten, wie Abkühl-, Kühl- oder Auftauzeiten sind, sofern parallel keine weitere Tätigkeit erfolgt, nicht darin enthalten. Die Backzeiten werden gesondert ausgewiesen.

Backofeneinstellung und Backzeiten

Die in den Rezepten angegebenen Backtemperaturen und -zeiten sind Richtwerte, die je nach individueller Hitzeleistung Ihres Backofens über- oder unterschritten werden können. Gegen Ende der angegebenen Backzeit sollten die Gebäcke genau beobachtet werden. Machen Sie nach Beendigung der angegebenen Backzeit eine Garprobe.
Die Temperaturangaben in diesem Buch beziehen sich auf Elektrobacköfen. Die Temperatureinstellmöglichkeiten für Gasbacköfen variieren je nach Hersteller sehr stark, sodass wir keine allgemeingültigen Angaben machen können. Bitte beachten Sie deshalb bei der Einstellung des Backofens die Gebrauchsanleitung des Herstellers.

Einschubhöhe

Die Einschubhöhe von Blechen und Formen ist immer dann die Mitte des Backofens, wenn nichts anderes angegeben ist. Ansonsten gilt: Hohe und halbhohe Formen werden im Allgemeinen auf dem Rost im unteren Drittel des Backofens eingeschoben, flache Formen auf dem Rost in die mittlere Einschubleiste. Blechkuchen und Kleingebäck gelingen am besten in der Mitte des Backofens. Abweichungen sind möglich und von der Ausführung Ihres Backofens abhängig (Herstellerangaben beachten).

Nur frische Eier verwenden

Bei der Zubereitung von Torten oder Füllungen mit frischen Eiern, die später nicht gebacken werden, nur Eier verwenden, die eine Resthaltbarkeit von mindestens 23 Tagen haben (Legedatum beachten!).

Vorwort

Herrlich cremige Cheesecakes aus Bröselböden und Frischkäse- oder Crème-fraîche-Füllungen. Große, runde und mächtige Cookies – innen weich, außen knusprig, wahlweise mit Schokolade, Nüssen oder Früchten. Unvergleichlich saftige Brownies, mit der Extraportion Schokolade für die Glücksgefühlgarantie. Hoch geschichtete Layer Cakes aus mehreren Böden und verführerischen Cremes. Zuckersüße Cake Pops aus Kuchenkrümeln geformt oder im Cake-Pop-Maker gebacken. Süße und softe Whoopies: feine Kuchensandwiches zum Dahinschmelzen. Supersaftige und supereinfache Mixerkuchen, die auf Knopfdruck im Standmixer oder mit dem Pürierstab entstehen.

Diese und noch viele weitere Gebäck-Favoriten aus Coffeeshops, trendigen Konditoreien und von leidenschaftlichen Do-it-yourself-Backfeen finden Sie hier versammelt. Die perfekte Ergänzung zu „Cupcakes & Muffins von A–Z" – für das ultimative Coffeeshop-Feeling @ home.

New York Cheesecake, Triple Chocolate Cookies, Apfel-Brownies, Erdnuss-Layer-Cake, Cinnamon Rolls, Erdbeer-Schoko-Whoopies oder Zitronen-Pops sind die besten Alternativen zum schlichten Kuchenstück und garantiertes Highlight auf jeder Party.

Alle Rezepte wurden wie immer von uns getestet und so für Sie aufgeschrieben, dass sie garantiert gelingen.

Ananas-Cookies | Fruchtig
12 Stück

Pro Stück: E: 5 g, F: 14 g, Kh: 34 g,
kJ: 1217, kcal: 291, BE: 3,0

Zum Vorbereiten:

1/2 frische Ananas
(etwa 800 g)

Für den Teig:

100 g Butter (zimmerwarm)
100 g brauner Zucker
1 Prise Salz
1 Pck. Dr. Oetker Finesse
Orangenschalen-Aroma
1 Ei (Größe M)
150 g Weizenmehl
50 g Kokosraspel
1 Msp. Natron

Für die Streusel:

100 g Weizenmehl
60 g Erdnussbutter (kalt)
25 g Butter (zimmerwarm)
25 g brauner Zucker
1 EL kaltes Wasser

Außerdem:

2 EL Orangenmarmelade

Zubereitungszeit: 40 Minuten, ohne Abkühlzeit
Trockenzeit: 60 Minuten
Backzeit: 15–20 Minuten je Backblech

1. Den Backofen vorheizen.
Ober-/Unterhitze: etwa 120 °C
Heißluft: etwa 100 °C

2. Zum Vorbereiten die Ananas schälen und mit einem scharfen Messer in 12 dünne Scheiben schneiden. Den Strunk rund ausstechen.

3. Die Ananasscheiben nebeneinander auf einen Back-ofenrost (mit Backpapier belegt) legen. Rost in den vor-geheizten Backofen schieben und die Ananasscheiben **etwa 60 Minuten antrocknen lassen.**

4. Rost aus dem Backofen nehmen. Die Ananas-scheiben mit dem Backpapier von dem heißen Back-ofenrost auf einen Kuchenrost ziehen und erkalten lassen.

5. Den Backofen vorheizen.
Ober-/Unterhitze: etwa 180 °C
Heißluft: etwa 160 °C

6. Für den Teig Butter in eine Rührschüssel geben. Zucker, Salz und Aroma hinzufügen. Die Zutaten mit einem Mixer (Rührstäbe) zunächst kurz auf niedrigster, dann auf höchster Stufe schaumig schlagen. Das Ei etwa 1 Minute unterrühren.

7. Mehl, Kokosraspel und Natron mischen. Die Mehl-mischung mit einem Teigschaber unter die Butter-Ei-Masse heben.

8. Für die Streusel Mehl in eine Rührschüssel geben. Erdnussbutter, Butter, Zucker und Wasser hinzufügen. Die Zutaten mit einem Mixer (Rührstäbe) zunächst kurz auf niedrigster, dann auf höchster Stufe zu feinen Streuseln verarbeiten.

9. Den Teig mit 2 Esslöffeln oder einem Eisportionie-rer in gleich großen, runden Häufchen auf Backbleche (gefettet, mit Backpapier belegt) setzen, dabei genü-gend Abstand zwischen den Teighäufchen lassen.

10. Die Teighäufchen mit einem in Wasser getauch-ten Löffel flach drücken, etwa 1/2 cm kleiner als die Ananasscheiben. Auf jeden Teigkreis 1 Ananasschei-be legen.

11. Die Ananasscheiben jeweils dünn mit glatt ge-rührter Marmelade bestreichen, anschließend mit Streuseln bestreuen.

12. Die Backbleche nacheinander (bei Heißluft zu-sammen) in den vorgeheizten Backofen schieben. Die Ananas-Cookies **15–20 Minuten je Backblech backen.**

13. Die Ananas-Cookies mit dem Backpapier von den Backblechen auf Kuchenroste ziehen und erkalten lassen.

Äpfel & Birnen I
Erntezeit
12–14 Stück

Pro Stück: E: 3 g, F: 11 g, Kh: 21 g,
kJ: 823, kcal: 196, BE: 2,0

Für die Cake-Pop-Masse:
- 200 g Vollkorn-Haferflockenkekse
- 100 g Doppelrahm-Frischkäse
- 50 g Apfelkraut oder
  Birnenkonfitüre
  (aus dem Glas)

Zum Garnieren:
- 180 g Schmelzdrops (grün)
- 25 g Marzipan-Rohmasse
- 1 EL gesiebter Backkakao
- 12–14 vorbereitete kleine
  Zitronenmelisseblättchen

Außerdem:
- 12–14 Lollistiele aus Plastik, Holz
  oder Papier
- 1 Stück Styropor
- 1 unbenutzte Zahnbürste

Zubereitungszeit: 2 Stunden, ohne Kühlzeit

1. Für die Cake-Pop-Masse die Kekse in einen Gefrierbeutel geben. Den Beutel fest verschließen. Die Kekse mit einer Teigrolle fein zerbröseln.

2. Frischkäse mit Apfelkraut oder Birnenkonfitüre gut verrühren, Keksbrösel hinzugeben. Dann die Zutaten mit einem Mixer (Knethaken) auf niedrigster Stufe so lange verkneten, bis sich die Brösel mit der Creme verbunden haben.

3. Die Cake-Pop-Masse zwischen den Handflächen erst zu Kugeln rollen (je etwa 30 g), dann daraus Äpfel und Birnen formen und auf ein Backblech (mit Backpapier belegt) legen.

4. Zum Garnieren Schmelzdrops nach Packungsanleitung schmelzen. Die Lollistiele etwa 2 cm tief hineintauchen, dann von unten in die Äpfel und Birnen stecken. Die Cake Pops etwa 30 Minuten in den Kühlschank legen.

5. Marzipan mit ½ Teelöffel Kakao braun einfärben. Daraus kleine Stiele für die Früchte formen.

6. Die grüne Glasur nochmals schmelzen. Cake Pops an den Stielen hineintauchen, etwas abtropfen lassen, dann mit den Stielen in ein Stück Styropor stecken. Kurz bevor die Glasur getrocknet ist, die Marzipanstiele hineinstecken.

7. Nach Belieben jeweils 1 abgespültes, trocken getupftes Zitronenmelisseblättchen dicht an den Stielen „festkleben".

8. Restlichen Kakao mit einigen Tropfen Wasser zu einer dickflüssigen Masse verrühren.

9. Die Zahnbürste in die Kakaomasse tunken, dann so mit dem Zeigefinger darüberstreichen, dass die Kakaomasse in kleinen Pünktchen auf die Äpfel und Birnen spritzt. Glasur trocknen lassen.

Tipps: Die Cake Pops sind in Frischhaltefolie gewickelt an einem kühlen Ort 2–3 Tage haltbar. Schmelzdrops bekommen Sie in Fachgeschäften, über das Internet und teilweise auch in gut sortierten Supermärkten. Es gibt sie in unterschiedlichen Farben und Geschmacksrichtungen.

Apfel-Brownies | Saftig

12 Stücke

Pro Stück: E: 9 g, F: 45 g, Kh: 61 g,
kJ: 2848, kcal: 682, BE: 5,0

Zum Vorbereiten:
2 Äpfel (etwa 320 g)
200 ml Apfelsaft oder Cidre

Für den Teig:
300 g Zartbitter-Kuvertüre
300 g Butter oder Margarine
220 g Zucker
1 Prise Salz
4 Eier (Größe M)
100 g Weizenmehl
25 g gesiebter Backkakao
2 gestr. TL Dr. Oetker Backin
100 g gehackte Walnusskerne

Für den Guss:
250 g Vollmilch- oder Zartbitter-
Kuvertüre
180 ml Milch (1,5 % Fett)

Zum Garnieren:
150 g getrocknete Apfelringe

Zubereitungszeit: 40 Minuten,
ohne Abkühl- und Trockenzeit
Backzeit: etwa 25 Minuten

1. Zum Vorbereiten die Äpfel schälen, achteln und
entkernen. Die Apfelspalten in 2 cm dicke Stücke
schneiden. Apfelstücke mit Apfelsaft oder Cidre in
einem kleinen Topf zugedeckt 4–5 Minuten kochen
lassen. Anschließend den Topf von der Kochstelle
nehmen. Die Apfelmasse abkühlen lassen.

2. Den Backofen vorheizen.
Ober-/Unterhitze: etwa 200 °C
Heißluft: etwa 180 °C

3. Für den Teig Kuvertüre in grobe Stücke hacken.
Die Äpfel in ein Sieb geben, die Flüssigkeit dabei
auffangen und beiseitestellen. Butter oder Margarine

in einem Topf zerlassen, dann von der Kochstelle
nehmen. Die Kuvertürestücke unter Rühren darin
schmelzen.

4. Zucker mit Salz und Eiern in einer Rührschüssel
mit dem Mixer (Rührstäbe) auf höchster Stufe etwa
3 Minuten schlagen. Das flüssige Kuvertüre-Fett kurz
unterrühren.

5. Mehl mit Kakao, Backpulver und Nusskernen gut
vermischen. Die Mehl-Nuss-Mischung mit einem
Schneebesen unter die Kuvertüre-Ei-Masse heben.
Zuletzt die Apfelstücke vorsichtig unterheben.

6. Einen Backrahmen (32 x 26 cm) auf ein Backblech
(mit Backpapier belegt) stellen. Den Teig einfüllen und
glatt streichen.

7. Das Backblech in den vorgeheizten Backofen
schieben. Den Kuchen **etwa 25 Minuten backen.**

8. Das Backblech auf einen Kuchenrost stellen. Den
Apfel-Brownie-Kuchen sofort mit 50 ml von der beiseitegestellten Flüssigkeit bestreichen und erkalten
lassen.

9. Für den Guss und zum Garnieren von der Kuvertüre
mit einem Sparschäler 3–4 Esslöffel Kuvertürelocken
abschaben und beiseitestellen. Die restliche Kuvertüre
in grobe Stücke hacken.

10. Milch in einem Topf erhitzen. Den Topf von der
Kochstelle nehmen und die gehackte Kuvertüre unter
Rühren darin schmelzen.

11. Den Guss auf den Brownie-Kuchen geben, gleichmäßig verstreichen und mit den Apfelringen belegen.
Den Guss etwa 30 Minuten im Kühlschrank trocknen
lassen.

12. Den Backrahmen vorsichtig lösen und entfernen.
Apfel-Brownie-Kuchen vorsichtig in Stücke schneiden
und mit den Kuvertürelocken bestreuen.

Tipps: Sie können die getrockneten Apfelringe auch
weglassen. Bestreuen Sie die Brownies statt mit Zartbitter-Kuvertüre mit weißen Schokoladenspänen.

Apfel-Krokant-Whoopies ▮

Leckerschmecker
10 Stück

Pro Stück: E: 4 g, F: 20 g, Kh: 38 g,
kJ: 1479, kcal: 353, BE: 3,0

Zum Vorbereiten:

1–2	Äpfel (300 g)
80 g	Extra Gelierzucker (2:1)
3 TL	Zitronensaft

Für den Teig:

120 g	Butter (zimmerwarm)
80 g	Zucker
1 Prise	Salz
2	Eier (Größe M)
120 g	Weizenmehl
3 gestr. TL	Dr. Oetker Backin
1 Pck.	Gala Bourbon-Vanille-Pudding-Pulver
80 g	Haselnuss-Krokant
3 EL	Milch

Für die Füllung:

200 g	Mascarpone (ital. Frischkäse)

Zubereitungszeit: 40 Minuten, ohne Kühlzeit
Backzeit: etwa 10 Minuten je Backblech

1. Zum Vorbereiten die Äpfel schälen, vierteln und entkernen. Apfelviertel in etwa 7 mm große Würfel schneiden. Die Apfelwürfel mit dem Gelierzucker und dem Zitronensaft in einem Topf sorgfältig vermischen. Die Zutaten zum Kochen bringen und unter Rühren etwa 5 Minuten kochen lassen. Die Apfelmasse in eine Schüssel geben und vollständig erkalten lassen.

2. In der Zwischenzeit den Backofen vorheizen.
Ober-/Unterhitze: etwa 200 °C
Heißluft: etwa 180 °C

3. Für den Teig die sehr weiche Butter sowie Zucker und Salz mit einem Mixer (Rührstäbe) zunächst kurz auf niedrigster, dann auf höchster Stufe in etwa 4 Minuten schaumig schlagen. Die Eier nach und nach unterrühren (jedes Ei etwa ½ Minute).

4. Das Mehl mit Backpulver und Pudding-Pulver sowie 60 g von dem Krokant gut vermischen. Die Mehlmischung unter die Buttermasse heben. Milch unterrühren. Teig in einen Spritzbeutel mit großer Lochtülle (Ø 1 ½ cm) geben. 20 kleine Teighäufchen auf Backbleche (gefettet, mit Backpapier belegt) spritzen. Dabei genügend Abstand zwischen den Teighäufchen lassen. Die Teighäufchen mit einem Messer sorgfältig zu Kreisen (Ø je 5 cm) verstreichen. Teigkreise mit dem restlichen Krokant bestreuen.

5. Die Backbleche nacheinander (bei Heißluft zusammen) in den vorgeheizten Backofen schieben. Die Whoopies **etwa 10 Minuten je Backblech backen.**

6. Die Whoopies mit dem Backpapier von den Backblechen auf Kuchenroste ziehen und erkalten lassen.

7. Für die Füllung Mascarpone kurz glatt rühren. Die vorbereitete Apfelmasse unterheben. Die Apfel-Mascarpone-Creme mit einem Teigschaber so lange rühren, bis sie anfängt dicklich zu werden. Die Apfelfüllung mit einem Löffel auf der glatten Seite von 10 Whoopies verteilen. Die restlichen Whoopies daraufsetzen und leicht andrücken. Die Apfel-Krokant-Whoopies zugedeckt etwa 30 Minuten in den Kühlschrank stellen.

Apfel-Möhren-Küchlein | Partytauglich
24 Stück

Pro Stück: E: 2 g, F: 5 g, Kh: 17 g,
kJ: 496, kcal: 118, BE: 1,5

Zum Vorbereiten:

    ½ *Apfel (etwa 80 g)*
    ½ *Möhre (etwa 50 g)*

Für den Teig:

    180 g *Weizenmehl*
    1 TL *Dr. Oetker Backin*
    80 g *brauner Zucker*
    1 Pck. *Dr. Oetker Vanillin-Zucker*
    1 Prise *Salz*
    ½ TL *gem. Zimt*
    2 *Eier (Größe M)*
    50 ml *Speiseöl, z. B. Sonnenblumenöl*
    50 g *Buttermilch*

    24 *Waffelbecher*
    (mit kakaohaltiger Fettglasur)

Zum Garnieren:

    50 g *Puderzucker*
    1–2 TL *Zitronensaft*
    etwa 6 *Marzipan-Möhren*
    etwa 6 *Deko-Blüten aus Esspapier*
    50 g *Vollmilch-Kuvertüre*
    einige *kleine bunte Schokolinsen*
    etwa 4 *Schokoplätzchen mit bunten*
    Zuckerperlen
    einige *weiße Schokostreusel*

Zubereitungszeit: 60 Minuten, ohne Abkühlzeit
Backzeit: etwa 20 Minuten

1. Zum Vorbereiten die Apfelhälfte schälen, halbieren, entkernen. Die Möhre putzen, schälen, abspülen und abtropfen lassen. Apfelviertel und Möhre grob raspeln, mit Frischhaltefolie zugedeckt in den Kühlschrank stellen.

2. Den Backofen vorheizen.
Ober-/Unterhitze: etwa 180 °C
Heißluft: etwa 160 °C

3. Für den Teig Mehl mit Backpulver, Zucker, Vanillin-Zucker, Salz und Zimt in einer Rührschüssel vermischen. Eier, Öl und Buttermilch zu den trockenen Zutaten hinzufügen.

4. Die Zutaten mit einem Mixer (Rührstäbe) kurz auf niedrigster, dann auf höchster Stufe in etwa 2 Minuten zu einem glatten Teig verarbeiten. Apfel- und Möhren-raspel vorsichtig mit einem Teigschaber kurz unter-heben.

5. Die Waffelbecher auf ein Backblech (gefettet, mit Backpapier belegt) stellen. Den Teig mithilfe von 2 Teelöffeln gleichmäßig in den Waffelbechern verteilen.

6. Das Backblech in den vorgeheizten Backofen schieben. Apfel-Möhren-Küchlein **etwa 20 Minuten backen.**

7. Das Backblech auf einen Kuchenrost stellen. Die Apfel-Möhren-Küchlein erkalten lassen.

8. Zum Garnieren Puderzucker in eine kleine Schale geben, mit dem Zitronensaft zu einem dickflüssigen Guss verarbeiten. Guss in einen kleinen Gefrierbeutel füllen. Eine kleine Spitze abschneiden.

9. Auf die Hälfte der Küchlein mit jeweils einem Tropfen vom Guss die Marzipan-Möhren und Deko-Blüten ankleben.

10. Kuvertüre nach Packungsanleitung schmelzen und ebenfalls in einen kleinen Gefrierbeutel geben. Eine kleine Spitze abschneiden. Restliche Küchlein mit Kuvertüre überziehen und mit den Schokolinsen, Schokoplätzchen und -streuseln garnieren. Kuvertüre trocknen lassen.

Tipps: Schneller geht's, wenn man die fertigen, kal-ten Küchlein mit einem Silikonpinsel oder einem klei-nen Löffel mit Zuckerguss oder Kuvertüre bestreicht und die Garnierung daraufstreut. Zum Garnieren kön-nen Sie zum Beispiel auch bunte Streusel, geröstete Kokosraspel oder gehackte Mandeln nehmen. Zum „Ankleben" eignet sich auch Zuckerschrift (aus der Tube).

Apple Cookies I
Fruchtig
8–9 große Cookies

Pro Stück: E: 4 g, F: 11 g, Kh: 22 g,
kJ: 864, kcal: 206, BE: 2,0

Zum Vorbereiten:
½ Apfel (etwa 100 g)
2 EL Zitronensaft

Für den Teig:
75 g Butter (zimmerwarm)
80 g brauner Zucker
1 Prise Salz
1 Ei (Größe M)
80 g Weizenmehl
1 Msp. Natron
2 EL kernige Haferflocken
50 g geröstete, gestiftelte Mandeln
25 g getrocknete Cranberrys

Zubereitungszeit: 40 Minuten
Backzeit: etwa 15 Minuten

1. Zum Vorbereiten die Apfelhälfte schälen, halbieren und entkernen, dann in ½ cm breite Stifte schneiden. Die Apfelstifte mit Zitronensaft beträufeln.

2. Den Backofen vorheizen.
Ober-/Unterhitze: etwa 200 °C
Heißluft: etwa 180 °C

3. Für den Teig Butter mit Zucker und Salz in einer Rührschüssel mit einem Mixer (Rührstäbe) zunächst kurz auf niedrigster, dann auf höchster Stufe schaumig schlagen. Das Ei etwa 1 Minute unterschlagen.

4. Mehl mit Natron, Haferflocken, Mandeln, Cranberrys und Apfelstiften mischen, daraufgeben und unterheben.

5. Den Teig mit 2 Esslöffeln oder einem Eisportionierer in gleich großen, runden Häufchen auf ein Backblech (gefettet, mit Backpapier belegt) setzen, dabei genügend Abstand zwischen den Häufchen lassen.

6. Die Teighäufchen mit einem in Wasser getauchten Löffel zu flachen Cookies verstreichen.

7. Das Backblech in den vorgeheizten Backofen schieben. Die Apple Cookies **etwa 15 Minuten backen.**

8. Die Apple Cookies mit dem Backpapier von dem Backblech auf einen Kuchenrost ziehen und erkalten lassen.

Tipps: Die Cookies sind etwa 5 Tage haltbar. Verschenken Sie die Cookies als Backmischung: Die trockenen Zutaten nacheinander evtl. mit einem Trichter in eine Glasflasche schichten. Restliche Zutaten auf einen Anhänger schreiben und mit dem Rezept dazulegen. Statt des frischen ½ Apfels können Sie auch 4–5 getrocknete Apfelringe in kleine Stücke schneiden und unter den Teig heben. Zum Garnieren die Apple Cookies nach dem Erkalten mit etwas Puderzucker bestäuben. Hübsch sieht es auch aus, wenn Sie die Cookies mit dunkler Kuchenglasur besprenkeln.

Rezeptvariante: Für **Pear Cookies** ersetzen Sie den ½ Apfel durch ½ Birne. Achten Sie darauf, eine Birne mit festem Fruchtfleisch zu verwenden. Statt der gerösteten Mandeln nehmen Sie gehobelte Haselnuss-, Walnuss- oder Paranusskerne. Rühren Sie außerdem noch Rosinen oder klein geschnittene, getrocknete Sauerkirschen statt der Cranberrys unter den Teig. 1 Prise gemahlener Ingwer verleiht den Pear Cookies ein feines Aroma.

Apple Pie Cookies | Zum Mitnehmen
12 Stück

Pro Stück: E: 5 g, F: 17 g, Kh: 31 g,
kJ: 1262, kcal: 301, BE: 2,5

Für den Knetteig:

300 g	Weizenmehl
200 g	Butter oder Margarine
100 g	Zucker
1 Prise	Salz
1	Eigelb (Größe M)

Für die Füllung:

4 EL	Sesamsamen, geschält
1	Apfel (etwa 180 g)
150 g	Möhren
2 EL	flüssiger Honig
2 EL	Zitronensaft
5–10 g	frischer Ingwer
1–2 Msp.	gem. Kardamom

Zum Bestreichen:

1	Eiweiß (Größe M)
2 EL	Wasser
3 EL	Milch

Zubereitungszeit: 40 Minuten, ohne Kühlzeit
Backzeit: 18–20 Minuten je Backblech

1. Für den Teig Mehl in eine Rührschüssel geben. Restliche Zutaten hinzufügen und mit einem Mixer (Knethaken) zunächst kurz auf niedrigster, dann auf höchster Stufe gut durcharbeiten.

2. Anschließend auf einer leicht bemehlten Arbeitsfläche kurz zu einem Teig verkneten. Den Teig in Frischhaltefolie gewickelt etwa 60 Minuten in den Kühlschrank legen.

3. Für die Füllung in der Zwischenzeit 3 Esslöffel Sesamsamen in einer Pfanne ohne Fett unter Wenden goldbraun rösten und auf einen Teller geben.

4. Apfel schälen, achteln und entkernen. Die Apfelachtel in 3 mm dicke Stücke schneiden. Die Möhren schälen und grob raspeln.

5. Apfelstücke mit Möhrenraspeln, Honig und Zitronensaft in einen Topf geben, zum Kochen bringen und etwa 4 Minuten kochen lassen. Anschließend die Apfel-Möhren-Füllung in ein Sieb geben, gut abtropfen lassen und in eine Schüssel umfüllen.

6. Den Ingwer schälen und fein hacken. Die Füllung mit Ingwer und Kardamom würzen. Den gerösteten Sesamsamen unterrühren.

7. Den Backofen vorheizen.
Ober-/Unterhitze: etwa 180 °C
Heißluft: etwa 160 °C

8. Den Knetteig kurz durchkneten und auf der leicht bemehlten Arbeitsfläche 3–4 mm dick ausrollen. Aus dem Teig Kreise (Ø 8 1/2 cm) ausstechen.

9. Die Teigreste wieder zusammenkneten, erneut ausrollen und weitere Kreise ausstechen. Den Vorgang so oft wiederholen, bis der Teig verbraucht ist.

10. Eiweiß mit dem Wasser verschlagen. Die Hälfte der Teigkreise auf Backbleche (mit Backpapier belegt) legen, dabei genügend Abstand zwischen den Teigkreisen lassen. Die Kreise mit Eiweiß bepinseln.

11. In die Mitte der Kreise ein Häufchen Füllung (je etwa 1 Esslöffel – 15 g) setzen. Die Füllung mit einem weiteren Teigkreis belegen, den Rand vorsichtig festdrücken und nach Belieben mit einer Gabel dekorativ eindrücken.

12. Die Cookies mit Milch bestreichen und mit dem restlichen (ungerösteten) Sesam bestreuen.

13. Die Backbleche nacheinander (bei Heißluft zusammen) in den vorgeheizten Backofen schieben. Die Cookies in **18–20 Minuten je Backblech goldbraun backen.**

14. Die Backbleche auf Kuchenroste stellen und die Apple Pie Cookies auf den Backblechen erkalten lassen.

Tipp: Apple Pie Cookies können Sie in gut schließenden Dosen und kühl gestellt 2–3 Tage aufbewahren.

Banana Cheesecake I

Für Kinder
16 Stücke

Pro Stück: E: 6 g, F: 24 g, Kh: 29 g,
kJ: 1475, kcal: 355, BE: 2,5

Für den Knetteig:

190 g	Weizenmehl
120 g	Butter oder Margarine
70 g	brauner Zucker
1 Prise	Salz
1	Eigelb (Größe M)

Für die Füllung:

4–5	mittelgroße Bananen
	(etwa 650 g)
4	Eier (Größe M)
100 g	brauner Zucker
200 g	Schmand (Sauerrahm)
600 g	Doppelrahm-Frischkäse
75 g	Schoko-Tröpfchen

Zubereitungszeit: 50 Minuten, ohne Kühlzeit
Backzeit: etwa 55 Minuten

1. Für den Teig das Mehl in eine Rührschüssel geben. Butter oder Margarine, Zucker, Salz und Eigelb hinzufügen. Die Zutaten mit einem Mixer (Knethaken) zunächst kurz auf niedrigster, dann auf höchster Stufe gut durcharbeiten. Anschließend auf einer leicht bemehlten Arbeitsfläche kurz zu einem Teig verkneten. Den Teig in Frischhaltefolie gewickelt etwa 60 Minuten in den Kühlschrank legen.

2. Den Backofen vorheizen.
Ober-/Unterhitze: etwa 180 °C
Heißluft: etwa 160 °C

3. Zwei Drittel des Teiges auf dem Boden einer Springform (Ø 26 cm, gefettet) ausrollen. Den Springformrand darumstellen. Die Form auf dem Rost in den vorgeheizten Backofen schieben. Den Knetteigboden **etwa 10 Minuten hellbraun vorbacken.**

4. Die Form auf einen Kuchenrost stellen. Den Boden etwas abkühlen lassen.

5. Restlichen Teig zu einer Rolle formen, auf den vorgebackenen Boden legen und so an die Form drücken, dass ein etwa 5 cm hoher Rand entsteht.

6. Für die Füllung Bananen schälen und in 4–5 cm breite Stücke schneiden. Die Bananenstücke waagerecht auf den vorgebackenen Knetteigboden setzen.

7. Eier, Zucker, Schmand und den Frischkäse in einer Rührschüssel mit dem Mixer (Rührstäbe) auf mittlerer Stufe glatt rühren. Die Frischkäsemasse auf dem Knetteigboden in der Springform verteilen und mit Schoko-Tröpfchen bestreuen. Die Form wieder auf dem Rost in den heißen Backofen schieben. Den Cheesecake **bei gleicher Backofentemperatur in etwa 45 Minuten fertig backen.**

8. Cheesecake im ausgeschalteten Backofen noch etwa 15 Minuten stehen lassen.

9. Die Form auf einen Kuchenrost stellen. Cheesecake in der Form vollständig erkalten lassen. Anschließend vorsichtig aus der Form lösen, auf eine Tortenplatte setzen und mindestens 4 Stunden in den Kühlschrank stellen.

B

Banana Walnut Cookies I
Unschlagbares Dreamteam
8–9 große Cookies

Pro Stück: E: 4 g, F: 18 g, Kh: 27 g,
kJ: 1177, kcal: 281, BE: 2,0

Zum Vorbereiten:
- 75 g *Walnusskernhälften*
- 50 g *Bananenchips*
- 75 g *Bananenfruchtfleisch (vorbereitet gewogen)*
- 2 EL *Ahornsirup oder flüssiger Honig*

Für den Teig:
- 75 g *Butter (zimmerwarm)*
- 75 g *brauner Zucker*
- 1 Prise *Salz*
- 1 *Ei (Größe M)*
- 100 g *Weizenmehl*
- 2 Msp. *Natron*

Zum Garnieren:
- 8–9 *Walnusskernhälften*
- 8–9 *Bananenchips*

Zubereitungszeit: 40 Minuten
Backzeit: etwa 15 Minuten

1. Zum Vorbereiten Walnusskerne und Bananenchips in grobe Stücke hacken und beiseitestellen. Die geschälte Banane in kleine Stücke schneiden und mit dem Ahornsirup oder Honig verrühren.

2. Den Backofen vorheizen.
Ober-/Unterhitze: etwa 200 °C
Heißluft: etwa 180 °C

3. Für den Teig Butter mit Zucker und Salz in einer Rührschüssel mit einem Mixer (Rührstäbe) zunächst kurz auf niedrigster, dann auf höchster Stufe schaumig schlagen. Das Ei etwa 1 Minute unterschlagen.

4. Mehl mit Natron vermischen und mit einem Teigschaber unterheben. Gehackte Walnüsse, Bananenchips und die Bananenstückchen mit dem Sirup oder Honig unterheben.

5. Den Cookieteig mit 2 Esslöffeln oder einem Eisportionierer in gleich großen, runden Häufchen auf ein Backblech (gefettet, mit Backpapier belegt) setzen, dabei genügend Abstand zwischen den Teighäufchen lassen. Teighäufchen mit einem in Wasser getauchten Löffel zu flachen Cookies verstreichen. Jeden Cookie mit jeweils 1 Walnusskernhälfte und 1 Bananenchip belegen.

6. Das Backblech in den vorgeheizten Backofen schieben. Die Banana Walnut Cookies **etwa 15 Minuten backen.**

7. Banana Walnut Cookies mit dem Backpapier von dem Backblech auf einen Kuchenrost ziehen und erkalten lassen.

Tipp: Die Cookies sind in gut schließenden Dosen, kühl und trocken gestellt, etwa 5 Tage haltbar.

21

Bananenbrot | Auf die Hand
12 Stücke

Pro Stück: E: 10 g, F: 18 g, Kh: 48 g,
kJ: 1664, kcal: 398, BE: 4,0

Für den Teig:

        300 g Weizenmehl
        120 g zarte Haferflocken
        200 g abgezogene, gem. Mandeln
    1 gestr. TL Natron
    2 gestr. TL Dr. Oetker Backin
        1 Prise Salz
        1 Prise gem. Zimt
        ½ TL ger. Muskatnuss
         60 g Butter (zimmerwarm)
        150 g Zucker
            2 Eier (Größe M)
        250 g Buttermilch
            3 Bananen (etwa 600 g)
        100 g Zartbitter-Schokolade
               (etwa 50 % Kakaoanteil)

Zubereitungszeit: 25 Minuten, ohne Abkühlzeit
Backzeit: etwa 75 Minuten

1. Den Backofen vorheizen.
Ober-/Unterhitze: etwa 180 °C
Heißluft: etwa 160 °C

2. Für den Teig Mehl mit Haferflocken, Mandeln,
Natron, Backpulver, Salz, Zimt und Muskatnuss in
einer Rührschüssel mischen.

3. Butter, Zucker, Eier und Buttermilch hinzugeben.
Die Zutaten mit einem Mixer (Rührstäbe) zu einem
Teig verrühren.

4. Bananen schälen und mit einer Gabel zerdrücken.
Das Bananenmus unter den Teig rühren. Die Schokolade grob hacken und untermischen. Den Teig in eine Kastenform (30 x 11 cm, gefettet, mit Backpapier
ausgelegt) geben und glatt streichen.

5. Die Form auf dem Rost in den vorgeheizten Backofen schieben. Das Bananenbrot **etwa 75 Minuten**
backen.

6. Das Brot evtl. nach etwa 30 Minuten Backzeit mit
Backpapier belegen, damit es nicht zu dunkel wird.

7. Die Form auf einen Kuchenrost stellen. Das Brot
etwa 5 Minuten in der Form abkühlen lassen, dann
auf den Kuchenrost stürzen und das mitgebackene
Backpapier abziehen. Das Brot wieder umdrehen, in
Scheiben schneiden und am besten warm servieren.

Bananenplätzchen, weiße

Doppeldecker
35 Stück

Pro Stück: E: 1 g, F: 6 g, Kh: 12 g,
kJ: 433, kcal: 103, BE: 1,0

Für den All-in-Teig:
150 g Speisestärke
100 g Reismehl (aus dem Reformhaus)
1 gestr. TL Dr. Oetker Backin
80 g Zucker
1 Pck. Dr. Oetker Vanillin-Zucker
1 Ei (Größe M)
170 g Butter (zimmerwarm)
1 TL Zitronensaft

Für die Füllung:
200 g Schoko-Bananen
30 g Kokosfett
(zimmerwarm)

Zubereitungszeit: 60 Minuten, ohne Abkühlzeit
Backzeit: 10–15 Minuten je Backblech

1. Den Backofen vorheizen.
Ober-/Unterhitze: etwa 180 °C
Heißluft: etwa 160 °C

2. Für den Teig die Speisestärke mit Reismehl und Backpulver in einer Rührschüssel mischen. Zucker, Vanillin-Zucker, Ei, Butter und Zitronensaft hinzufügen. Die Zutaten mit einem Mixer (Rührstäbe) zunächst kurz auf niedrigster, dann auf höchster Stufe in etwa 2 Minuten zu einem Teig verarbeiten.

3. Teig mit 2 Teelöffeln in 70 gleich großen Häufchen (mit etwas Abstand) auf 2 Backbleche (mit Backpapier belegt) setzen. Die Teighäufchen mit einem Teelöffel etwas flacher drücken.

4. Die Backbleche nacheinander (bei Heißluft zusammen) in den vorgeheizten Backofen schieben. Die Plätzchen **10–15 Minuten je Backblech backen.**

5. Die Backbleche auf Kuchenroste stellen. Die Plätzchen auf den Backblechen erkalten lassen.

6. Für die Füllung die Schoko-Bananen in dünne Streifen schneiden und in einen hohen Rührbecher füllen. Kokosfett hinzufügen. Die Zutaten mit einem Pürierstab zu einer streichfähigen Masse pürieren.

7. Die Hälfte der Plätzchen auf der Unterseite mit der Füllung bestreichen. Die restlichen Plätzchen mit der Unterseite darauflegen und leicht andrücken. Die Füllung fest werden lassen.

Tipps: Anstelle von Reismehl können Sie den Teig auch mit 120 g Weizenmehl und 120 g Speisestärke zubereiten. Die restlichen Zutatenmengen bleiben gleich. In gut schließenden Dosen und kühl gestellt bleiben die Plätzchen etwa 2 Wochen frisch.

Battenberg Cake | Bunt und süß

15 Stücke

Pro Stück: E: 9 g, F: 14 g, Kh: 40 g,
kJ: 1390, kcal: 333, BE: 3,5

> 100 g TK-Erdbeeren
> 40 g Zucker
> evtl.
> 1 Tropfen rote Speisefarbe

Für den Biskuitteig:

> 10 Eier (Größe M)
> 150 g Zucker
> 180 g Weizenmehl
> 1 gestr. TL Dr. Oetker Backin
> 150 g abgezogene, gem. Mandeln
> evtl. 1–2
> Tropfen gelbe Speisefarbe

Für den Vanille-Läuterzucker:

> 125 ml Wasser
> 30 g Zucker
> 1 Vanilleschote

Zum Bestreichen und Garnieren:

> 130 g Aprikosenkonfitüre
> 300 g Marzipan–Rohmasse
> etwa 70 g Puderzucker

Zubereitungszeit: 70 Minuten, ohne Auftau-,
Abkühl- und Durchziehzeit (mind. 1 Tag Durchziehzeit)
Backzeit: etwa 40 Minuten

1. Erdbeeren in einer Schüssel mit Zucker bestreuen
und auftauen lassen. Erdbeeren fein pürieren, nach
Belieben rote Speisefarbe unterrühren.

2. Den Backofen vorheizen.
Ober-/Unterhitze: etwa 180 °C
Heißluft: etwa 160 °C

3. Für den Teig die Eier mit einem Mixer (Rührstäbe)
auf höchster Stufe etwa 1 Minute schaumig schlagen.
Den Zucker in etwa 1 Minute unter Rühren einstreuen
und weitere etwa 8 Minuten schlagen, bis eine feste
Masse entstanden ist. Mehl mit Backpulver mischen,

in 2 Portionen auf niedrigster Stufe kurz unterrühren,
Mandeln unterheben. Den Teig halbieren. Eine Teighälfte nach Belieben mit gelber Speisefarbe verrühren.
Das Erdbeerpüree vorsichtig unter die zweite Teighälfte rühren. Die beiden Teige getrennt in je eine Kastenform (30 x 11 cm, mit Backpapier ausgelegt) füllen.
Die Formen nebeneinander auf einen Kuchenrost stellen und in den vorgeheizten Backofen schieben. Die
Kuchen **etwa 40 Minuten backen.**

4. Inzwischen für den Läuterzucker Wasser und Zucker in einem Topf zum Kochen bringen. Vanilleschote
längs aufschneiden. Das Mark mit einem Messerrücken herausschaben. Vanillemark und -schote zum
Zuckerwasser geben, aufkochen und mindestens
20 Minuten ziehen lassen. Den Vanille-Läuterzucker
abkühlen lassen, Vanilleschote entfernen.

5. Die Formen aus dem Backofen nehmen und auf
einen Kuchenrost stellen. Kuchen in den Formen
erkalten lassen, dann mit dem Vanille-Läuterzucker
beträufeln. Zum Bestreichen die Kuchen aus den
Formen stürzen, wieder umdrehen und jeweils die
Oberfläche gerade schneiden (die Kuchen sollen
gleich hoch sein). Beide Kuchen der Länge nach
einmal durchschneiden. Die Schnittflächen mit der
Hälfte der Konfitüre bestreichen. Abwechselnd jeweils
einen roten und einen gelben Kuchenstreifen neben-
und aufeinanderlegen, dabei darauf achten, dass
die braunen Kanten außen sind. Die 4 Streifen leicht
zusammendrücken.

6. Zum Garnieren das Marzipan mit 50 g Puderzucker verkneten und auf der leicht mit Puderzucker
bestäubten Arbeitsfläche zu einem Rechteck (etwa
30 x 33 cm) ausrollen. Eine lange Seite des Kuchens
mit etwas Aprikosenkonfitüre bestreichen. Den Kuchen
mit der bestrichenen Seite nach unten auf die etwa
30 cm lange Seite der Marzipanplatte legen. Die restlichen 3 Seiten des Kuchens mit Konfitüre bestreichen. Die Marzipanplatte um den Kuchen wickeln und
rundherum andrücken, evtl. überstehende Ränder abschneiden (die Kuchenenden nicht bestreichen oder
einkleiden). Mit einer Pinzette oder einem Holzstäbchen verschiedene Muster in die Marzipandecke drücken. Kuchen in Frischhaltefolie wickeln und mindestens 1 Tag durchziehen lassen.

Bean & Berry Cake

Saftig durch Kidneybohnen

20 Stücke

Pro Stück: E: 4 g, F: 3 g, Kh: 30 g,
kJ: 716, kcal: 171, BE: 2,5

Zum Vorbereiten:

- 250 g Kidneybohnen (aus der Dose)
- 200 g Buttermilch
- 175 g getrocknete Cranberrys

Für den Teig:

- 3 Eier (Größe M)
- 170 g brauner Zucker
- 1 Pck. Dr. Oetker Vanillin-Zucker
- 170 g Weizenmehl
- 30 g Hartweizengrieß
- 3 gestr. TL Dr. Oetker Backin
- 30 g gesiebter Backkakao
- 150 g Zartbitter-Raspelschokolade

Zum Garnieren:

- 20 g Puderzucker

Zubereitungszeit: 25 Minuten, ohne Abkühlzeit
Backzeit: etwa 25 Minuten

1. Den Backofen vorheizen.
Ober-/Unterhitze: etwa 200 °C
Heißluft: etwa 180 °C

2. Zum Vorbereiten die Bohnen in einem Sieb abspülen und abtropfen lassen. Anschließend die Bohnen mit der Buttermilch in einen hohen Rührbecher geben und fein pürieren. Die Cranberrys fein hacken.

3. Für den Teig die Eier in einer Schüssel mit einem Mixer (Rührbesen) auf höchster Stufe in etwa 1 Minute schaumig schlagen. Den Zucker mit Vanillin-Zucker mischen, in etwa 1 Minute einstreuen, dann noch etwa 2 Minuten schlagen.

4. Das Bohnenpüree unterrühren. Mehl mit Grieß, Backpulver und Kakao gut vermischen. Die Hälfte davon auf die Eier-Bohnen-Masse geben und kurz auf niedrigster Stufe unterrühren. Restliches Mehl-Kakao-Gemisch auf die gleiche Weise unterarbeiten. Zuletzt Raspelschokolade und gehackte Cranberrys kurz unterheben.

5. Den Teig auf ein Backblech (30 x 40 cm, gefettet, mit Backpapier belegt) geben und glatt streichen. Das Backblech in den vorgeheizten Backofen schieben. Den Kuchen **etwa 25 Minuten backen.**

6. Das Backblech auf einen Kuchenrost stellen. Den Kuchen darauf erkalten lassen.

7. Zum Garnieren ein Kuchengitter oder Backofenrost auf den Kuchen legen. Den Puderzucker darübersieben, dann das Gitter oder den Rost wieder abheben. Den Kuchen in Stücke schneiden und servieren.

Bean & Cherry Cake | Fruchtig
15 Stücke

Pro Stück: E: 5 g, F: 6 g, Kh: 23 g,
kJ: 678, kcal: 162, BE: 2,0

Zum Vorbereiten:

    80 g gehackte Haselnusskerne
    250 g weiße Bohnen (aus der Dose)
    100 g Buttermilch

Für den Teig:

    3 Eier (Größe M)
    100 g Zucker
    1 Pck. Dr. Oetker Vanillin-Zucker
    150 g Weizenmehl
    2 gestr. TL Dr. Oetker Backin
    1 Msp. gem. Zimt
    1/2 Pck. Dr. Oetker Finesse
          Geriebene Zitronenschale

    350 g abgetropfte Sauerkirschen
          (aus dem Glas)

Zum Garnieren:

    30 g Zartbitter-Schokolade
          (etwa 50 % Kakaoanteil)
    1 TL Milch

Zubereitungszeit: 30 Minuten, ohne Abkühlzeit
Backzeit: etwa 50 Minuten

1. Den Backofen vorheizen.
Ober-/Unterhitze: etwa 180 °C
Heißluft: etwa 160 °C

2. Zum Vorbereiten Nüsse in einer Pfanne ohne Fett unter Wenden goldbraun rösten und auf einem Teller erkalten lassen. Die Bohnen in einem Sieb abspülen und abtropfen lassen. Mit der Buttermilch in einen hohen Rührbecher geben und fein pürieren.

3. Für den Teig Eier in einer Schüssel mit einem Mixer (Rührstäbe) auf höchster Stufe in etwa 1 Minute schaumig schlagen. Zucker mit Vanillin-Zucker mischen, in etwa 1 Minute einstreuen, dann noch etwa 2 Minuten schlagen.

4. Das Bohnenpüree unterrühren. Mehl mit Backpulver, Zimt und Zitronenschale gut vermischen. Die Mehlmischung und die gerösteten Nüsse auf die Eier-Bohnen-Masse geben und kurz auf niedrigster Stufe unterrühren.

5. Danach die Hälfte des Teiges in eine Kastenform (25 x 11 cm, gefettet, mit Backpapier ausgelegt) geben. Die Hälfte der Kirschen gleichmäßig darauf verteilen. Restlichen Teig daraufgeben, glatt streichen und mit den restlichen Kirschen belegen. Die Form auf dem Rost in den vorgeheizten Backofen schieben. Den Bohnenkuchen **etwa 50 Minuten backen.**

6. Die Form auf einen Kuchenrost stellen. Kuchen etwa 5 Minuten in der Form abkühlen lassen, vorsichtig aus der Form stürzen, umdrehen und auf dem mit Backpapier belegten Kuchenrost erkalten lassen.

7. Zum Garnieren Schokolade in kleine Stücke brechen. Zwei Drittel davon mit der Milch in einem Topf im Wasserbad bei schwacher Hitze unter Rühren schmelzen. Den Topf aus dem Wasserbad nehmen und die restliche Schokolade darin unter Rühren schmelzen. Die Schokolade in einen kleinen Gefrierbeutel geben und eine Ecke abschneiden. Auf den Bean & Cherry Cake träufeln und fest werden lassen.

Black-and-White Cookies I

Kakao-Doppelkekse mit Vanillecreme
24 Stück

Pro Stück: E: 2 g, F: 10 g, Kh: 31 g,
kJ: 923, kcal: 221, BE: 2,5

Für den Teig:

125 g	Butter (zimmerwarm)
125 g	Zucker
1 Röhrchen	Butter-Vanille-Aroma
1	Ei (Größe M)
250 g	Weizenmehl
70 g	gesiebter Backkakao
1 gestr. TL	Dr. Oetker Backin
1 gestr. TL	Salz

Für die Füllung:

120 g	Butter (zimmerwarm)
1 Prise	Salz
1 EL	Milch (3,5 % Fett)
1 EL	Schlagsahne
2 Röhrchen	Butter-Vanille-Aroma
400 g	gesiebter Puder-
	zucker

Zubereitungszeit: 40 Minuten, ohne Kühlzeit
Backzeit: etwa 12 Minuten je Backblech

1. Für den Teig Butter mit Zucker und Aroma in eine Rührschüssel geben. Die Zutaten mit einem Mixer (Rührstäbe) zunächst kurz auf niedrigster, dann auf höchster Stufe schaumig schlagen. Das Ei hinzufügen und etwa 1 Minute unterschlagen.

2. Mehl mit Kakao, Backpulver und Salz mischen. Die Mehlmischung in 2 Portionen mit dem Mixer (Knethaken) auf kleinster Stufe unter die Butter-Ei-Masse arbeiten.

3. Den Teig halbieren. Jede Teigportion zu einer Kugel formen, flach drücken und in Frischhaltefolie gewickelt etwa 60 Minuten in den Kühlschrank legen.

4. Den Backofen vorheizen.
Ober-/Unterhitze: etwa 170 °C
Heißluft: etwa 150 °C

5. Die Teigportionen nacheinander auf einer leicht bemehlten Arbeitsfläche 3–5 mm dick ausrollen. Daraus Kreise (Ø etwa 5 cm) ausstechen und auf Backbleche (mit Backpapier belegt) legen.

6. Die Teigreste wieder zusammenkneten, erneut ausrollen und weitere Kreise ausstechen, bis der Teig aufgebraucht ist.

7. Die Backbleche nacheinander (bei Heißluft zusammen) in den vorgeheizten Backofen schieben. Die Black-and-White Cookies **etwa 12 Minuten je Backblech backen.**

8. Die Black-and-White Cookies mit dem Backpapier von den Backblechen auf Kuchenroste ziehen und erkalten lassen.

9. Für die Füllung die Butter mit Salz, Milch, Sahne und Aroma in eine Rührschüssel geben. Die Zutaten mit dem Mixer (Rührstäbe) sehr gut verrühren. Nach und nach den Puderzucker sorgfältig unterrühren.

10. Die Vanillecreme in einen Spritzbeutel mit Lochtülle (Ø etwa 1 ½ cm) füllen. Die Creme auf die Hälfte der Cookies spritzen. Die restlichen Cookies daraufsetzen und vorsichtig andrücken.

Tipp: Die Cookies in einer geschlossenen Dose im Kühlschrank aufbewahren. Dort sind sie etwa 2 Wochen haltbar.

Blätterteig-Schoko-Tarte I
Schmeckt auch als Dessert
16 Stücke

Pro Stück: E: 3 g, F: 12 g, Kh: 15 g,
kJ: 763, kcal: 183, BE: 1,5

*1 Pck. Blätterteig (aus dem Kühlregal,
230 g, rund ausgerollt Ø 32 cm)*

Für den Belag:
*200 g Zartbitter-Kuvertüre
180 g Schlagsahne
2 Eigelb (Größe M)
2 Eiweiß (Größe M)
40 g Zucker*

Zum Bestäuben:
*1 EL Backkakao
1 EL Puderzucker*

Zubereitungszeit: 20 Minuten, ohne Ruhezeit
Backzeit: 45–55 Minuten

1. Den Blätterteig ohne das Papier in eine Tarteform (Ø 28 cm, Boden gefettet) legen und am Rand andrücken. Den Teigboden mit einer Gabel dicht an dicht einstechen. Den Blätterteig etwa 15 Minuten ruhen lassen.

2. Inzwischen den Backofen vorheizen.
Ober-/Unterhitze: etwa 200 °C
Heißluft: etwa 180 °C

3. Die Form auf dem Rost in den vorgeheizten Backofen schieben. Den Blätterteigboden **15–20 Minuten vorbacken.**

4. Die Form auf einen Kuchenrost stellen. Die Backofentemperatur um etwa 20 °C herunterschalten.

5. Für den Belag die Kuvertüre grob hacken. Sahne in einem Topf erhitzen. Topf von der Kochstelle nehmen. Kuvertüre in den Topf geben und unter Rühren schmelzen. Kuvertüremasse etwas abkühlen lassen. Eigelb unterrühren. Eiweiß steif schlagen. Zucker einrieseln lassen und etwa 10 Sekunden weiterschlagen. Eischnee mit einem großen Schneebesen unter die Kuvertüremasse ziehen.

6. Die Kuvertüremasse auf den vorgebackenen Boden geben und glatt streichen. Die Form wieder auf dem Rost in den heißen Backofen schieben. Die Tarte in **30–35 Minuten fertig backen.**

7. Die Form auf einen Kuchenrost stellen. Die Tarte etwas abkühlen lassen, dann aus der Form lösen und auf eine Kuchenplatte legen. Die Tarte erst mit Kakao, dann den Rand mit Puderzucker bestäuben.

Blättrige Zucker-Whoopies

Gefüllt mit Heidelbeersahne
6 Stück

Pro Stück: E: 3 g, F: 17 g, Kh: 29 g,
kJ: 1187, kcal: 284, BE: 2,5

> 270 g frischer Blätterteig (aus dem
> Kühlregal, 42 x 24 cm)
> etwas Wasser
> 3 EL brauner Zucker

Für die Heidelbeersahne:

> 75 g Heidelbeeren (TK oder frisch)
> 25 g Doppelrahm-Frischkäse
> 1 EL Zucker
> ½ Pck. Sahnesteif
> 100 g Schlagsahne (mind. 30 % Fett)

Zubereitungszeit: 30 Minuten,
ohne Abkühl- und Auftauzeit
Backzeit: etwa 15 Minuten je Backblech

1. Den Backofen vorheizen.
Ober-/Unterhitze: etwa 200 °C
Heißluft: etwa 180 °C

2. Die Blätterteigplatte auf einer leicht bemehlten Arbeitsfläche entrollen. Daraus 12 Kreise (Ø 9 cm) ausstechen. Sollte der Teig nicht ausreichen, die Teigreste aneinanderlegen, etwas festdrücken und erneut Kreise ausstechen.

3. Die Teigkreise auf 2 Backbleche (mit Backpapier belegt) legen, dünn mit Wasser bestreichen, dann mit Zucker bestreuen. Die Backbleche nacheinander (bei Heißluft zusammen) in den vorgeheizten Backofen schieben. Das Gebäck **etwa 15 Minuten je Backblech backen.**

4. Das Gebäck mit dem Backpapier von den Backblechen auf Kuchenroste ziehen und erkalten lassen.

5. Für die Heidelbeersahne in der Zwischenzeit TK-Heidelbeeren in ein Sieb geben und auftauen lassen. Frische Heidelbeeren verlesen, evtl. kurz abspülen, gut abtropfen lassen und mit Küchenpapier vorsichtig trocken tupfen. Heidelbeeren mit einer Gabel etwas zerdrücken, dann mit dem Frischkäse verrühren.

6. Zucker mit Sahnesteif mischen. Die Sahne steif schlagen, dabei das Zucker-Sahnesteif-Gemisch einrieseln lassen. Die Sahne zu den Heidelbeeren geben und mit einem Schneebesen unterheben.

7. Kurz vor dem Servieren jeweils 1 Esslöffel Heidelbeersahne auf die glatten Seiten von 6 Blätterteigkreisen geben und glatt streichen. Die restlichen Blätterteigkreise daraufsetzen und leicht andrücken. Die Zucker-Whoopies sofort servieren.

Blondies mit Johannisbeeren I
Schnell gemacht
20 Stücke

Pro Stück: E: 4 g, F: 14 g, Kh: 27 g,
kJ: 1064, kcal: 254, BE: 2,5

Für den Belag:
- 250 g rote Johannisbeeren
- 50 g weiße Schokolade

Für den All-in-Teig:
- 200 g Butter
- 200 g weiße Schokolade
- 300 g Weizenmehl
- 3 gestr. TL Dr. Oetker Backin
- 150 g Zucker
- 3 Eier (Größe M)
- 150 g saure Sahne

Zubereitungszeit: 25 Minuten, ohne Abkühlzeit
Backzeit: etwa 20 Minuten

1. Für den Belag die Johannisbeeren verlesen, abspülen, abtropfen lassen und die Beeren von den Rispen streifen. Schokolade in kleine Stücke schneiden und beiseitestellen.

2. Den Backofen vorheizen.
Ober-/Unterhitze: etwa 200 °C
Heißluft: etwa 180 °C

3. Für den Teig die Butter in einem Topf bei schwacher Hitze zerlassen. Den Topf von der Kochstelle nehmen. Weiße Schokolade in Stücke brechen und unter Rühren in der Butter schmelzen, abkühlen lassen.

4. Das Mehl mit Backpulver in einer Rührschüssel mischen. Zucker, Eier und saure Sahne hinzufügen. Die Butter-Schoko-Masse glatt rühren und ebenfalls hinzugeben.

5. Die Zutaten mit einem Mixer (Rührstäbe) zunächst kurz auf niedrigster, dann auf höchster Stufe in etwa 2 Minuten zu einem glatten Teig verarbeiten.

6. Den Teig auf ein Backblech (30 x 40 cm, gefettet) geben und glatt streichen. Die Johannisbeeren gleichmäßig darauf verteilen. Das Backblech in den vorgeheizten Backofen schieben. Den Kuchen **etwa 20 Minuten backen.**

7. Das Backblech auf einen Kuchenrost stellen. Die beiseitegestellte Schokolade auf den heißen Kuchen streuen. Den Kuchen erkalten lassen.

Blueberry Cake | Fruchtig

12 Stücke

Pro Stück: E: 8 g, F: 26 g, Kh: 38 g,
kJ: 1745, kcal: 419, BE: 3,0

Für den Boden:
- 125 g Butter
- 200 g Vollkorn-Butterkekse

Für die Füllung:
- 500 g Crème fraîche
- 250 g Magerquark
- 4 Eier (Größe M)
- 180 g Zucker
- 1 Pck. Dr. Oetker Bourbon-Vanille-Zucker
- 100 ml Milch (3,5 % Fett)

Für den Belag:
- 205 g abgetropfte Heidelbeeren (aus dem Glas)
- 1 Pck. ungezuckerter Tortenguss, klar
- 3 EL Zucker
- 250 ml Heidelbeersaft (aus dem Glas)

Zubereitungszeit: 35 Minuten, ohne Kühlzeit
Backzeit: etwa 80 Minuten

1. Für den Boden die Butter in einem Topf bei schwacher Hitze zerlassen. Die Butterkekse portionsweise in einem Blitzhacker fein hacken und in eine Rührschüssel geben.

2. Den Backofen vorheizen.
Ober-/Unterhitze: etwa 140 °C
Heißluft: nicht empfehlenswert

3. Die Butter zu den Keksbröseln geben und gut unterrühren. Die Brösel-Butter-Masse gleichmäßig in einer Springform (Ø 28 cm, Boden gefettet, mit Backpapier belegt) verteilen und mit einem Esslöffel zu einem Boden andrücken. Den Bröselboden kurz in den Kühlschrank stellen.

4. Für die Füllung Crème fraîche mit Quark, Eiern, Zucker, Vanille-Zucker und Milch in eine Rührschüssel

geben und mit einem Schneebesen verschlagen. Die Masse über einen Löffel auf den Bröselboden gießen. Achtung! Ganz vorsichtig gießen, sonst kann sich der Boden lösen.

5. Die Form auf dem Rost in den vorgeheizten Backofen schieben. Den Kuchen **etwa 80 Minuten backen.**

6. Die Form auf einen Kuchenrost stellen. Den Kuchen etwa 60 Minuten in der Form abkühlen lassen, dann in den Kühlschrank stellen.

7. Für den Belag von den Heidelbeeren den Saft auffangen und 250 ml davon abmessen, evtl. mit Wasser auffüllen. Aus Tortengusspulver, Zucker und Saft einen Guss nach Packungsanleitung zubereiten.

8. Die Heidelbeeren vorsichtig auf dem Kuchen verteilen. Den Guss daraufgeben und abkühlen lassen. Den Kuchen in den Kühlschrank stellen und den Guss fest werden lassen. Blueberry Cake aus der Form lösen, auf eine Tortenplatte setzen und gut gekühlt servieren.

Tipp: Der Kuchen lässt sich auch mit Sauerkirschen oder anderen eingemachten Früchten zubereiten.

Blue Curaçao Cheesecake I

Exotisch – mit Alkohol
16 Stücke

Pro Stück: E: 5 g, F: 17 g, Kh: 18 g,
kJ: 1067, kcal: 256, BE: 1,5

Für den Biskuitteig:

3	Eier (Größe M)
1 Prise	Salz
80 g	Zucker
60 g	Weizenmehl
40 g	Kokosraspel

Für die Creme:

1	reifer Granatapfel (etwa 300 g)
3 EL	Kokosraspel
5 EL	Blue Curaçao
400 g	Doppelrahm-Frischkäse (zimmerwarm)
80 g	Zucker
6 Blatt	weiße Gelatine
3 EL	Grenadine-Sirup
einige	
Tropfen	rote und blaue Speisefarbe
300 g	Schlagsahne (mind. 30 % Fett)

Zubereitungszeit: 40 Minuten, ohne Kühlzeit
Backzeit: etwa 20 Minuten

1. Den Backofen vorheizen.
Ober-/Unterhitze: etwa 180 °C
Heißluft: etwa 160 °C

2. Für den Teig Eier mit einem Mixer (Rührstäbe) auf höchster Stufe in etwa 1 Minute schaumig schlagen. Salz mit Zucker mischen, in etwa 1 Minute einstreuen, dann noch etwa 2 Minuten schlagen.

3. Mehl mit Kokosraspeln mischen, auf die Eiercreme geben und mit dem Schneebesen unterheben.

4. Den Teig in eine Springform (Ø 26 cm, Boden gefettet, mit Backpapier belegt) geben und glatt streichen. Die Form auf dem Rost in den vorgeheizten Backofen schieben. Den Biskuitboden **etwa 20 Minuten backen.**

5. Die Form auf einen Kuchenrost stellen und den Biskuitboden erkalten lassen.

6. Den Biskuitboden aus der Form lösen und auf ein Backblech (mit Backpapier belegt) legen. Einen Tortenring darumstellen.

7. Für die Creme Granatapfel jeweils von der Blüte bis zum Stängelansatz in 5 langen Linien einritzen. Den Granatapfel an den Linien vorsichtig aufbrechen und die Kerne herauslösen. Die Hälfte der Kerne auf dem Biskuitboden verteilen. Restliche Granatapfelkerne zum Garnieren beiseitelegen.

8. Kokosraspel mit 2 Esslöffeln Blue Curaçao vermischen und zum Garnieren beiseitestellen.

9. Frischkäse und Zucker glatt rühren. Gelatine nach Packungsanleitung einweichen, leicht ausdrücken und in einem kleinen Topf bei schwacher Hitze mit 3 Esslöffeln der Frischkäsemasse unter Rühren auflösen. Dann mit einem Schneebesen unter die restliche Frischkäsemasse rühren.

10. Frischkäsemasse halbieren und in 2 Schüsseln verteilen. Eine Hälfte mit Grenadine-Sirup verrühren und nach Belieben mit roter Speisefarbe nachfärben. Die andere Hälfte mit dem restlichem Blue Curaçao verrühren und nach Belieben mit blauer Speisefarbe nachfärben.

11. Sahne steif schlagen, jeweils die Hälfte der Sahne unter eine Frischkäsemasse heben.

12. Die beiden Frischkäsecremes abwechselnd mit einem Esslöffel auf dem Biskuitboden verteilen. Blue Cheesecake mindestens 4 Stunden in den Kühlschrank stellen.

13. Cheesecake mit einem Messer vom Tortenringrand lösen und auf eine Platte setzen. Die Cheesecake-Oberfläche mit den beiseitegelegten Granatapfelkernen bestreuen. Den Cheesecakerand mit den beiseitegelegten blauen Kokosraspeln bestreuen.

Tipp: Der Granatapfel kann auch durch etwa 200 g vorbereitete Johannisbeeren ausgetauscht werden.

Blüten-Cookies | Mit Alkohol

8–9 große Cookies

Pro Stück: E: 4 g, F: 13 g, Kh: 40 g,
kJ: 1280, kcal: 306, BE: 3,5

Zum Vorbereiten:

    75 g getrocknete Aprikosen

Für den Teig:

    75 g Butterschmalz
           (zimmerwarm)
    100 g Zucker
    1 Pck. Dr. Oetker Vanillin-Zucker
    1 Ei (Größe M)
    100 g Weizenmehl
    50 g Speisestärke
    1 gestr. TL Dr. Oetker Backin
    3 EL Amaretto

Für den Belag:

    etwa 50 g gehobelte Mandeln
    100 g Aprikosenkonfitüre
    2 EL Amaretto

Zubereitungszeit: 30 Minuten, ohne Abkühlzeit
Backzeit: 12–15 Minuten

1. Zum Vorbereiten Aprikosen in sehr kleine Würfel schneiden.

2. Den Backofen vorheizen.
Ober-/Unterhitze: etwa 200 °C
Heißluft: etwa 180 °C

3. Für den Teig Butterschmalz mit Zucker und Vanillin-Zucker in eine Rührschüssel geben. Die Zutaten mit einem Mixer (Rührstäbe) zunächst kurz auf niedrigster, dann auf höchster Stufe schaumig schlagen. Das Ei hinzugeben und etwa 1 Minute unterschlagen.

4. Mehl mit Speisestärke und Backpulver gut vermischen. Die Mehlmischung auf die Butterschmalz-Ei-Masse geben, mit dem Amaretto und den vorbereiteten Aprikosenwürfeln mit einem Teigschaber unterheben.

5. Den Cookieteig mit 2 Esslöffeln oder einem Eisportionierer in gleich großen, runden Häufchen auf ein Backblech (gefettet, mit Backpapier belegt) setzen, dabei genügend Abstand zwischen den Teighäufchen lassen. Die Teighäufchen mit einem in Wasser getauchten Löffel zu flachen Cookies verstreichen. Das Backblech in den vorgeheizten Backofen schieben. Die Cookies **12–15 Minuten backen.**

6. Die Cookies mit dem Backpapier von dem Backblech auf einen Kuchenrost ziehen, erkalten lassen.

7. Für den Belag inzwischen Mandeln auf ein Backblech geben und in dem noch heißen Backofen goldbraun rösten. Mandeln abkühlen lassen.

8. Aprikosenkonfitüre mit Amaretto verrühren, durch ein Sieb in einen Topf streichen und unter Rühren gut aufkochen lassen. Danach etwas Konfitüre mit einem Pinsel jeweils auf die Cookiemitte streichen. Einige Mandelblätter blütenförmig darauflegen. Die restliche Konfitüre mit einem Teelöffel in kleinen Klecksen in die Mitte der Blütenblätter geben, trocknen lassen.

Tipps: Blüten-Cookies sind in einer gut verschlossenen Dose, kühl und trocken gestellt, etwa 1 Woche haltbar. Den Amaretto können Sie durch die gleiche Menge Wasser ersetzen.

Bonbon-Cookies I

Bunt & fruchtig

8–9 große Cookies

Pro Stück: E: 2 g, F: 9 g, Kh: 27 g,
kJ: 826, kcal: 197, BE: 2,5

Zum Vorbereiten:
    100 g bunte Fruchtbonbons

Für den Teig:
    80 g Butter
          (zimmerwarm)
    50 g Zucker
    1 Prise Salz
      1 Ei (Größe M)
    120 g Weizenmehl
    1 Msp. Natron

Zubereitungszeit: 35 Minuten
Backzeit: 12–15 Minuten

1. Zum Vorbereiten Bonbons in einen Gefrierbeutel geben und auf einem dicken Holzbrett oder Schneidebrett mit einem Hammer vorsichtig in kleine Stücke klopfen.

2. Den Backofen vorheizen.
Ober-/Unterhitze: etwa 200 °C
Heißluft: etwa 180 °C

3. Für den Teig Butter mit Zucker und Salz in eine Rührschüssel geben. Die Zutaten mit einem Mixer (Rührstäbe) zunächst kurz auf niedrigster, dann auf höchster Stufe schaumig schlagen. Das Ei hinzugeben und etwa 1 Minute unterschlagen.

4. Mehl mit Natron gut vermischen. Mehlmischung auf die Butter-Ei-Masse geben und mit einem Teigschaber unterheben. Zum Schluss die Bonbonstückchen unterheben.

5. Den Cookieteig mit 2 Esslöffeln oder einem Eisportionierer in gleich großen, runden Häufchen auf ein Backblech (gefettet, mit Backpapier belegt) setzen, dabei genügend Abstand zwischen den Teighäufchen lassen. Die Teighäufchen mit einem in Wasser getauchten Löffel zu flachen Cookies verstreichen. Das Backblech in den vorgeheizten Backofen schieben. Die Bonbon-Cookies **12–15 Minuten backen.**

6. Die Bonbon-Cookies mit dem Backpapier auf einen Kuchenrost ziehen und erkalten lassen.

Brombeer-Tarte | Einfach
16 Stücke

Pro Stück: E: 5 g, F: 13 g, Kh: 29 g,
kJ: 1051, kcal: 251, BE: 2,5

Für den Knetteig:

250 g	Weizenmehl
2 gestr. TL	Dr. Oetker Backin
75 g	Zucker
1 Pck.	Dr. Oetker Vanillin-Zucker
1	Ei (Größe M)
125 g	Butter oder Margarine
	(zimmerwarm)
50 g	Löffelbiskuits
500 g	Brombeeren

Für den Guss:

100 g	Schmand (Sauerrahm)
3 EL	Orangensaft
100 g	Zucker
1 Pck.	Dr. Oetker Vanillin-Zucker
1	Ei (Größe M)
100 g	abgezogene, gem. Mandeln

Zubereitungszeit: 30 Minuten
Backzeit: etwa 40 Minuten

1. Für den Teig Mehl mit Backpulver in einer Rühr-schüssel mischen. Restliche Zutaten hinzufügen und mit einem Mixer (Knethaken) zunächst kurz auf nied-rigster, danach auf höchster Stufe gut durcharbeiten. Anschließend auf einer leicht bemehlten Arbeitsfläche kurz zu einem glatten Teig verkneten. Sollte er kleben, ihn in Frischhaltefolie gewickelt eine Zeit lang in den Kühlschrank legen.

2. Den Teig auf der leicht bemehlten Arbeitsfläche zu einer runden Platte in Größe der Form ausrollen, in eine Tarteform (Ø 30 cm, gefettet) oder Springform (Ø 28 cm, Boden gefettet) legen und am Rand etwas hochdrücken.

3. Den Backofen vorheizen.
Ober-/Unterhitze: etwa 180 °C
Heißluft: etwa 160 °C

4. Löffelbiskuits in einen Gefrierbeutel geben. Den Beutel fest verschließen. Löffelbiskuits mit einer Teig-rolle fein zerbröseln. Die Brösel auf dem Teigboden verteilen.

5. Die Brombeeren vorsichtig abspülen, gut abtropfen lassen und 400 g auf die Biskuitbrösel geben.

6. Für den Guss Schmand mit Orangensaft, Zucker, Vanillin-Zucker, Ei und Mandeln mit einem Schnee-besen verrühren und auf den Brombeeren verteilen. Die restlichen Brombeeren drauflegen. Die Form auf dem Rost in den vorgeheizten Backofen schieben. Die Brombeer-Tarte **etwa 40 Minuten backen.**

7. Die Brombeer-Tarte vorsichtig aus der Form lösen, auf einem mit Backpapier belegten Kuchenrost oder in der Form erkalten lassen.

Brownie-Gugelhupf I

Schoko-Nuss-Genuss
16 Stücke

Pro Stück: E: 7 g, F: 29 g, Kh: 37 g,
kJ: 1829, kcal: 437, BE: 3,0

Zum Vorbereiten:

100 g	Zartbitter-Schokolade (etwa 50 % Kakaoanteil)
125 g	leicht gesalzene, geröstete Macadamia-Nusskerne
100 g	Studentenfutter (Nuss- und Rosinenmischung)

Für den Rührteig:

200 g	Butter oder Margarine (zimmerwarm)
75 g	Zucker
75 g	brauner Zucker
1 Pck.	Dr. Oetker Bourbon-Vanille-Zucker
4	Eier (Größe M)
200 g	Weizenmehl
3 gestr. TL	Dr. Oetker Backin
75 g	Kakaogetränkepulver
150 g	Sahne-Pudding Schokoladen-Geschmack (aus dem Kühlregal)

Für den Guss und zum Garnieren:

200 g	Blockschokolade
1 EL	Speiseöl
einige	Macadamia-Nusskerne
etwas	Studentenfutter

Zubereitungszeit: 45 Minuten, ohne Abkühlzeit
Backzeit: etwa 60 Minuten

1. Zum Vorbereiten Schokolade in kleine Stücke brechen. Zwei Drittel davon in einem Topf im Wasserbad bei schwacher Hitze unter Rühren schmelzen. Den Topf aus dem Wasserbad nehmen und die restliche Schokolade darin unter Rühren schmelzen. Schokolade abkühlen lassen.

2. Die Macadamia-Nusskerne und Studentenfutter grob hacken.

3. Den Backofen vorheizen.
Ober-/Unterhitze: etwa 180 °C
Heißluft: etwa 160 °C

4. Für den Teig Butter oder Margarine mit einem Mixer (Rührstäbe) auf höchster Stufe geschmeidig rühren. Nach und nach Zucker, braunen Zucker und Vanille-Zucker unterrühren. So lange rühren, bis eine gebundene Masse entstanden ist.

5. Eier nach und nach unterrühren (jedes Ei etwa ½ Minute). Mehl mit Backpulver mischen und in 2 Portionen auf mittlerer Stufe kurz unterrühren. Anschließend Kakaogetränkepulver, Pudding und die aufgelöste Schokolade unterrühren. Zuletzt Nusskerne und Studentenfutter kurz unterheben.

6. Den Teig in eine Gugelhupfform (Ø 22 cm, gefettet, bemehlt) füllen. Die Form auf dem Rost (unteres Drittel) in den vorgeheizten Backofen schieben. Den Kuchen **etwa 60 Minuten backen.**

7. Die Form auf einen Kuchenrost stellen. Den Kuchen etwa 10 Minuten in der Form stehen lassen, dann auf einen Kuchenrost stürzen und erkalten lassen.

8. Für den Guss Schokolade fein hacken. Zwei Drittel davon mit dem Öl in einem Topf im Wasserbad bei schwacher Hitze unter Rühren schmelzen. Den Topf aus dem Wasserbad nehmen und die restliche Schokolade darin unter Rühren schmelzen. Den Gugelhupf mit dem Guss überziehen und mit Macadamias und Studentenfutter garnieren. Guss fest werden lassen.

Brownie-Kuchen aus dem Glas I
Gut vorzubereiten
6 Stück

Pro Stück: E: 9 g, F: 38 g, Kh: 39 g,
kJ: 2244, kcal: 536, BE: 3,5

Für den Teig:
- 150 g Zartbitter-Schokolade (etwa 60 % Kakaoanteil)
- 100 g Butter
- 60 g Zucker
- 1 Pck. Dr. Oetker Bourbon-Vanille-Zucker
- 2 Eier (Größe M)
- 80 g Weizenmehl
- ½ TL Dr. Oetker Backin
- 40 g grob gehackte Walnusskerne
- 40 g grob gehackte Cashewkerne
- 40 g grob gehackte weiße Schokolade

Außerdem:
- 6 Sturz-Form-Gläser mit Deckeln (je 160 ml Inhalt)
- 6 passende Gummiringe
- 24 passende Klammern zum Verschließen der Gläser

Zubereitungszeit: 30 Minuten, ohne Abkühlzeit
Backzeit: etwa 25 Minuten

1. Für den Teig Schokolade in kleine Stücke brechen. Die Schokoladenstücke mit der Butter in einem Topf bei schwacher Hitze unter Rühren zu einer geschmeidigen Masse verrühren.

2. Die Schokoladenmasse in eine Rührschüssel geben und erkalten lassen.

3. Den Backofen vorheizen.
Ober-/Unterhitze: etwa 180 °C
Heißluft: etwa 160 °C

4. Zucker, Vanille-Zucker und Eier hinzufügen und mit einem Rührlöffel unterrühren. Mehl mit Backpulver mischen und sieben. Das Mehlgemisch in 2 Portionen unter die Schokoladenmasse rühren.

5. Nüsse und Schokolade unterheben. Den Teig mit einem Teelöffel in die Gläser (gefettet, bemehlt) füllen. Die Glasränder säubern. Den Rost in den vorgeheizten Backofen (Mitte) schieben. Die Gläser auf den Rost stellen. Brownie-Kuchen **etwa 25 Minuten backen.**

6. Nach dem Backen ein Glas mit Topflappen aus dem Backofen nehmen und verschließen. Dazu den vorbereiteten feuchten Gummiring auf die Innenseite eines Glasdeckels legen. Das Glas sofort mit dem Deckel und 4 Klammern verschließen. Restliche Gläser auf die gleiche Weise verschließen. Nach jedem Glas, das aus dem Backofen genommen wird, den Backofen wieder schließen.

7. Die Gläser auf einem Kuchenrost vollständig erkalten lassen (am besten über Nacht), dann die Klammern lösen und die Gläser kühl aufbewahren.

Tipps: Die Kuchen vor dem Servieren mit einem Schokoladenguss überziehen. Die Brownie-Kuchen sind in den verschlossenen Gläsern etwa 2 Monate haltbar.

Brownie-Kuchen mit Frischkäse

Für Gäste
20 Stücke

Pro Stück: E: 6 g, F: 19 g, Kh: 24 g,
kJ: 1196, kcal: 286, BE: 2,0

Für den Teig:

50 ml	Milch (1,5 % Fett)
100 g	Schogetten Zartbitter
200 g	Butter oder Margarine (zimmerwarm)
150 g	brauner Zucker
1 Pck.	Dr. Oetker Bourbon-Vanille-Zucker
4	Eier (Größe M)
250 g	Weizenmehl
20 g	gesiebter Backkakao
1 gestr. TL	Dr. Oetker Backin

Für die Füllung:

300 g	Doppelrahm-Frischkäse
30 g	Zucker
20 g	Speisestärke abgeriebene Schale von
1	Bio-Zitrone (unbehandelt, ungewachst)
1 EL	Zitronensaft
1	Ei (Größe M)

Für den Belag:

100 g	Schogetten Zartbitter

Zubereitungszeit: 35 Minuten
Backzeit: 25–30 Minuten

1. Für den Teig Milch in einem Topf zum Kochen bringen. Den Topf von der Kochstelle nehmen. Schogetten in die Milch geben und unter Rühren darin schmelzen lassen.

2. Den Backofen vorheizen.
Ober-/Unterhitze: etwa 180 °C
Heißluft: etwa 160 °C

3. Butter oder Margarine in einer Rührschüssel mit einem Mixer (Rührstäbe) geschmeidig rühren. Nach und nach Zucker und Vanille-Zucker unterrühren, bis eine gebundene Masse entstanden ist.

4. Eier nach und nach unterrühren (jedes Ei etwa ½ Minute). Geschmolzene Schogetten hinzufügen.

5. Das Mehl mit Kakao und Backpulver mischen, in 2 Portionen auf mittlerer Stufe kurz unterrühren. Den Teig auf ein Backblech (30 x 40 cm, mit Backpapier belegt) geben und glatt streichen.

6. Für die Füllung den Frischkäse mit Zucker, Speisestärke, Zitronenschale, -saft und Ei gut verrühren. Die Frischkäsemasse mithilfe eines Teelöffels in kleinen Häufchen auf dem Teig verteilen. Die Frischkäsemasse mit einem Löffelstiel einmal durch die Teigmasse ziehen, sodass ein Marmormuster entsteht.

7. Das Backblech in den vorgeheizten Backofen schieben. Den Kuchen **25–30 Minuten backen.**

8. Das Backblech auf einen Kuchenrost stellen. Für den Belag die Kuchenoberfläche sofort mit den Schogetten belegen. Den Kuchen erkalten lassen.

Brownies mit Cashewkernen I
Im Schokoladenhimmel
20 Stücke

Pro Stück: E: 6 g, F: 24 g, Kh: 29 g,
kJ: 1484, kcal: 355, BE: 2,5

Für den Rührteig:

250 g	Zartbitter-Schokolade (50–60 % Kakaoanteil)
50 ml	Milch (1,5 % Fett)
250 g	gesalzene, geröstete Cashewkerne
250 g	Butter oder Margarine (zimmerwarm)
200 g	brauner Zucker
1 Pck.	Dr. Oetker Vanillin-Zucker
4	Eier (Größe M)
200 g	Weizenmehl
20 g	gesiebter Backkakao
1 gestr. TL	Dr. Oetker Backin

Zum Bestreuen:

50 g	weiße Schokolade
50 g	Zartbitter-Schokolade

Zubereitungszeit: 30 Minuten
Backzeit: etwa 30 Minuten

1. Für den Teig 100 g von der Schokolade in Stücke brechen. Milch kurz aufkochen lassen. Den Topf von der Kochplatte nehmen. Schokolade unter Rühren in der Milch schmelzen lassen. Die restliche Schokolade (150 g) in Stücke brechen und mit den Cashewkernen portionsweise im Blitzhacker hacken.

2. Den Backofen vorheizen.
Ober-/Unterhitze: etwa 180 °C
Heißluft: etwa 160 °C

3. Butter oder Margarine mit einem Mixer (Rührstäbe) auf höchster Stufe geschmeidig rühren. Nach und nach braunen Zucker und Vanillin-Zucker unterrühren. So lange rühren, bis eine gebundene Masse entstanden ist. Eier nach und nach unterrühren (jedes Ei etwa ½ Minute). Geschmolzene Schokolade glatt rühren und unterrühren.

4. Mehl mit Kakao und Backpulver mischen, in 2 Portionen auf mittlerer Stufe kurz unterrühren. Gehackte Schokolade und Cashewkerne unterheben.

5. Den Teig in ein tiefes Backblech oder in eine Fettpfanne (30 x 40 cm, gefettet) geben und glatt streichen. Das Backblech in den vorgeheizten Backofen schieben. Den Kuchen **etwa 30 Minuten backen.**

6. Das Backblech auf einen Kuchenrost stellen. Zum Bestreuen weiße und Zartbitter-Schokolade in dünne Streifen schneiden oder schaben und auf den lauwarmen Kuchen streuen. Den Kuchen auf dem Backblech erkalten lassen.

Brownies mit Nusskaramell I

Schnell gemacht
25 Stücke

Pro Stück: E: 4 g, F: 12 g, Kh: 22 g,
kJ: 881, kcal: 210, BE: 2,0

Für den Nusskaramell:
>   150 g Cashewkerne
>   100 g Zucker

Für den Teig:
>   350 g Zartbitter-Schokolade
>   (50–60 % Kakaoanteil)
>   100 g Butter
>   4 Eier (Größe L)
>   160 g Zucker
>   1 Prise Salz
>   1 Prise gem. Zimt
>   150 g Weizenmehl

Nach Belieben zum Bestäuben:
>   1 EL Backkakao

Zubereitungszeit: 25 Minuten, ohne Abkühlzeit
Backzeit: etwa 20 Minuten

1. Einen Backrahmen (25 x 25 cm) auf ein Backblech stellen. 2 Bögen Backpapier in den Rahmen legen, sodass die Ränder und der Boden bedeckt sind.

2. Den Backofen vorheizen.
Ober-/Unterhitze: etwa 180 °C
Heißluft: etwa 160 °C

3. Für den Karamell die Cashewkerne grob hacken. Zucker gleichmäßig in eine Edelstahlpfanne streuen und bei mittlerer Hitze karamellisieren lassen. Die Cashewkerne hinzugeben und mit dem Karamell vermischen. Die karamellisierten Cashewkerne herausnehmen, auf einem Bogen Backpapier verteilen und abkühlen lassen. Cashewkerne grob hacken.

4. Für den Teig Schokolade in kleine Stücke brechen. Zwei Drittel davon mit der Butter in einem Topf im Wasserbad bei schwacher Hitze unter Rühren schmelzen. Den Topf aus dem Wasserbad nehmen und die restliche Schokolade darin unter Rühren schmelzen.

5. Eier, Zucker und Salz in eine Rührschüssel geben und mit einem Mixer (Rührstäbe) schaumig schlagen. Zimt, Mehl, Cashew-Karamell und die geschmolzene Schokolade unter die Eiermasse ziehen. Die Masse in den vorbereiteten Backrahmen füllen und glatt streichen. Das Backblech in den vorgeheizten Backofen schieben. Das Gebäck **etwa 20 Minuten backen.**

6. Das Backblech auf einen Kuchenrost stellen. Das Gebäck erkalten lassen und anschließend in Quadrate schneiden. Die Brownies nach Belieben mit Kakao bestäuben.

Bunte Cookies | Für Kinder

8–9 große Cookies

Pro Stück: E: 4 g, F: 18 g, Kh: 37 g,
kJ: 1397, kcal: 333, BE: 3,0

Zum Vorbereiten:
- 75 g Marzipan-Rohmasse
- 50 g kleine oder große bunte
  Schokolinsen

Für den Teig:
- 80 g Butter (zimmerwarm)
- 50 g Zucker
- 1 Prise Salz
- 1 Ei (Größe M)
- 120 g Weizenmehl
- 1 Msp. Natron

Zum Garnieren:
- 75 g helle oder dunkle Kuchenglasur
- 100 g kleine bunte Schokolinsen

Zubereitungszeit: 50 Minuten, ohne Abkühlzeit
Backzeit: 12–15 Minuten

1. Zum Vorbereiten das Marzipan in sehr dünne Scheiben schneiden. Große Schokolinsen in grobe Stücke hacken (kleine Schokolinsen nicht hacken).

2. Den Backofen vorheizen.
Ober-/Unterhitze: etwa 200 °C
Heißluft: etwa 180 °C

3. Für den Teig Butter mit Zucker, Salz und Marzipan in einer Rührschüssel mit einem Mixer (Rührstäbe) zunächst kurz auf niedrigster, dann auf höchster Stufe schaumig schlagen. Ei etwa 1 Minute unterschlagen.

4. Das Mehl mit Natron mischen, auf die Butter-Ei-Masse geben und mit einem Teigschaber unterheben. Anschließend die Schokolinsen unterheben.

5. Den Cookieteig mit 2 Esslöffeln oder einem Eisportionierer in gleich großen, runden Häufchen auf ein Backblech (gefettet, mit Backpapier belegt) setzen, dabei genügend Abstand zwischen den Teighäufchen

lassen. Die Teighäufchen mit einem in Wasser getauchten Löffel zu flachen Cookies verstreichen. Das Backblech in den vorgeheizten Backofen schieben. Die Cookies **12–15 Minuten backen.**

6. Die Cookies mit dem Backpapier von dem Backblech auf einen Kuchenrost ziehen und erkalten lassen.

7. Zum Garnieren die Kuchenglasur nach Packungsanleitung schmelzen lassen. Die Cookies mit einem Teelöffel oder Backpinsel damit bestreichen. Schokolinsen vorsichtig auf die feuchte Glasur setzen. Die Kuchenglasur fest werden lassen.

Butterflies I
Schwarz-weiße Schmetterlinge
20 Stück

Pro Stück: E: 3 g, F: 7 g, Kh: 20 g,
kJ: 664, kcal: 158, BE: 1,5

Für den Knetteig:
        350 g Weizenmehl
        150 g Butter (zimmerwarm)
        120 g Zucker
        1 Pck. Dr. Oetker Vanillin-Zucker
    1 Prise Salz
            1 Ei (Größe M)
            1 Eigelb (Größe M)

Außerdem:
        30 g gesiebter Backkakao
            1 Eiweiß (Größe M)

Zubereitungszeit: 50 Minuten, ohne Kühlzeit
Backzeit: 12–15 Minuten je Backblech

1. Für den Teig Mehl in eine Rührschüssel geben. Restliche Zutaten hinzufügen und mit einem Mixer (Knethaken) zunächst kurz auf niedrigster, dann auf höchster Stufe gut durcharbeiten. Anschließend auf einer leicht bemehlten Arbeitsfläche kurz zu einem Teig verkneten.

2. Den Teig halbieren. Eine Teighälfte mit dem Kakao braun einfärben. Jede Teighälfte zu einer Kugel formen, flach drücken und in Frischhaltefolie gewickelt etwa 30 Minuten in den Kühlschrank legen.

3. Den hellen Teig halbieren. Jede Teighälfte zwischen Frischhaltefolie zu einem Rechteck (etwa 14 x 22 cm) ausrollen. Auf diese Weise auch den dunklen Teig verarbeiten. Die helle Teigplatte mit dem verschlagenen Eiweiß bestreichen und mit der dunklen Teigplatte belegen.

4. Die Teigrechtecke mithilfe von Frischhaltefolie von der langen Seite aus fest aufrollen. Die Teigrolle jeweils mit der offenen Kante nach oben aneinanderlegen, etwas andrücken und etwa 30 Minuten in den Kühlschrank legen.

5. Den Backofen vorheizen.
Ober-/Unterhitze: etwa 180 °C
Heißluft: etwa 160 °C

6. Die Teigrolle in ½–1 cm dicke Scheiben schneiden. Jede Teigscheibe mit der offenen Kante nach oben im unteren Drittel zwischen Daumen und Zeigefinger zusammendrücken, sodass kleine Schmetterlinge entstehen. Die Schmetterlinge auf Backbleche (mit Backpapier belegt) setzen.

7. Die Cookies **12–15 Minuten je Backblech backen.**

8. Die Cookies mit dem Backpapier von den Backblechen auf Kuchenroste ziehen und erkalten lassen.

Cashew Cheesecake I

Weihnachtlich – ohne zu backen
16 Stücke

Pro Stück: E: 5 g, F: 24 g, Kh: 16 g,
kJ: 1271, kcal: 305, BE: 1,5

Zum Vorbereiten:
150 g Cashewkerne

Für den Spekulatius-Nuss-Boden:
100 g Spekulatius
100 g Butter oder Margarine
20 g Zucker

Für den Belag:
6 Blatt weiße Gelatine
1 Bio-Orange
(unbehandelt, ungewachst)
400 g Doppelrahm-Frischkäse
(zimmerwarm)
400 g Schmand (Sauerrahm)
100 g Puderzucker
2 EL Zitronensaft

Zubereitungszeit: 40 Minuten, ohne Kühlzeit

1. Zum Vorbereiten Cashewkerne in einer Pfanne ohne Fett unter Wenden leicht rösten, herausnehmen und auf einem Teller erkalten lassen. 3 Esslöffel der Cashewkerne zum Garnieren beiseitelegen. Restliche Cashewkerne fein hacken.

2. Für den Boden Spekulatius in einen Gefrierbeutel geben. Den Beutel fest verschließen. Die Spekulatius mit einer Teigrolle fein zerbröseln und in eine Rührschüssel geben. Butter oder Margarine in einem kleinen Topf zerlassen, mit dem Zucker und den gehackten Cashewkernen zu den Bröseln in die Rührschüssel geben und gut verrühren.

3. Die Bröselmasse mit einem Esslöffel gleichmäßig in einer Springform (Ø 26 cm, gefettet) verteilen. Den Boden fest andrücken. Den Bröselboden mindestens 10 Minuten in den Kühlschrank stellen.

4. Für den Belag Gelatine nach Packungsanleitung einweichen. Orange heiß abwaschen, abtrocknen und halbieren. Von einer Orangenhälfte die Schale fein abreiben, von der anderen Hälfte die Schale mit einem Sparschäler oder einem Zestenreißer abschälen und zum Garnieren beiseitelegen. Den Saft auspressen, 3 Esslöffel davon abmessen.

5. Frischkäse mit Schmand, Puderzucker, fein geriebener Orangenschale, Orangen- und Zitronensaft in einer Rührschüssel mit einem Mixer (Rührstäbe) kurz auf mittlerer Stufe glatt rühren.

6. Eingeweichte Gelatine leicht ausdrücken, in einem kleinen Topf bei schwacher Hitze unter Rühren auflösen. Gelatine zuerst mit 3–4 Esslöffeln der Creme verrühren, dann unter die restliche Creme rühren.

7. Die Creme auf den Spekulatius-Nuss-Boden geben und in leichten Wellen verstreichen.

8. Den Cheesecake mit den beiseitegelegten Cashewkernen bestreuen und der beiseitegelegten Orangenschale garnieren. Den Cheesecake noch etwa 60 Minuten in den Kühlschrank stellen.

Tipp: Wenn Sie keine Spekulatius bekommen, verwenden Sie einen einfachen Butter- oder Gewürzkeks.

Cashew Cookies I
Mit Cayennepfeffer
8–9 große Cookies

Pro Stück: E: 5 g, F: 16 g, Kh: 23 g,
kJ: 1072, kcal: 256, BE: 2,0

Zum Vorbereiten:
> 75 g Cashewkerne

Für den Teig:
> 100 g Butter
> (zimmerwarm)
> 50 g brauner Zucker
> 25 g flüssiger Honig
> 1 Prise Salz
> 1–2 Msp. Cayennepfeffer
> 1 Ei (Größe S)
> 150 g Weizenmehl
> 1 Msp. Dr. Oetker Backin

Für den Belag:
> 8–9 Cashewkerne
> 1 Eiweiß (Größe S)
> 1 Prise Salz

Zubereitungszeit: 30 Minuten
Backzeit: 12–15 Minuten

1. Zum Vorbereiten Cashewkerne in feine Stückchen hacken.

2. Den Backofen vorheizen.
Ober-/Unterhitze: etwa 180 °C
Heißluft: etwa 160 °C

3. Für den Teig Butter mit Zucker, Honig, Salz und Cayennepfeffer in eine Rührschüssel geben. Die Zutaten mit einem Mixer (Rührstäbe) zunächst kurz auf niedrigster, dann auf höchster Stufe schaumig schlagen. Das Ei hinzugeben und etwa 1 Minute unterschlagen.

4. Mehl mit Backpulver und den gehackten Cashewkernen gut vermischen. Die Mehl-Nuss-Mischung auf die Butter-Ei-Masse geben und mit einem Teigschaber unterheben.

5. Den Teig mit 2 Esslöffeln oder einem Eisportionierer in gleich großen, runden Häufchen auf ein Backblech (gefettet, mit Backpapier belegt) setzen, dabei genügend Abstand zwischen den Teighäufchen lassen. Die Teighäufchen mit einem in Wasser getauchten Löffel zu flachen Cookies verstreichen.

6. Für den Belag jeden Cookie mit einem Cashewkern belegen und diesen leicht in den Teig drücken. Eiweiß mit Salz verschlagen. Cookies und Cashewkerne damit bestreichen. Das Backblech in den vorgeheizten Backofen schieben. Cashew Cookies **12–15 Minuten backen.**

7. Die Cashew Cookies mit dem Backpapier vom Backblech auf einen Kuchenrost ziehen und erkalten lassen.

Tipp: Anstelle von Cashewkernen können Sie auch abgezogene ganze Mandeln verwenden.

Cashew-Möhren-Kuchen I

Cremegekrönt – für den Standmixer
20 Stücke

Pro Stück: E: 4 g, F: 15 g, Kh: 19 g,
kJ: 953, kcal: 228, BE: 1,5

Für den Teig:

100 g	Weizen-Vollkornmehl
100 g	Weizenmehl
½ Pck.	Dr. Oetker Pudding-Pulver Sahne-Geschmack
1 gestr. TL	Dr. Oetker Backin
1 gestr. TL	Natron
300 g	Möhren
2	Eier (Größe M)
75 ml	Orangensaft
80 g	brauner Zucker
1 TL	gem. Zimt
30 g	Zuckerrübensirup (Rübenkraut)
150 ml	Sonnenblumenöl
100 g	gesalzene, geröstete Cashewkerne

Für die Creme:

½ Pck.	Dr. Oetker Pudding-Pulver Sahne-Geschmack
30 g	Zucker
200 ml	Milch (3,5 % Fett)
70 g	gesalzene, geröstete Cashewkerne
50 g	Butter (zimmerwarm)

Zum Bestäuben:

1 TL	gesiebter Backkakao

Zubereitungszeit: 30 Minuten, ohne Abkühlzeit
Backzeit: etwa 45 Minuten

1. Den Backofen vorheizen.
Ober-/Unterhitze: etwa 180 °C
Heißluft: etwa 160 °C

2. Für den Teig beide Mehlsorten mit Puddingpulver, Backpulver und Natron in einer Schüssel vermischen.

3. Die Möhren putzen, schälen, abspülen, abtropfen lassen, in etwa 1 cm breite Scheiben schneiden und in den Mixbecher geben.

4. Eier, Orangensaft, Zucker, Zimt, Rübensirup und Öl zugießen. Den Becher verschließen und die Zutaten etwa 1 Minute auf hoher Stufe mixen, bis die Möhren fein zerkleinert sind.

5. Mehlmischung und Cashewkerne zugeben, kurz auf niedriger Stufe oder mit der „Pulse-Stufe" zu einem Teig mixen.

6. Den Teig evtl. mit einem Teigschaber glatt rühren, in eine Kastenform (30 x 11 cm, gefettet, gemehlt) füllen und glatt streichen.

7. Die Form auf dem Rost in den vorgeheizten Backofen schieben. Cashew-Möhren-Kuchen **etwa 45 Minuten backen.**

8. Den Kuchen in der Form auf einem Kuchenrost etwa 10 Minuten abkühlen lassen. Dann den Kuchen aus der Form lösen, auf einem Kuchenrost erkalten lassen.

9. Für die Creme das Pudding-Pulver mit Zucker vermischen und mit 50 ml von der Milch anrühren. Restliche Milch in einem Topf zum Kochen bringen. Topf von der Kochstelle nehmen und angerührtes Pudding-Pulver unterrühren.

10. Das Ganze nochmals kurz aufkochen, dann in eine Schüssel füllen. Sofort Frischhaltefolie direkt auf die Puddingoberfläche legen, so bildet sich keine Haut. Den Pudding auf Zimmertemperatur abkühlen lassen.

11. Den Pudding und die Hälfte der Cashewkerne in den gesäuberten Mixbecher des Standmixers geben, kurz auf niedriger Stufe mixen, bis die Nüsse etwas zerkleinert sind. Butter dazugeben und kurz auf niedriger Stufe zu einer Creme verarbeiten.

12. Die Creme wolkenförmig auf dem Kuchen verstreichen. Kakao daraufstäuben. Restliche Cashewkerne daraufstreuen.

Cashew-Orangen-Cookies I
Fruchtig & crunchy
8–9 große Cookies

Pro Stück: E: 4 g, F: 18 g, Kh: 31 g,
kJ: 1264, kcal: 302, BE: 2,5

Für den Cashew-Orangen-Crunch:
75 g *gesalzene, geröstete*
Cashewkerne
30 g *Zucker*
40 g *Orangenmarmelade*
1 Pck. *Dr. Oetker Finesse*
Orangenschalen-Aroma

Für den Teig:
120 g *Butter*
(zimmerwarm)
75 g *Zucker*
1 *Ei (Größe S)*
150 g *Weizenmehl*
½ TL *Dr. Oetker Backin*

Für den Belag:
8–9 *gesalzene, geröstete*
Cashewkerne

Zubereitungszeit: 40 Minuten
Backzeit: 12–15 Minuten

1. Für den Crunch die Cashewkerne grob hacken. Cashewkerne in eine Schüssel geben, mit Zucker, Marmelade und Aroma verrühren.

2. Den Backofen vorheizen.
Ober-/Unterhitze: etwa 180 °C
Heißluft: etwa 160 °C

3. Für den Teig Butter mit Zucker in eine Rührschüssel geben. Die Zutaten mit einem Mixer (Rührstäbe) zunächst kurz auf niedrigster, dann auch auf höchster Stufe schaumig schlagen. Das Ei hinzugeben und etwa 1 Minute unterschlagen.

4. Mehl mit Backpulver gut vermischen. Die Mehlmischung auf die Butter-Ei-Masse geben und mit einem Teigschaber unterheben.

5. Den Cookieteig mit 2 Esslöffeln oder einem Eisportionierer in gleich großen, runden Häufchen auf ein Backblech (gefettet, mit Backpapier belegt) setzen, dabei genügend Abstand zwischen den Teighäufchen lassen. Teighäufchen mit einem in Wasser getauchten Löffel zu flachen Cookies verstreichen. In die Mitte der Cookies eine Vertiefung eindrücken.

6. Mit 2 Teelöffeln jeweils etwas von dem vorbereiteten Cashew-Orangen-Crunch in die Vertiefungen der Cookies geben und mit jeweils 1 Cashewkern belegen. Das Backblech in den vorgeheizten Backofen schieben. Die Cashew-Orangen-Cookies **12–15 Minuten backen.**

7. Die Cashew-Orangen-Cookies mit dem Backpapier von dem Backblech auf einen Kuchenrost ziehen. Die Cashew-Orangen-Cookies erkalten lassen.

Tipp: Kleine Aufmerksamkeiten versüßen das Leben: Cookies haben genau die richtige Größe für (natürlich unbenutzte) CD-Hüllen aus Papier. Vielleicht noch ein Schleifchen drum und schon ist das Geschenk aus der eigenen Küche fertig.

Cashew-Schoko-Cookies I

Mit rosa Pfefferbeeren
60 Stück

Pro Stück: E: 1 g, F: 5 g, Kh: 6 g,
kJ: 302, kcal: 72, BE: 0,5

Für den Rührteig:

100 g	gesalzene, geröstete Cashewkerne
200 g	Zartbitter-Schokolade (50–60 % Kakaoanteil)
1–2 TL	rosa Pfefferbeeren
200 g	Butter oder Margarine (zimmerwarm)
120 g	Zucker
1	Ei (Größe M)
200 g	Weizenmehl
1 gestr. TL	Dr. Oetker Backin

Zubereitungszeit: 30 Minuten
Backzeit: etwa 15 Minuten je Backblech

1. Für den Teig Cashewkerne hacken und 1–2 Esslöffel davon zum Bestreuen beiseitestellen. 120 g von der Schokolade und die Pfefferbeeren ebenfalls portionsweise hacken.

2. Restliche Schokolade in kleine Stücke brechen. Zwei Drittel davon und in einem Topf im Wasserbad bei schwacher Hitze unter Rühren schmelzen. Die Schokolade abkühlen lassen.

3. Den Backofen vorheizen.
Ober-/Unterhitze: etwa 180 °C
Heißluft: etwa 160 °C

4. Butter oder Margarine mit einem Mixer (Rührstäbe) auf höchster Stufe geschmeidig rühren. Nach und nach Zucker unterrühren. So lange rühren, bis eine gebundene Masse entstanden ist. Ei etwa ½ Minute unterrühren. Geschmolzene Schokolade kurz unterrühren.

5. Mehl mit Backpulver mischen und in 2 Portionen auf mittlerer Stufe kurz unterrühren. Zuletzt die gehackten Zutaten dazugeben und kurz unterrühren.

6. Den Teig mit 2 Teelöffeln in walnussgroßen Häufchen mit etwas Abstand auf Backbleche (gefettet, mit Backpapier belegt) setzen. Die Häufchen mit den beiseitegestellten Cashewkernen bestreuen. Die Backbleche nacheinander (bei Heißluft zusammen) in den vorgeheizten Backofen schieben. Die Cookies **etwa 15 Minuten je Backblech backen.**

7. Die Cookies mit dem Backpapier von den Backblechen auf Kuchenroste ziehen und erkalten lassen.

Tipp: Die rosa Pfefferbeeren können ersatzlos weggelassen werden.

Rezeptvariante: Für **Erdnuss-Schoko-Cookies** die gesalzenen Cashewkerne durch gesalzene Erdnusskerne ersetzen.

Cassis-Cheesecake-Tarte I

Fruchtig
16 Stücke

Pro Stück: E: 6 g, F: 9 g, Kh: 27 g,
kJ: 876, kcal: 209, BE: 2,0

Für den Knetteig:

1	Ei (Größe M)
200 g	Weizenmehl
70 g	Zucker
1 Prise	Salz
120 g	Butter oder Margarine

Für die Füllung:

160 g	schwarze Johannisbeeren (frisch oder TK)
2	Eier (Größe M)
100 g	Zucker
300 g	Joghurt (3,8 % Fett)
250 g	Magerquark (1,5 % Fett)
3 EL	kernige Haferflocken
2 EL	brauner Zucker

Zubereitungszeit: 45 Minuten, ohne Kühlzeit
Backzeit: etwa 45 Minuten

1. Für den Teig das Ei mit einer Gabel verschlagen und die Hälfte davon beiseitestellen. Mehl in eine Rührschüssel geben. Restliches Ei, Zucker, Salz und Butter oder Margarine hinzufügen.

2. Die Zutaten mit einem Mixer (Knethaken) zunächst kurz auf niedrigster, danach auf höchster Stufe gut durcharbeiten. Anschließend auf einer leicht bemehlten Arbeitsfläche kurz zu einem Teig verkneten. Den Teig in Frischhaltefolie gewickelt etwa 60 Minuten in den Kühlschrank legen.

3. Den Backofen vorheizen.
Ober-/Unterhitze: etwa 180 °C
Heißluft: etwa 160 °C

4. Den Teig auf der leicht bemehlten Arbeitsfläche 3–4 mm dick ausrollen und eine runde Platte (Ø etwa 34 cm) ausschneiden. Die Teigplatte in eine Tarteform

oder ein rundes Pizzablech (Ø 28 cm, gefettet, bemehlt) legen. Den restlichen Knetteig nochmals ausrollen und verschieden große Platten (Ø 2–7 cm) ausstechen.

5. Für die Füllung frische Johannisbeeren abspülen, trocken tupfen und entstielen. Eier, Zucker, Joghurt und den Quark in einer Rührschüssel mit dem Mixer (Rührstäbe) auf mittlerer Stufe glatt rühren.

6. Die frischen oder die gefrorenen Johannisbeeren unter die Quark-Joghurt-Masse rühren, auf den Knetteig in die Form (Pizzablech) geben und glatt streichen.

7. Die Tarte mit Haferflocken und braunem Zucker bestreuen.

8. Die ausgestochenen Teigplatten darauf verteilen und vorsichtig mit dem beiseitegestellten Ei bestreichen.

9. Die Form auf dem Rost in den vorgeheizten Backofen schieben und die Cheesecake **etwa 45 Minuten backen.**

10. Cheesecake in der Form vollständig erkalten lassen. Anschließend den Cheesecake mit einem Messer vom Formrand lösen und auf einen Kuchenrost stürzen. Die Tarteform oder das Pizzablech abnehmen und den Cheesecake vorsichtig zurück auf eine Tortenplatte stürzen.

Chai-Tea-Hügel | Fettarm

20 Stück

Pro Stück: E: 4 g, F: 6 g, Kh: 18 g,
kJ: 574, kcal: 137, BE: 1,5

Für den Biskuitteig:

5	Eier (Größe M)
3 EL	heißes Wasser
130 g	Zucker
1 Pck.	Dr. Oetker Vanillin-Zucker
140 g	Weizenmehl
1 gestr. TL	Dr. Oetker Backin
30 g	gesiebter Backkakao

Für die Chai-Tea-Creme:

5 Beutel	Chai-Tea (je 2 g)
300 ml	kochendes Wasser
7 Blatt	weiße Gelatine
200 ml	Milch (1,5 % Fett)
1	kleine Bio-Orange
	(etwa 180 g – unbehandelt,
	ungewachst)
50 g	gehackte Mandeln
40 g	Zucker
150 g	Schlagsahne
	(mind. 30 % Fett)
40 g	Puderzucker

Zubereitungszeit: 45 Minuten,
ohne Zieh- und Kühlzeit
Backzeit: etwa 10 Minuten

1. Den Backofen vorheizen.
Ober-/Unterhitze: etwa 200 °C
Heißluft: etwa 180 °C

2. Für den Teig Eier und Wasser mit einem Mixer (Rührstäbe) auf höchster Stufe in etwa 1 Minute schaumig schlagen. Den Zucker mit Vanillin-Zucker mischen, in etwa 1 Minute einstreuen, dann noch etwa 3 Minuten schlagen.

3. Das Mehl mit Backpulver und Kakao mischen. Die Hälfte davon kurz auf niedrigster Stufe unterrühren. Restliches Mehlgemisch auf die gleiche Weise unterarbeiten.

4. Den Teig auf ein Backblech (30 x 40 cm, gefettet, mit Backpapier belegt) geben und glatt streichen. Das Backblech in den vorgeheizten Backofen schieben. Die Biskuitplatte **etwa 10 Minuten backen.**

5. Die Biskuitplatte vorsichtig vom Rand lösen, auf eine mit Backpapier belegte Arbeitsplatte stürzen, mit dem Backpapier erkalten lassen. Dann das mitgebackene Backpapier vorsichtig abziehen.

6. Mit einem Glas (Ø 7 cm) 20 Taler aus der Biskuitplatte ausstechen. Die Reste im Blitzhacker fein zerkrümeln.

7. Für die Creme Teebeutel mit kochendem Wasser übergießen, zugedeckt 8–10 Minuten ziehen lassen. Gelatine nach Packungsanleitung einweichen. Dann die Teebeutel entfernen und über dem Tee gut ausdrücken.

8. Milch in den Tee gießen. Eingeweichte Gelatine leicht ausgedrückt in dem warmen Tee unter Rühren auflösen.

9. Orange heiß abwaschen und abtrocknen. Etwa die Hälfte der Schale fein abreiben und zum Tee geben. Den Tee abkühlen lassen, dann in den Kühlschrank stellen.

10. Inzwischen ein Backblech mit Backpapier belegen. Die Biskuitkrümel und Mandeln in einer Pfanne ohne Fett unter Wenden leicht rösten, dann auf einen Teller geben.

11. Zucker in der Pfanne bei mittlerer Hitze goldbraun karamellisieren lassen. Die Krümel-Mandel-Mischung sofort mit einem Kochlöffel unterrühren.

12. Die heiße Masse sofort auf das Backblech geben und erkalten lassen.

13. Sobald der Tee anfängt fest zu werden, Sahne mit dem Puderzucker steif schlagen und unterheben. Die Creme auf den Biskuittalern leicht kuppelförmig verstreichen, mit der Krümelmasse bestreuen. Die Chai-Tea-Hügel etwa 30 Minuten in den Kühlschrank stellen.

Cheesecakes im Glas I

Ohne zu backen – partytauglich

12 Gläser

Pro Glas: E: 9 g, F: 52 g, Kh: 42 g,
kJ: 2836, kcal: 678, BE: 3,0

Für die Bröselböden:

240 g Butter oder Margarine
300 g Butterkekse

Für die Creme:

2 Beutel aus
1 Pck. Götterspeise Zitronen-
Geschmack
400 ml Wasser
400 g Doppelrahm-Frischkäse
160 g Puderzucker
2 Pck. Dr. Oetker Vanillin-Zucker
6 EL Zitronensaft
800 g Schlagsahne
(mind. 30 % Fett)
2 Pck. Dr. Oetker Vanillin-Zucker

Zum Dekorieren:

12–24 Mini-Zitronen- oder
Orangengeleefrüchte
oder 12 Schoko-Ornamente
oder 4 TL weiße, gelbe und
rosa Drageeperlen
oder 12 Schokoladen-Dekor-
Stäbchen

Außerdem:

12 nicht zu hohe Gläser
(je etwa 200 ml Inhalt)

Zubereitungszeit: 40 Minuten,
ohne Quell- und Abkühlzeit

1. Für die Böden die Butter oder Margarine in einem Topf zerlassen und etwas abkühlen lassen.

2. Butterkekse in einen großen Gefrierbeutel geben. Den Beutel fest verschließen. Butterkekse mit einer Teigrolle fein zerbröseln. 2 Esslöffel der Keksbrösel beiseitelegen.

3. Restliche Keksbrösel in eine Schüssel geben. Die Butter oder Margarine hinzufügen und die Zutaten mit einer Gabel gut vermengen. Die Mischung gleichmäßig in den Gläsern verteilen und mit einem Teelöffel zu flachen Böden andrücken. Die Gläser in den Kühlschrank stellen.

4. Für die Creme das Götterspeisepulver mit Wasser in einem Topf mit einem Schneebesen verrühren. Etwa 5 Minuten zum Quellen stehen lassen. Dann die Mischung unter Rühren bei mittlerer Hitze erhitzen, bis die Götterspeise aufgelöst ist. Dabei nicht kochen lassen, sonst wird die Masse nicht richtig fest. Den Topf von der Kochstelle nehmen. Götterspeise abkühlen lassen.

5. Frischkäse mit Puderzucker, Vanillin-Zucker und Zitronensaft in einer Rührschüssel mit einem Schneebesen verrühren und die fast abgekühlte Götterspeise zügig unterrühren. Die Masse in den Kühlschrank stellen.

6. Wenn die Frischkäse-Götterspeise-Masse zu gelieren beginnt, die Sahne steif schlagen, dabei den Vanillin-Zucker unterrühren. Die Sahne in 2–3 Portionen unterheben.

7. Sahnecreme mit einem Löffel gleichmäßig auf den Keksböden in den Gläsern verteilen und glatt streichen. Die Gläser zugedeckt etwa 30 Minuten in den Kühlschrank stellen, bis die Creme fest geworden ist.

8. Zum Servieren die Cheesecakes im Glas garnieren. Dazu den Rand der Cheesecakes mit den beiseitegestellten Keksbröseln bestreuen, 1–2 Zitronen-Geleefrüchte oder jeweils 1 Schoko-Ornament auf die Creme geben, evtl. leicht eindrücken oder die Oberfläche mit Drageeperlen bestreuen oder jeweils 2 Schoko-Stäbchen in die Creme stecken.

Tipps: Hier können Sie bei der Dekoration nach Lust und Laune experimentieren. Z. B. sehen kleine Namensschilder oder Fähnchen hübsch aus. Dafür Namen oder gute Wünsche usw. auf kleine Papierstreifen (doppelte Länge des fertigen Schildchens) schreiben. Eine Hälfte mit einem Klebestift bestreichen und über ein Holzstäbchen klappen, trocknen lassen

und vor dem Servieren in die Cheesecakes stecken. Cheesecakes im Glas können Sie gut am Vorabend der Party bis einschließlich Punkt 6 zubereiten. Kurz vor dem Servieren die Cakes nach Belieben hübsch anrichten. Möchten Sie die Cheesecakes im Glas transportieren, dann bereiten Sie diese am besten in kleinen verschließbaren Gläsern zu. Nehmen Sie in diesem Fall die Zutaten zum Garnieren getrennt mit.

Cherry Cheesecake I
Zum Nachmittagskaffee
12 Stücke

Pro Stück: E: 7 g, F: 32 g, Kh: 35 g,
kJ: 1911, kcal: 458, BE: 3,0

Für den Boden:
150 g *Vollkorn-Butterkekse*
25 g *Zucker*
1 Prise *gem. Zimt*
100 g *Butter oder Margarine*

Für die Creme:
200 g *Doppelrahm-Frischkäse*
150 g *Zucker*
500 g *Mascarpone (ital. Frischkäse)*
5 *Eier (Größe M)*
1 Pck. *Dr. Oetker Bourbon-*
Vanille-Zucker

Für den Belag:
370 g *abgetropfte Sauerkirschen*
(aus dem Glas)
250 ml *Sauerkirschsaft*
(aus dem Glas)
1 Pck. *ungezuckerter Tortenguss, klar*

Zubereitungszeit: 30 Minuten, ohne Abkühlzeit
Backzeit: etwa 45 Minuten

1. Den Backofen vorheizen.
Ober-/Unterhitze: etwa 180 °C
Heißluft: etwa 160 °C

2. Für den Boden Kekse in einen Gefrierbeutel geben. Beutel fest verschließen. Die Kekse mit einer Teigrolle grob zerbröseln.

3. Die Keksbrösel in eine Rührschüssel geben, mit Zucker und Zimt mischen. Die Butter oder Margarine in einem Topf zerlassen, zu den Bröseln in die Rührschüssel geben und gut verrühren.

4. Die Bröselmasse in einer Springform (Ø 26 cm, Boden gefettet, mit Backpapier belegt) verteilen und mit einem Löffel zu einem Boden andrücken.

5. Für die Creme Frischkäse mit Zucker, Mascarpone, Eiern und Vanille-Zucker in eine Rührschüssel geben. Die Zutaten mit einem Mixer (Rührstäbe) zu einer glatten Masse verrühren.

6. Die Masse vorsichtig auf den Bröselboden in die Form geben (oder die Masse vorsichtig über einen Esslöffel auf den Bröselboden laufen lassen).

7. Die Form auf dem Rost in den vorgeheizten Backofen schieben und den Kuchen **etwa 45 Minuten backen.**

8. Den Backofen ausschalten. Den Cheesecake im Backofen abkühlen lassen. Anschließend die Form auf einen Kuchenrost stellen.

9. Für den Belag von den Sauerkirschen den Saft auffangen und 250 ml davon abmessen. Sauerkirschen auf dem Cheesecake verteilen. Aus Sauerkirschsaft und Tortengusspulver einen Guss nach Packungsanleitung, aber ohne Zucker, zubereiten.

10. Den Guss auf den Sauerkirschen verteilen. Den Cheesecake erkalten lassen, aus der Form lösen und auf eine Tortenplatte setzen.

Beilage: Steif geschlagene Schlagsahne.

Tipp: Statt mit Sauerkirschen kann der Cheesecake auch mit Erdbeeren oder anderen Früchten belegt werden.

Cherry Pie Hearts I

Herzen mit Sti(e)l

12–20 Stück (je nach Größe des Ausstechers)

Pro Stück: E: 3 g, F: 9 g, Kh: 25 g,
kJ: 818, kcal: 195, BE: 2,5

Zum Vorbereiten:

175 g	abgetropfte Sauerkirschen (aus dem Glas)
125 ml	Sauerkirschsaft (aus dem Glas)
2 gestr. EL	Speisestärke
40 g	Zucker
½ Pck.	Dr. Oetker Finesse Geriebene Zitronenschale

Für den Teig:

150 g	Butter
250 g	Weizenmehl
1 gestr. TL	Dr. Oetker Backin
100 g	brauner Zucker
1 Prise	Salz
3	Eigelb (Größe M)
1½ EL	eiskaltes Wasser

Außerdem:

20	lange Holzspieße (Schaschlikspieße)
1	Eiweiß

Zubereitungszeit: 50 Minuten, ohne Kühlzeit
Backzeit: 20–25 Minuten je Backblech

1. Zum Vorbereiten von den Kirschen den Saft auffangen und 125 ml davon abmessen. Die Speisestärke mit 2 Esslöffeln von dem Kirschsaft glatt rühren. Restlichen Kirschsaft in einem Topf mit Zucker und Zitronenschale aufkochen.

2. Den Topf von der Kochstelle nehmen und die angerührte Stärke unterrühren, nochmals aufkochen lassen. Dann die Kirschen unterrühren und abkühlen lassen.

3. Die Holzspieße in eine flache Schale mit kaltem Wasser legen.

4. Für den Teig Butter in Stücke schneiden. Das Mehl mit Backpulver in einer Rührschüssel mischen. Butter und die restlichen Zutaten hinzufügen, mit einem Mixer (Knethaken) zunächst kurz auf niedrigster, dann auf höchster Stufe gut durcharbeiten.

5. Anschließend auf einer leicht bemehlten Arbeitsfläche zu einem glatten Teig verkneten und zu einer Kugel formen. Die Teigkugel flach drücken und in Frischhaltefolie gewickelt etwa 30 Minuten in den Kühlschrank legen.

6. Den Backofen vorheizen.
Ober-/Unterhitze: etwa 180 °C
Heißluft: etwa 160 °C

7. Die Holzspieße aus dem Wasser nehmen und abtrocknen. Den Teig auf der leicht bemehlten Arbeitsfläche 3–5 mm dünn ausrollen. Daraus große Herzen (Ø 5–7 cm) ausstechen.

8. Die Teigreste wieder zusammenkneten, erneut ausrollen und so lange weitere Herzen ausstechen, bis der Teig aufgebraucht ist.

9. Die Hälfte der Teigherzen auf Backblechen (mit Backpapier belegt) verteilen.

10. Jeweils 1 Holzspieß von der Mitte zur Spitze der Herzen legen, dann etwas von der Kirschmasse daraufgeben. Die Teigränder mit verschlagenem Eiweiß bestreichen.

11. Die restlichen Teigherzen als Deckel auf die Herzen mit Spieß legen und an den Rändern leicht andrücken. Anschließend mit den Zinken einer Gabel zusammendrücken. Die Herzen mit Eiweiß bestreichen.

12. Die Backbleche nacheinander (bei Heißluft zusammen) in den vorgeheizten Backofen schieben und **20–25 Minuten je Backblech backen.**

13. Die Cherry Pie Hearts mit dem Backpapier von den Backblechen auf Kuchenroste ziehen und erkalten lassen.

Tipp: Cherry Pie Hearts mit Zuckerguss besprenkeln.

Chiffon Cake | Luftig & leicht

16 Stücke

Pro Stück: E: 4 g, F: 8 g, Kh: 25 g,
kJ: 780, kcal: 186, BE: 2,0

Für den Teig:

6	Eigelb (Größe M)
1 Röhrchen	Butter-Vanille-Aroma
120 ml	Milch (3,5 % Fett)
80 ml	Sonnenblumenöl
150 g	Weizenmehl
6	Eiweiß (Größe M)
120 g	Zucker
1 gestr. EL	Speisestärke

Für den Guss:

150 g	Puderzucker
2 EL	Zitronensaft

Außerdem:

1 Chiffon-Cake- oder Angel-Cake-
(Engelskuchen-)Form
(Ø etwa 24 cm)

Zubereitungszeit: 20 Minuten, ohne Abkühlzeit
Backzeit: 45–50 Minuten

1. Für den Teig Eigelb in eine große Rührschüssel geben. Aroma und Milch hinzufügen. Die Zutaten mit einem Schneebesen sorgfältig verrühren, aber nicht schaumig schlagen. Dann das Sonnenblumenöl nach und nach in einem Strahl einfließen lassen, dabei ständig mit dem Schneebesen weiterrühren.

2. Den Backofen vorheizen.
Ober-/Unterhitze: etwa 180 °C
Heißluft: etwa 160 °C

3. Mehl nach und nach unter die Eigelbmasse rühren. Dabei darauf achten, dass keine Klümpchen entstehen.

4. Das Eiweiß mit einem Mixer (Rührstäbe) auf niedrigster Stufe so lange schlagen, bis es beginnt weiß zu werden. Zucker mit Stärke mischen. Auf höchster Stufe die Hälfte von der Zuckermischung unter Rühren

einrieseln lassen. Anschließend die restliche Zuckermischung hinzugeben und den Eischnee so steif schlagen, dass er stark glänzt und ein Messerschnitt sichtbar bleibt.

5. Den Eischnee vorsichtig unter den Teig heben. Den Teig in die Form (Boden dünn gefettet) geben und glatt streichen. Den Chiffon Cake **45–50 Minuten backen.**

6. Sofort nach dem Backen den Kuchen auf einen mit Backpapier belegten Kuchenrost stürzen. Den Chiffon Cake unter der Form vollständig erkalten lassen.

7. Die Form umdrehen und den Kuchen vorsichtig mithilfe eines Messer vom Rand und von der Mitte lösen. Die Form sanft schütteln und den Chiffon Cake vorsichtig aus der Form lösen.

8. Für den Guss Puderzucker mit Zitronensaft zu einem dickflüssigen Guss verrühren. Den Chiffon Cake damit überziehen. Guss trocknen lassen.

Tipps: Damit der Chiffon Cake perfekt gelingt, sollten alle Zutaten Zimmertemperatur haben. Chiffon-Cake- oder Angel-Cake-Formen bekommen Sie in Haushaltswarenfachgeschäften oder im Internet. Der Kuchen gelingt auch in einer Springform mit Rohrboden (Ø 26 cm). Lassen Sie ihn auch dann wie unter Punkt 6 beschrieben unter der Form erkalten.

Chili-Bananen-Brownies I

Mit feuriger Note
30 Stücke

Pro Stück: E: 3 g, F: 17 g, Kh: 22 g,
kJ: 1040, kcal: 249, BE: 2,0

Zum Vorbereiten:
180 g Bananenchips
200 g Zartbitter-Kuvertüre
        (mind. 50 % Kakaoanteil)
200 g Butter oder Margarine

Für den Teig:
4 Eier (Größe M)
100 g Zucker
80 g Weizenmehl
60 g Semmelbrösel
80 g gem. Mandeln
1 gestr. TL Chiliflocken
2 gestr. TL Dr. Oetker Backin

Für den Guss:
280 g weiße Schokolade
80 g Schlagsahne (mind. 30 % Fett)
20 g Kokosfett
70 g Bananenchips
1 Msp. Chiliflocken

Zubereitungszeit: 60 Minuten, ohne Kühlzeit
Backzeit: etwa 20 Minuten

1. Zum Vorbereiten die Bananenchips in einen Gefrierbeutel geben. Den Beutel fest verschließen. Die Chips mit einer Teigrolle zerbröseln und beiseitestellen. Die Kuvertüre in kleine Stücke hacken. Zwei Drittel davon mit der Butter in einem Topf im Wasserbad bei schwacher Hitze unter Rühren schmelzen. Den Topf aus dem Wasserbad nehmen und die restliche Kuvertüre darin unter Rühren schmelzen.

2. Den Backofen vorheizen.
Ober-/Unterhitze: etwa 190 °C
Heißluft: etwa 170 °C

3. Für den Teig Eier mit Zucker in einer Rührschüssel mit einem Mixer (Rührstäbe) zunächst kurz auf nied-

rigster, dann auf höchster Stufe dickschaumig aufschlagen. Die warme Kuvertüre-Butter-Masse hinzugeben und unterrühren.

4. Mehl mit Semmelbröseln, Mandeln, Chiliflocken, Backpulver und Bananenchips gut mischen. Die Mischung mit einem Teigschaber unter die Eier-Butter-Masse heben.

5. Einen Backrahmen (25 x 30 cm) auf ein Backblech (gefettet, mit Backpapier belegt) stellen. Den Teig in den Backrahmen geben und glatt streichen. Das Backblech in den vorgeheizten Backofen schieben. Den Brownie-Kuchen **etwa 20 Minuten backen.**

6. Das Backblech auf einen Kuchenrost stellen. Den Brownie-Kuchen erkalten lassen.

7. Für den Guss Schokolade in kleine Stücke brechen. Die Sahne unter Rühren aufkochen. Den Topf von der Kochstelle nehmen. Die Schokolade und das Kokosfett darin unter Rühren auflösen.

8. Den Guss warm auf den Brownie-Kuchen geben, glatt streichen und mit Bananenchips und Chiliflocken bestreuen. Brownie-Kuchen zugedeckt etwa 60 Minuten kalt stellen.

9. Backrahmen vorsichtig lösen und entfernen. Den Brownie-Kuchen in Stücke (je 5 x 5 cm) schneiden.

Tipps: In einer gut schließenden Dose und an einem kühlen Ort sind die Brownies etwa 8 Tage haltbar. Die Chili-Bananen-Brownies zur Aufbewahrung nicht stapeln, da sie etwas krümeln.

Chili-Schoko-Cookies I

Mit feiner Schärfe

8–9 große Cookies

Pro Stück: E: 4 g, F: 14 g, Kh: 26 g,
kJ: 1010, kcal: 241, BE: 2,0

Zum Vorbereiten:

1	kleine rote Chilischote
50 g	gesalzene, geröstete Cashewkerne
50 g	Vollmilch-Schokolade (etwa 30 % Kakaoanteil)

Für den Teig:

60 g	Butter (zimmerwarm)
80 g	brauner Zucker
1 Pck.	Dr. Oetker Bourbon-Vanille-Zucker
1	Ei (Größe M)
100 g	Weizenmehl
½ gestr. TL	Dr. Oetker Backin
50 g	Schoko-Tröpfchen

Zubereitungszeit: 45 Minuten
Backzeit: 12–15 Minuten

1. Zum Vorbereiten die Chilischote der Länge nach aufschneiden, entkernen, abspülen, abtropfen lassen und sehr fein hacken. Cashewkerne und Schokolade getrennt in kleine Stückchen hacken.

2. Den Backofen vorheizen.
Ober-/Unterhitze: etwa 200 °C
Heißluft: etwa 180 °C

3. Für den Teig Butter mit Zucker und Vanille-Zucker in einer Rührschüssel mit einem Mixer (Rührstäbe) zunächst kurz auf niedrigster, dann auf höchster Stufe schaumig schlagen. Ei etwa 1 Minute unterschlagen.

4. Mehl mit Backpulver mischen. Chilis, Cashews, Schokolade und die Hälfte der Schoko-Tröpfchen daraufgeben und mit einem Teigschaber unterheben.

5. Den Teig mit 2 Esslöffeln oder einem Eisportionierer in gleich großen, runden Häufchen auf ein Backblech (gefettet, mit Backpapier belegt) setzen, dabei genügend Abstand zwischen den Teighäufchen lassen. Die Teighäufchen mit einem in Wasser getauchten Löffel zu flachen Cookies verstreichen. Die restlichen Schoko-Tröpfen daraufstreuen und leicht in den Teig drücken.

6. Backblech in den vorgeheizten Backofen schieben. Die Chili-Schoko-Cookies **12–15 Minuten backen.** Cookies mit dem Backpapier von dem Backblech auf einen Kuchenrost ziehen und erkalten lassen.

Tipp: Die Hände und Arbeitsgeräte nach dem Verarbeiten der Chilischoten gründlich waschen. Mit den Händen nicht in den Augen reiben.

Chocolate Cookies I

Einfach

8–9 große Cookies

Pro Stück: E: 4 g, F: 16 g, Kh: 30 g,
kJ: 1174, kcal: 281, BE: 2,5

Zum Vorbereiten:
> 50 g Vollmilch-Schokolade
> (etwa 50 % Kakaoanteil)

Für den Teig:
> 75 g Butter (zimmerwarm)
> 50 g weißer Zucker
> 75 g brauner Zucker
> 1 Pck. Dr. Oetker Bourbon-
> Vanille-Zucker
> 1 Prise Salz
> 1 Ei (Größe M)
> 100 g Weizenmehl
> 50 g gehackte Haselnusskerne
> 30 g Schoko-Tröpfchen

Zum Garnieren:
> 1–2 EL Schoko-Tröpfchen

Zubereitungszeit: 40 Minuten
Backzeit: etwa 15 Minuten

1. Zum Vorbereiten die Vollmilch-Schokolade in feine Stückchen hacken.

2. Den Backofen vorheizen.
Ober-/Unterhitze: etwa 180 °C
Heißluft: etwa 160 °C

3. Für den Teig die Butter mit beiden Zuckersorten, Vanille-Zucker und Salz in eine Rührschüssel geben. Die Zutaten mit einem Mixer (Rührstäbe) zunächst kurz auf niedrigster, dann auf höchster Stufe schaumig schlagen. Das Ei hinzugeben und etwa 1 Minute unterrühren.

4. Das Mehl auf die Butter-Ei-Masse geben und mit einem Teigschaber unterheben. Die Nüsse mit der fein gehackten Schokolade und 30 g Schoko-Tröpfchen mischen und zuletzt unter den Teig heben.

5. Den Teig mit 2 Esslöffeln oder einem Eisportionierer in gleich großen, runden Häufchen auf ein Backblech (gefettet, mit Backpapier belegt) setzen, dabei genügend Abstand zwischen den Teighäufchen lassen. Die Teighäufchen mit einem in Wasser getauchten Löffel nur etwas flacher streichen (der Teig läuft beim Backen noch etwas auseinander). Cookies mit 1–2 Esslöffeln Schoko-Tröpfchen bestreuen. Schoko-Tröpfchen leicht in den Teig drücken.

6. Das Backblech in den vorgeheizten Backofen schieben. Die Chocolate Cookies **etwa 15 Minuten backen.**

7. Die Chocolate Cookies mit dem Backpapier von dem Backblech auf einen Kuchenrost ziehen und erkalten lassen.

Chocolate Mud Cake I

Für Gäste

12 Stücke

Pro Stück: E: 6 g, F: 42 g, Kh: 28 g,
kJ: 2167, kcal: 518, BE: 2,5

Für den Rührteig:

150 g Zartbitter-Kuvertüre
250 g Butter oder Margarine
            (zimmerwarm)
100 g brauner Zucker
1 Pck. Dr. Oetker Vanillin-Zucker
    3   Eier (Größe M)
  50 g Weizenmehl
  40 g gesiebter Backkakao
  1 TL Natron
  50 g Buttermilch

Für die Schokoladencreme:

200 g Zartbitter-Kuvertüre
250 g Schlagsahne (mind. 30 % Fett)
  75 g Butter (zimmerwarm)
1 Pck. Dr. Oetker Bourbon-
            Vanille-Zucker

evtl. 1 EL Backkakao

Zubereitungszeit: 60 Minuten, ohne Kühlzeit
Backzeit: 12–15 Minuten je Boden

1. Den Backofen vorheizen.
Ober-/Unterhitze: etwa 180 °C
Heißluft: etwa 160 °C

2. Für den Teig Kuvertüre in kleine Stücke hacken.
Zwei Drittel davon in einem Topf im Wasserbad bei
schwacher Hitze unter Rühren schmelzen. Den Topf
aus dem Wasserbad nehmen. Restliche Kuvertüre
darin unter Rühren schmelzen.

3. Butter oder Margarine mit einem Mixer (Rührstäbe)
auf höchster Stufe geschmeidig rühren. Nach und
nach Zucker und Vanillin-Zucker unterrühren, bis eine
gebundene Masse entstanden ist. Eier nach und nach
unterrühren (jedes Ei etwa ½ Minute). Geschmolzene
Kuvertüre ebenfalls unterrühren. Mehl mit Kakao und

Natron mischen, auf mittlerer Stufe kurz unterrühren.
Buttermilch kurz unterrühren.

4. Aus dem Teig 5 Böden backen. Dafür je ein Fünftel
des Teiges in einer Springform (Ø 18 cm, Boden gefettet) glatt streichen. Die Formen auf dem Rost nacheinander in den vorgeheizten Backofen schieben und
Jeden Tortenboden **12–15 Minuten backen.**

5. Die Formen auf Kuchenroste stellen. Nach etwa
5 Minuten die Tortenböden aus den Formen lösen und
auf mit Backpapier belegten Kuchenrosten erkalten
lassen.

6. Für die Schokoladencreme die Kuvertüre in kleine
Stücke hacken. Die Sahne aufkochen und von der
Kochstelle nehmen. Die Kuvertüre in die heiße Sahne
geben, etwa 2 Minuten stehen lassen, dann unterrühren. Die Masse in den Kühlschrank stellen, bis sie
etwas fester geworden ist.

7. Butter mit Vanille-Zucker schaumig schlagen. Die
Kuvertüre-Sahne kurz unterrühren. Die Schokocreme
in 6 gleich große Portionen teilen. Auf 4 Tortenböden
je 1 Portion Schokocreme streichen. Die bestrichenen
Böden zu einer Torte zusammensetzen, mit dem un-
bestrichenen Boden bedecken.

8. Die Torte rundherum mit den restlichen Cremepor-
tionen unregelmäßig einstreichen und bis zum Servieren in den Kühlschrank stellen. Die Torte mindestens
30 Minuten vor dem Servieren aus dem Kühlschrank
nehmen und nach Belieben mit Kakao bestäuben.

Chocolate Peanut Cookies I

Richtig schön „chewy"

8–9 große Cookies

Pro Stück: E: 4 g, F: 12 g, Kh: 28 g,
kJ: 975, kcal: 233, BE: 2,5

Zum Vorbereiten:

40 g	*ungesalzene Erdnusskerne*
75 g	*Zartbitter-Kuvertüre*

Für den Teig:

50 g	*Butter (zimmerwarm)*
1 geh. TL	*Peanut Butter, creamy oder crunchy (Erdnusscreme)*
80 g	*brauner Zucker*
40 g	*weißer Zucker*
1 Pck.	*Dr. Oetker Bourbon-Vanille-Zucker*
1	*Ei (Größe S)*
100 g	*Weizenmehl*
1 Prise	*Salz*
1 Prise	*Natron*

Zubereitungszeit: 30 Minuten
Backzeit: 10–12 Minuten

1. Zum Vorbereiten die Erdnüsse und die Kuvertüre in grobe Stückchen hacken.

2. Den Backofen vorheizen.
Ober-/Unterhitze: etwa 180 °C
Heißluft: etwa 160 °C

3. Für den Teig die Butter und Peanut Butter in eine Rührschüssel geben. Die Zutaten mit einem Mixer (Rührstäbe) auf höchster Stufe in etwa 3 Minuten schaumig schlagen. Beide Zuckersorten mit dem Vanille-Zucker mischen, nach und nach unterrühren, bis eine gebundene Masse entstanden ist.

4. Das Ei hinzugeben und etwa 1 Minute unterschlagen. Mehl mit Salz und Natron gut vermischen. Die Mehlmischung auf die Butter-Peanut-Masse geben und mit einem Teigschaber unterheben. Zuletzt die vorbereiteten Erdnuss- und Kuvertürestückchen unterheben.

5. Den Teig mit 2 Esslöffeln oder einem Eisportionierer in gleich großen, runden Häufchen auf ein Backblech (gefettet, mit Backpapier belegt) setzen, dabei genügend Abstand zwischen den Teighäufchen lassen. Die Teighäufchen mit einem in Wasser getauchten Löffel zu flachen Cookies verstreichen.

6. Backblech in den vorgeheizten Backofen schieben. Die Chocolate Peanut Cookies **10–12 Minuten backen.**

7. Die Chocolate Peanut Cookies mit dem Backpapier von dem Backblech auf einen Kuchenrost ziehen und erkalten lassen.

Cinnamon Rolls (Zimtschnecken) | Für Kinder

12 Stück

Pro Stück: E: 7 g, F: 15 g, Kh: 65 g, kJ: 1800, kcal: 430, BE: 5,5

Für den Hefeteig:

1 Pck.	Dr. Oetker Trockenbackhefe
300 ml	Milch (3,5 % Fett)
100 g	Butter (zimmerwarm)
150 g	Zucker
1 TL	gem. Kardamom
550 g	Weizenmehl
80 g	Rosinen
100 g	Butter
100 g	Zucker
1 TL	gem. Zimt

Zubereitungszeit: 35 Minuten, ohne Teiggehzeit
Backzeit: etwa 30 Minuten je Backblech

1. Für den Teig die Trockenbackhefe in eine Rührschüssel geben und 100 ml kalte Milch hinzugießen. Die restliche Milch in einem kleinen Topf lauwarm erwärmen. Die Butter unterrühren und sofort zu der kalten Milch in die Rührschüssel geben. Zucker und Kardamom unterrühren und das Mehl hinzugeben.

2. Die Zutaten mit einem Mixer (Rührstäbe) zunächst kurz auf niedrigster, dann auf höchster Stufe zu einem glatten, weichen Teig verrühren. Den Teig zugedeckt an einem warmen Ort etwa 60 Minuten gehen lassen.

3. In der Zwischenzeit die Rosinen in warmem Wasser etwa 10 Minuten einweichen. Anschließend in ein Sieb geben und abtropfen lassen.

4. Den gegangenen Teig leicht mit Mehl bestäuben, nochmals kurz durchkneten und auf einem mit Mehl bestäubten großen Bogen Backpapier zu einem Rechteck (etwa 36 x 40 cm) ausrollen.

5. Die Butter in einem Topf bei schwacher Hitze zerlassen. Das Teigrechteck damit bestreichen. Zucker mit Zimt mischen und gleichmäßig auf den Teig streu-

en. Die Butter wieder etwas fest werden lassen und dann die Rosinen daraufstreuen.

6. Den Teig von der schmalen Seite aus aufrollen. Die Teigrolle in etwa 3 cm dicke Scheiben schneiden. Die Cinnamon Rolls mit viel Abstand zueinander auf Backbleche (mit Backpapier belegt) legen und nochmals zugedeckt 50–60 Minuten an einem warmen Ort gehen lassen.

7. In der Zwischenzeit den Backofen vorheizen.
Ober-/Unterhitze: etwa 180 °C
Heißluft: etwa 160 °C

8. Die Backbleche nacheinander (bei Heißluft zusammen) in den vorgeheizten Backofen schieben. Cinnamon Rolls **etwa 30 Minuten je Backblech backen.**

9. Die Cinnamon Rolls mit dem Backpapier von den Backblechen auf Kuchenroste ziehen und erkalten lassen.

Tipp: Die Cinnamon Rolls können zusätzlich mit einem Puderzuckerguss bestrichen werden.

Colour Block Cake I

Mit Gute-Laune-Garantie
8 Stücke

Pro Stück: E: 7 g, F: 36 g, Kh: 41 g,
kJ: 2165, kcal: 518, BE: 3,5

Für den Rührteig:

125 g	Butter oder Margarine (zimmerwarm)
100 g	Zucker
1 Pck.	Dr. Oetker Vanillin-Zucker
3	Eier (Größe M)
125 g	Weizenmehl
25 g	Speisestärke
1 gestr. TL	Dr. Oetker Backin

Für die Füllung:

5 Blatt	weiße Gelatine
1	Bio-Zitrone (unbehandelt, ungewachst)
500 g	Schlagsahne (mind. 30 % Fett)
1–2 EL	Zucker
2 EL	Holunderblütensirup
etwas	grüne und rote Speisefarbe

1–2 EL	bunte Zuckerstreusel

Zubereitungszeit: 60 Minuten, ohne Kühlzeit
Backzeit: etwa 10 Minuten

1. Den Backofen vorheizen.
Ober-/Unterhitze: etwa 180 °C
Heißluft: etwa 160 °C

2. Für den Teig Butter oder Margarine mit einem Mixer (Rührstäbe) auf höchster Stufe geschmeidig rühren. Nach und nach Zucker und Vanillin-Zucker unterrühren. So lange rühren, bis eine gebundene Masse entstanden ist.

3. Die Eier nach und nach unterrühren (jedes Ei etwa ½ Minute). Mehl mit Stärke und Backpulver mischen, auf mittlerer Stufe kurz unterrühren. Teig auf einem Backblech (30 x 40 cm, gefettet) glatt streichen. Das Backblech in den vorgeheizten Backofen schieben. Die Gebäckplatte **etwa 10 Minuten backen.**

4. Das Backblech auf einen Kuchenrost stellen. Die Gebäckplatte darauf erkalten lassen, anschließend in 6 Rechtecke (je 10 x 20 cm) schneiden. Gebäckplatten vom Backpapier lösen.

5. Für die Füllung Gelatine nach Packungsanleitung einweichen. Zitrone heiß abwaschen, abtrocknen und die Hälfte der Schale fein abreiben. Zitrone halbieren und den Saft auspressen. Sahne mit der Hälfte des Zuckers steif schlagen.

6. Gelatine ausdrücken, zusammen mit dem Sirup und 2 Esslöffeln Zitronensaft in einem Topf bei schwacher Hitze unter Rühren auflösen. Den Topf von der Kochstelle nehmen. Gelatine abkühlen lassen.

7. Erst 3 Esslöffel der geschlagenen Sahne unter die Gelatinemasse rühren, dann die Masse unter die restliche geschlagene Sahne heben. Nach Belieben mit dem restlichen Zucker abschmecken. Von der Sahnecreme 80 g abwiegen und grün einfärben. Dann 170 g Sahnecreme abwiegen und rot einfärben. Die grüne Creme auf 1, die rote auf 2 Gebäckplatten und die weiße Creme auf 3 Gebäckplatten wellenartig verstreichen.

8. Eine Gebäckplatte mit roter Sahne auf eine Kuchenplatte legen. Nacheinander eine Platte mit weißer Creme, eine mit grüner, wieder eine mit weißer, eine mit roter und wieder eine Platte mit weißer Sahne auf den Stapel legen. Colour Block Cake zugedeckt etwa 60 Minuten in den Kühlschrank stellen und kurz vor dem Servieren mit Zuckerstreuseln bestreuen.

Cookiepizza | Für Gäste

1 Riesencookie (12 Stücke)

Pro Stück: E: 5 g, F: 15 g, Kh: 25 g,
kJ: 1081, kcal: 258, BE: 2,0

Zum Vorbereiten:

    75 g weiße Kuvertüre

Für den Teig:

    100 g Butter (zimmerwarm)
    100 g brauner Zucker
    1 Prise Salz
        1 Ei (Größe M)
    100 g Weizenmehl
    1 Msp. Natron
    100 g gehackte Mandeln

Für den Belag:

    25 g gehackte Pistazienkerne
    100 g getrocknete Soft-Aprikosen
    75 g Wild-Preiselbeeren
        (aus dem Glas)

Zubereitungszeit: 40 Minuten, ohne Abkühlzeit
Backzeit: etwa 20 Minuten

1. Zum Vorbereiten weiße Kuvertüre in kleine Stück-chen hacken. Auf einem Stück Backpapier einen Kreis (Ø 30 cm) aufzeichnen. Ein Backblech leicht fetten.

Das Backpapier mit der markierten Seite nach unten darauflegen und leicht andrücken.

2. Den Backofen vorheizen.
Ober-/Unterhitze: etwa 200 °C
Heißluft: etwa 180 °C

3. Für den Teig Butter mit Zucker und Salz in einer Rührschüssel mit einem Mixer (Rührstäbe) zunächst kurz auf niedrigster, dann auf höchster Stufe schau-mig schlagen. Das Ei etwa 1 Minute unterschlagen.

4. Mehl mit Natron und gehackten Mandeln mischen, auf die Butter-Ei-Masse geben und unterheben.

5. Den Cookieteig mit einem Esslöffel gleichmäßig in-nerhalb des vorgezeichneten Kreises auf dem Back-blech verstreichen. Die Cookiepizza mit den Pistazien bestreuen und mit den Aprikosen belegen. Preisel-beeren in kleinen Klecksen auf dem Teig verteilen.

6. Backblech in den vorgeheizten Backofen schieben. Die Cookiepizza **etwa 20 Minuten backen.**

7. Das Backblech auf einen Kuchenrost stellen. Die Pizza etwa 5 Minuten stehen lassen. Dann sofort die Kuvertüre daraufstreuen. Pizza mit dem Backpapier von dem Backblech auf einen Kuchenrost ziehen und erkalten lassen. Zum Servieren die Cookiepizza wie eine Pizza in Stücke schneiden.

Cookie Pops I

Partytauglich

8–10 Stück

Pro Stück: E: 2 g, F: 16 g, Kh: 27 g,
kJ: 1097, kcal: 261, BE: 2,5

Für die Cake-Pop-Masse:

70 g	Butter oder Margarine (zimmerwarm)
150 g	Butterkekse
1 EL	Himbeer- oder Aprikosen-konfitüre

Zum Garnieren:

125 g	Kuchenglasur Haselnuss
1 EL	Schokostreusel
1 EL	bunte Zuckerstreusel
1 EL	Haselnuss-Krokant
1 EL	Schokoperlen
1 EL	feine Kokosraspel

Außerdem:

8–10	Lollistiele aus Plastik, Holz oder Papier
1 Stück	Styropor

Zubereitungszeit: 45 Minuten, ohne Kühlzeit

1. Für die Cake-Pop-Masse Butter oder Margarine zerlassen und etwas abkühlen lassen. Butterkekse in einen Gefrierbeutel geben. Den Beutel fest verschließen und die Butterkekse mit einer Teigrolle fein zerbröseln. Die Brösel in eine Rührschüssel geben.

2. Die flüssige Butter oder Margarine mit der Konfitüre zu den Bröseln geben. Die Zutaten gut miteinander verrühren. Dann mit den Händen kurz durchkneten, bis ein glatter und formbarer Teig entstanden ist. Den Cake-Pop-Teig etwa 30 Minuten in den Kühlschrank stellen.

3. Die Cake-Pop-Masse in 8–10 gleich große Portionen teilen. Jede Portion zwischen den Handflächen zu einer Kugel (Ø etwa 4 cm) rollen. Die Kekskugeln auf einen Teller (mit Backpapier belegt) legen und in den Kühlschrank stellen.

4. Kuchenglasur nach Packungsanleitung schmelzen. Die Lollistiele 2–3 cm tief in die flüssige Glasur tauchen, dann in die Kekskugeln stecken. Die Cake Pops etwa 30 Minuten in den Kühlschrank legen.

5. In der Zwischenzeit Streusel, Krokant, Schokoperlen und Kokosraspel, getrennt nach Sorten, in kleinen Schälchen verteilen.

6. Die Kuchenglasur nochmals schmelzen, dann in eine kleine Schale umfüllen. Die Cake Pops an den Stielen in die Glasur tauchen, etwas abtropfen lassen, kopfüber von allen Seiten in Streuseln wälzen und dann mit den Stielen in ein Stück Styropor stecken. Glasur trocknen lassen.

Tipp: 1 Esslöffel Streusel reicht für etwa 2 Cake Pops.

Cookies „Dreierlei" I

Originell
20 Stück

Pro Stück: E: 2 g, F: 7 g, Kh: 13 g,
kJ: 527, kcal: 126, BE: 1,0

Zum Vorbereiten:

2 EL Kokosflocken
2 EL ungesalzene, geröstete
        Erdnusskerne
30 g weiße Kuvertüre
2 EL getrocknete Kirschen

Für den Teig:

100 g Butter
         (zimmerwarm)
100 g brauner Zucker
1 Prise Salz
1 Ei (Größe M)
150 g Weizenmehl
1 Msp. Natron

Außerdem:

1 TL gesiebter Backkakao
1 EL Schoko-Tröpfchen
1 EL Haselnuss-Krokant
2–3 gestr. EL gefriergetrocknetes
               Himbeerpulver

Zubereitungszeit: 40 Minuten, ohne Abkühlzeit
Backzeit: 12–15 Minuten je Backblech

1. Zum Vorbereiten die Kokosflocken in einer Pfanne ohne Fett unter Wenden goldbraun rösten, auf einen Teller geben und erkalten lassen. Erdnüsse, Kuvertüre und Kirschen getrennt fein hacken.

2. Den Backofen vorheizen.
Ober-/Unterhitze: etwa 200 °C
Heißluft: etwa 180 °C

3. Für den Teig Butter in eine Rührschüssel geben. Zucker und Salz hinzufügen. Die Zutaten mit einem Mixer (Rührstäbe) zunächst kurz auf niedrigster, dann auf höchster Stufe schaumig schlagen. Das Ei etwa 1 Minute unterrühren.

4. Das Mehl mit Natron mischen und mit einem Teigschaber unter die Butter-Ei-Masse heben.

5. Den Teig in 3 gleich große Portionen teilen. Unter eine Teigportion Kakaopulver, Schoko-Tröpfchen und gehackte Erdnüsse mischen.

6. Unter die zweite Teigportion Haselnuss-Krokant, Kokosflocken und gehackte Kuvertüre mischen. Unter die letzte Teigportion Himbeerpulver und gehackte Kirschen mischen.

7. Mit einem Teelöffeln von jeder Teigvariation eine Portion abnehmen und auf Backblechen (gefettet, mit Backpapier belegt) zu einem Teigklecks aneinandersetzen, sodass sich die unterschiedlichen Teige nicht vermischen.

8. Die Teigkleckse mit einem in Wasser getauchten Löffel etwas zusammendrücken und rund formen. Dabei genügend Abstand zwischen den Teighäufchen lassen.

9. Die Backbleche nacheinander (bei Heißluft zusammen) in den vorgeheizten Backofen schieben. Die Cookies **12–15 Minuten je Backblech backen.**

Tipp: Gefriergetrocknetes Himbeerpulver bekommen Sie in gut sortierten Bioläden, Reformhäusern oder im Internethandel.

Cranberry-Pekan-Cookies I

Einfach – schnell gemacht

8–9 große Cookies

Pro Stück: E: 3 g, F: 15 g, Kh: 31 g,
kJ: 1150, kcal: 274, BE: 2,5

Zum Vorbereiten:

30 g *Pekannusskerne*

Für den Teig:

100 g *Butter (zimmerwarm)*
50 g *Doppelrahm-Frischkäse*
80 g *Zucker*
1 Pck. *Dr. Oetker Vanillin-Zucker*
1 *Ei (Größe M)*
120 g *Weizenmehl*
1 Pck. *Dr. Oetker Pudding-Pulver*
Vanille-Geschmack

Zum Bestreuen:

75 g *getrocknete Cranberrys*

Zubereitungszeit: 30 Minuten
Backzeit: 15–18 Minuten

1. Zum Vorbereiten die Pekannusskerne in grobe Stücke hacken.

2. Den Backofen vorheizen.
Ober-/Unterhitze: etwa 200 °C
Heißluft: etwa 180 °C

3. Für den Teig Butter mit Frischkäse, Zucker und Vanillin-Zucker in eine Rührschüssel geben. Die Zutaten mit einem Mixer (Rührstäbe) zunächst kurz auf niedrigster, dann auf höchster Stufe schaumig schlagen. Das Ei hinzugeben und etwa 1 Minute unterschlagen.

4. Mehl mit Pudding-Pulver gut vermischen, auf die Butter-Frischkäse-Ei-Masse geben und mit einem Teigschaber unterheben.

5. Den Teig mit 2 Esslöffeln oder einem Eisportionierer in gleich großen, runden Häufchen auf ein Backblech (gefettet, mit Backpapier belegt) setzen, dabei genü-gend Abstand zwischen den Teighäufchen lassen. Die Teighäufchen mit einem in Wasser getauchten Löffel zu flachen Cookies verstreichen. Die Cookies mit ge-hackten Pekannusskernen und Cranberrys bestreuen.

6. Backblech in den vorgeheizten Backofen schieben. Cranberry-Pekan-Cookies **15–18 Minuten backen.**

7. Die Cookies mit dem Backpapier von dem Back-blech auf einen Kuchenrost ziehen. Cranberry-Pekan-Cookies erkalten lassen.

Tipps: Sie können die Pekannusskerne auch durch andere Nusskerne, zum Beispiel Macadamia-Nuss-kerne oder Cashewkerne, ersetzen. Statt Cranberrys schmecken auch getrocknete Kirschen sehr lecker. Typisch amerikanische Cookies sind „chewy", das heißt innen noch schön weich und locker, außen knusprig. Um diese Konsistenz zu erhalten, dürfen die Cookies auf keinen Fall zu lange im Backofen bleiben. Nehmen Sie sie rechtzeitig heraus, auch wenn Ihnen die Cookies noch nicht ganz durchgebacken erschei-nen. Wenn Sie Ihre Cookies jedoch lieber durch und durch knusprig mögen, lassen Sie sie etwas länger im Backofen. Für mehr Knusprigkeit können Sie auch noch 1 zusätzlichen Esslöffel Zucker in den Teig ge-ben. Die Cookies werden dann natürlich auch süßer. Die Konsistenz der Cookies hängt zudem sehr stark von der Luftfeuchtigkeit ab. In gut schließenden Do-sen, zwischen Lagen von Backpapier, kühl und tro-cken gestellt, können Sie die Cookies 1–2 Wochen aufbewahren.

Crazy Cake I
Für Gäste
8 Stangen

Pro Stange: E: 11 g, F: 39 g, Kh: 59 g,
kJ: 2657, kcal: 635, BE: 5,0

Für den Rührteig:

125 g	Marzipan-Rohmasse, in hauchdünne Scheiben geschnitten
200 g	Butter oder Margarine (zimmerwarm)
100 g	Puderzucker
1 Pck.	Dr. Oetker Vanillin-Zucker
2	Eier (Größe M)
4	Eigelb (Größe M)
125 g	Weizenmehl
75 g	Speisestärke
2 gestr. TL	Dr. Oetker Backin
4	Eiweiß (Größe M)
1 Prise	Salz
1 TL	Zucker

Außerdem:

	abgeriebene Schale von
1/2	Bio-Orange (unbehandelt, ungewachst)
2 EL	Orangensaft gelbe Speisefarbe abgeriebene Schale von
1	Bio-Zitrone (unbehandelt, ungewachst)
1 EL	Zitronensaft blaue Speisefarbe

Zum Bestreichen:

50 g	Zitronengelee

Für den Guss:

etwa 100 g	weiße Schokolade
1 TL	Speiseöl
etwa 100 g	Zartbitter-Schokolade (etwa 50 % Kakaoanteil)
1/2 TL	Speiseöl

Zubereitungszeit: 60 Minuten, ohne Abkühlzeit

1. Für den Teig Marzipan und Butter oder Margarine mit einem Mixer (Rührstäbe) auf höchster Stufe geschmeidig rühren. Nach und nach Puderzucker und Vanillin-Zucker unterrühren. So lange rühren, bis eine gebundene Masse entstanden ist. Die Eier und Eigelb nach und nach unterrühren (je etwa 1/2 Minute). Das Mehl mit Stärke und Backpulver mischen, auf mittlerer Stufe kurz unterrühren. Eiweiß mit Salz steif schlagen, Zucker unterschlagen. Eischnee vorsichtig unter den Teig heben.

2. Den Backofengrill vorheizen.

3. Den Teig halbieren. Orangenschale, -saft und gelbe Speisefarbe verrühren, unter eine Teighälfte rühren. Zitronenschale, -saft und blaue Speisefarbe verrühren, unter die zweite Teighälfte rühren.

4. Einen Backrahmen (30 x 17 cm) auf ein Backblech (gefettet, mit Backpapier belegt) stellen. Etwa 5 Esslöffel von dem gelben Teig mit einem breiten Backpinsel gleichmäßig auf dem Backblech verstreichen.

5. Das Backblech unter den vorgeheizten Backofengrill schieben (Abstand zwischen Grill und Teigschicht etwa 20 cm). Die Teigschicht in **2–3 Minuten hellbraun backen.**

6. Das Backblech aus dem Backofen nehmen. Etwa 5 Esslöffel von dem blauen Teig auf die gebackene Schicht streichen. Das Backblech wieder unter den Grill schieben und auf diese Weise im Wechsel den ganzen Teig verarbeiten.

7. Nach dem Backen den Backrahmen entfernen. Den Kuchen mit dem Backpapier vom Backblech auf einen Kuchenrost ziehen und erkalten lassen.

8. Den Kuchen in 8 gleich große Stangen (etwa 3 cm breit) schneiden und mit Zitronengelee bestreichen.

9. Für den Guss die weiße und dunkle Schokolade in kleine Stücke brechen, getrennt in je einem Topf mit dem angegebenen Ölmengen im Wasserbad bei schwacher Hitze unter Rühren schmelzen. Je 4 Stangen mit der weißen und je 4 Stangen mit der dunklen Schokolade bestreichen. Guss fest werden lassen.

Creamcheese-Schoko-Cake I

Für den Standmixer oder Pürierstab
12 Stücke

Pro Stück: E: 8 g, F: 32 g, Kh: 35 g,
kJ: 1923, kcal: 461, BE: 3,0

Zum Vorbereiten:

> 100 g Zartbitter-Kuvertüre
> 100 g Butter
> 300 g Schokoladenkekse,
> z. B. Cookies mit 40 % Schoko-
> ladenstückchen

Für den Belag:

> 200 g Schlagsahne (mind. 30 % Fett)
> 350 g Crème fraîche
> 200 g Magerquark
> 140 g Zucker
> 1 Pck. Dr. Oetker Bourbon-
> Vanille-Zucker
> 4 Eier (Größe M)

Zum Garnieren:

> 250 g Erdbeeren
> 1 TL Puderzucker

Zubereitungszeit: 35 Minuten, ohne Kühlzeit
Backzeit: etwa 65 Minuten

1. Kuvertüre in kleine Stücke hacken und in einem Topf im Wasserbad bei schwacher Hitze unter Rühren schmelzen.

2. Die Butter in einem kleinen Topf zerlassen. Die Kekse in einen Gefrierbeutel geben und den Beutel fest verschließen. Die Kekse mit einer Teigrolle zerbröseln, mit der zerlassenen Butter vermischen.

3. Bröselmischung in einer quadratischen Springform (24 x 24 cm, Boden mit Backpapier belegt) verteilen und mit einem Löffel fest zu einem Boden andrücken. Die Form etwa 10 Minuten in den Kühlschrank stellen.

4. In der Zwischenzeit den Backofen vorheizen.
Ober-/Unterhitze: etwa 150 °C
Heißluft: etwa 130 °C

5. Sahne halb steif schlagen. Crème fraîche, Quark, Zucker, Vanille-Zucker und Eier in den Mixbecher des Standmixers geben. Die geschlagene Sahne daraufgießen. Den Becher verschließen und alles bei niedriger Stufe erst kurz mixen, dann auf hoher Stufe etwa ½ Minute (Pürierstab: etwa 40 Sekunden auf höchster Stufe in einer Rührschüssel) mixen. Zwei Drittel der Quarkmasse auf den Crunchboden gießen.

6. Die geschmolzene Kuvertüre zur restlichen Quarkmasse in den Mixbecher gießen und im verschlossenen Becher (Pürierstab: Kuvertüre mit dem restlichen Teig in der Rührschüssel) kurz glatt mixen. Die Schokomasse in Klecksen auf dem hellen Teig verteilen. Die Springform auf dem Rost in den vorgeheizten Backofen schieben. Den Kuchen **etwa 65 Minuten backen.**

7. Den Kuchen in der Springform auf einen Kuchenrost stellen und erkalten lassen, dann den Kuchen für etwa 2 Stunden in den Kühlschrank stellen.

8. Den Kuchen zum Servieren aus der Springform lösen und in 12 Stücke schneiden. Die Kuchenstücke vorsichtig vom Backpapier lösen und auf eine Servierplatte legen. Die Erdbeeren abspülen, gut abtropfen lassen, entstielen und halbieren. Die Kuchenstücke mit den Erdbeerenhälften belegen und mit Puderzucker bestäuben.

Crème-fraîche-Torte | Ohne zu backen

16 Stücke

Pro Stück: E: 6 g, F: 41 g, Kh: 29 g,
kJ: 2113, kcal: 508, BE: 2,5

Für den Boden:
>   250 g Amarettini
>   (ital. Mandelmakronen)
>   120 g Butter

Für den Belag:
>   350 g weiße Kuvertüre
>   130 g Butter
> 3 Blatt weiße Gelatine
>   500 g Doppelrahm-Frischkäse
>   (zimmerwarm)
>   500 g Crème fraîche
>   (zimmerwarm)
> 1 Pck. Dr. Oetker Bourbon-
>   Vanille-Zucker

Zum Garnieren:
>   50 g weiße Kuvertüre

Zubereitungszeit: 30 Minuten, ohne Kühlzeit

1. Für den Boden Amarettini in einen Gefrierbeutel geben. Den Beutel fest verschließen. Amarettini mit einer Teigrolle sehr fein zerbröseln. Die Brösel in eine Rührschüssel geben. Butter zerlassen, zu den Bröseln geben und gut verrühren.

2. Einen Springformrand (Ø 26 cm) auf eine mit Tortenspitze oder Backpapier belegte Tortenplatte stellen. Die Bröselmasse darin gleichmäßig verteilen und mit einem Löffel gut zu einem Boden andrücken. Den Bröselboden mindestens 60 Minuten in den Kühlschrank stellen.

3. Für den Belag Kuvertüre in kleine Stücke hacken, mit der Butter in einem kleinen Topf im Wasserbad bei schwacher Hitze unter Rühren schmelzen und lauwarm abkühlen lassen.

4. Die Gelatine nach Packungsanleitung einweichen. Frischkäse und Crème fraîche mit Vanille-Zucker in ei-

ner Rührschüssel verrühren. Die lauwarme Kuvertüre-Butter-Masse hinzugeben und mit einem Mixer (Rührstäbe) zu einer glatten Creme verrühren.

5. Die eingeweichte Gelatine leicht ausdrücken und in einem kleinen Topf bei schwacher Hitze unter Rühren auflösen. Die aufgelöste Gelatine zunächst mit etwa 4 Esslöffeln von der Frischkäse-Kuvertüre-Creme verrühren, dann unter die restliche Frischkäse-Kuvertüre-Creme rühren. Die Creme auf den Bröselboden geben und glatt streichen.

6. Zum Garnieren Kuvertüre mit einem Sparschäler oder Messer dünn hobeln und auf die Frischkäse-Kuvertüre-Creme streuen. Die Torte mindestens 5 Stunden in den Kühlschrank stellen.

7. Den Springformrand vorsichtig lösen und entfernen.

Tipps: Die Torte können Sie schon am Vortag zubereiten. Wenn Sie die Torte im Sommer zubereiten, können Sie für den Belag auch 4 Blatt weiße Gelatine verwenden.

Crumble Cookies I
Herrlich knusprig
8–9 große Cookies

Pro Stück: E: 4 g, F: 18 g, Kh: 35 g,
kJ: 1325, kcal: 317, BE: 3,0

Zum Vorbereiten:
    50 g Walnusskerne

Für den Teig:
    150 g Weizenmehl
    1 gestr. TL Dr. Oetker Backin
    125 g Butter (kalt)
    50 g weißer Zucker
    100 g feiner brauner Zucker
    1 Pck. Dr. Oetker Bourbon-
        Vanille-Zucker
    1 Prise Salz
        1 Eigelb (Größe M)
    50 g kernige Haferflocken
    1 gestr. TL gem. Kardamom

Zubereitungszeit: 25 Minuten
Backzeit: 15–20 Minuten

1. Zum Vorbereiten die Walnusskerne grob hacken.

2. Den Backofen vorheizen.
Ober-/Unterhitze: etwa 180 °C
Heißluft: etwa 160 °C

3. Für den Teig Mehl mit Backpulver in einer Rühr-schüssel mischen. Butter in kleine Würfel schneiden und hinzufügen. Beide Zuckersorten, Vanille-Zucker, Salz, Eigelb, Walnusskerne, Haferflocken und Karda-mom ebenfalls hinzufügen. Die Zutaten mit einem Mixer (Knethaken) zunächst kurz auf niedrigster, dann auf höchster Stufe zu groben Streuseln verarbeiten.

4. Den Streuselteig in gleich großen, runden Portionen auf ein Backblech (gefettet, mit Backpapier belegt) geben. Die Streusel nur leicht festdrücken.

5. Das Backblech in den vorgeheizten Backofen schieben. Die Crumble Cookies **15–20 Minuten backen.**

6. Die Crumble Cookies mit dem Backpapier von dem Backblech auf einen Kuchenrost ziehen und erkalten lassen.

Tipp: Eine fruchtige Note bekommen die Cookies, wenn Sie noch 25 g getrocknete Cranberrys oder Kirschen unter den Teig mischen.

Crunchy Schoko-Cookies I

Kernig

8–9 große Cookies

Pro Stück: E: 7 g, F: 23 g, Kh: 29 g,
kJ: 1463, kcal: 350, BE: 2,5

Für den Sirup:

>   80 g Zucker
>   1 Pck. Dr. Oetker Vanillin-Zucker
>   30 g flüssiger Honig
>   3 EL Schlagsahne
>   60 g Butter

Für den Teig:

>   je 50 g Pinienkerne, Cashewkerne
>   und gestiftelte Mandeln
>   1 Eigelb (Größe M)
>   60 g Weizenmehl
>   30 g Speisestärke
>   ½ TL Dr. Oetker Backin
>   10 g gesiebter Backkakao

Zum Garnieren:

>   1 EL Pinienkerne
>   2 EL Cashewkerne
>   75 g Vollmilch-Schokolade
>   (etwa 30 % Kakaoanteil)

Zubereitungszeit: 40 Minuten, ohne Abkühlzeit
Backzeit: 15–18 Minuten

1. Für den Sirup Zucker, Vanillin-Zucker, Honig, Sahne und Butter in einem Topf unter gelegentlichem Rühren bei mittlerer Hitze zum Kochen bringen.

2. Den Topf von der Kochstelle nehmen. Den Sirup abkühlen lassen.

3. Den Backofen vorheizen.
Ober-/Unterhitze: etwa 200 °C
Heißluft: etwa 180 °C

4. Für den Teig alle Kerne mit dem Eigelb unter den Sirup rühren. Mehl mit Speisestärke, Backpulver und Kakao gut vermischen und mit einem Teigschaber unterrühren.

5. Den Teig mit 2 Esslöffeln oder einem Eisportionierer in gleich großen, runden Häufchen auf ein Backblech (gefettet, mit Backpapier belegt) setzen, dabei genügend Abstand zwischen den Teighäufchen lassen (den Teig nicht verstreichen, er läuft beim Backen auseinander). Das Backblech in den vorgeheizten Backofen schieben. Schoko-Cookies **15–18 Minuten backen.**

6. Das Backblech auf einen Kuchenrost stellen. Die Schoko-Cookies darauf erkalten lassen (die Cookies werden erst beim Abkühlen fest).

7. Zum Garnieren in der Zwischenzeit Pinien- und Cashewkerne in einer Pfanne ohne Fett unter Wenden goldbraun rösten und auf einem Teller erkalten lassen.

8. Schokolade in kleine Stücke brechen. Zwei Drittel davon in einem Topf im Wasserbad bei schwacher Hitze unter Rühren schmelzen. Den Topf aus dem Wasserbad nehmen und restliche Schokolade darin unter Rühren schmelzen. Mit einem Teelöffel jeweils einen kleinen Klecks Schokolade auf jeden Cookie geben und mit einigen Kernen bestreuen. Schokolade trocknen lassen.

Cupcake-Pops | Lolli-Törtchen
24 Stück

Pro Stück: E: 2 g, F: 9 g, Kh: 13 g,
kJ: 600, kcal: 143, BE: 1,0

Für den Cake-Pop-Teig:

100 g	Butter oder Margarine (zimmerwarm)
80 g	Zucker
1 Prise	Salz
2	Eier (Größe M)
100 g	Weizenmehl
40 g	gem. Pistazienkerne
1 gestr. TL	Dr. Oetker Backin
2 EL	Preiselbeer-Dessert (aus dem Glas)

Für das Topping:

200 g	klein geschnittener Nuss-Nougat
60 g	Butter (zimmerwarm)
10 g	gehackte Pistazien

Außerdem:

1	Muffinform für 24 kleine Muffins
24	kleine Muffin-Papierback-förmchen
24	Lollistiele aus Plastik, Holz oder Papier
1 Stück	Styropor

Zubereitungszeit: 45 Minuten, ohne Kühlzeit
Backzeit: etwa 18 Minuten

1. Den Backofen vorheizen.
Ober-/Unterhitze: etwa 180 °C
Heißluft: etwa 160 °C

2. Für den Teig Butter oder Margarine, Zucker und Salz mit einem Mixer (Rührstäbe) kurz auf niedrigster, dann auf höchster Stufe in etwa 4 Minuten schaumig schlagen. Eier nach und nach unterrühren (jedes Ei etwa ½ Minute). Mehl mit Pistazien und Backpulver mischen, unterrühren. Preiselbeeren unterheben.

3. Den Teig in einen Gefrierbeutel geben, eine Ecke abschneiden. Den Teig in die Mulden der Muffinform

(mit Papierbackförmchen ausgelegt) spritzen. Die Form auf dem Rost in den vorgeheizten Backofen schieben. Die Cupcakes **etwa 18 Minuten backen.**

4. Die Form auf einen Kuchenrost stellen. Cupcakes nach etwa 5 Minuten aus der Form lösen und auf dem Kuchenrost erkalten lassen.

5. Für das Topping Nougat in kleine Stücke schneiden und in einem Topf im Wasserbad bei schwacher Hitze unter Rühren schmelzen. Mit einem spitzen Messer von unten je ein Loch in die Papierförmchen der Cupcakes stechen. Die Lollistiele etwa 1 ½ cm tief in den Nougat tauchen, dann von unten in die Cupcakes stecken. Die Pops mit den Stielen nach oben auf einem Tablett (mit Backpapier belegt) etwa 30 Minuten in den Kühlschrank stellen.

6. Nougat nochmals schmelzen. Butter hinzugeben, mit dem Mixer (Rührstäbe) schaumig schlagen, dann in einen Spritzbeutel mit Sterntülle (Ø etwa 8 mm) füllen. Cupcake-Pops mit den Stielen in das Stück Styropor stecken, mit je einem Tupfen Nougatcreme bespritzen und mit Pistazien bestreuen. Cupcake-Pops nochmals 30 Minuten in den Kühlschrank stellen.

Dinkel-Butter-Cookies ❘

Einfach – schnell gemacht

8–9 große Cookies

Pro Stück: E: 4 g, F: 13 g, Kh: 25 g, kJ: 962, kcal: 230, BE: 2,0

Für den Teig:

120 g	Butter
180 g	Dinkelmehl (Type 630)
½ gestr. TL	Dr. Oetker Backin
1 Prise	Salz
80 g	brauner Zucker
1 Pck.	Dr. Oetker Bourbon-Vanille-Zucker
1	Eiweiß (Größe M)
2 EL	Milch

Zum Bestreichen:

1	Eigelb
1 EL	Milch

Zubereitungszeit: 25 Minuten, ohne Abkühlzeit
Backzeit: 12–15 Minuten

1. Für den Teig 80 g Butter in einen Topf geben, bei mittlerer Hitze zerlassen und leicht bräunen lassen. Den Topf von der Kochstelle nehmen. Butter etwas abkühlen lassen. Restliche Butter unterrühren.

2. Den Backofen vorheizen.
Ober-/Unterhitze: etwa 180 °C
Heißluft: etwa 160 °C

3. Mehl mit Backpulver in einer Rührschüssel mischen. Salz, Zucker, Vanille-Zucker, Eiweiß, Milch und zerlassene Butter hinzufügen. Die Zutaten mit einem Mixer (Rührstäbe) zunächst kurz auf niedrigster, dann auf höchster Stufe in etwa 2 Minuten zu einem glatten Teig verarbeiten.

4. Den Teig in 8–9 gleich große Portionen teilen. Jede Teigportion zu einer Kugel formen. Die Teigkugeln zu runden, flachen Fladen ausrollen oder drücken. Die Cookies mit etwas Abstand auf ein Backblech (mit Backpapier belegt) legen.

5. Zum Bestreichen das Eigelb mit der Milch verschlagen. Die Cookies damit bestreichen. Das Backblech in den vorgeheizten Backofen schieben. Dinkel-Butter-Cookies **12–15 Minuten backen.**

6. Dinkel-Butter-Cookies mit dem Backpapier von dem Backblech auf einen Kuchenrost ziehen und erkalten lassen.

Tipp: Diese Cookies sind lange haltbar. Sie können sie in gut schließenden Dosen, kühl und trocken gestellt, 3–4 Wochen aufbewahren.

Earl-Grey-Pralinen-Pops I

Ohne zu backen
20–22 Stück

Pro Stück: E: 2 g, F: 12 g, Kh: 12 g,
kJ: 667, kcal: 159, BE: 1,0

Für die Cake-Pop-Masse:
>   200 g Schlagsahne
>   1 EL loser Earl-Grey-Tee
>   180 g Zartbitter-Kuvertüre
>   25 g Butter
>   75 g getrocknete Ananas-
>   stücke
>   50 g Schokoladenkekse

Zum Garnieren:
>   150 g Zartbitter-Kuvertüre
>   75 g dunkle Kuchenglasur
>   1 EL loser Earl-Grey-Tee

Außerdem:
>   20–22 Lollistiele aus Plastik, Holz
>   oder Papier
>   1 Stück Styropor

Zubereitungszeit: 90 Minuten,
ohne Zieh- und Kühlzeit

1. Für die Cake-Pop-Masse Sahne in einem Topf zum Kochen bringen. Topf von der Kochstelle nehmen. Den Tee unterrühren und 8 Minuten darin ziehen lassen. Danach die Sahne durch ein Sieb in eine Schüssel gießen.

2. Kuvertüre fein hacken und in eine Schüssel geben. Die Sahne nochmals erwärmen und über die Kuvertüre gießen. So lange rühren, bis die Kuvertüre geschmolzen ist. Zuletzt Butter in Stückchen hinzugeben und weiterrühren, bis keine Butterstückchen mehr zu sehen sind. Kuvertüresahne auf Zimmertemperatur abkühlen lassen.

3. Inzwischen Ananas in etwa 4 mm kleine Würfel schneiden. Kekse in einen Gefrierbeutel geben. Den Beutel fest verschließen und die Kekse mit einer Teigrolle grob zerbröseln. Sobald die Kuvertüresahne an-

fängt fest zu werden, Ananasstücke und Keksbrösel mit einem Teigschaber unterheben.

4. Anschließend die Cake-Pop-Masse zwischen den Handflächen zu Kugeln rollen (je etwa 25 g) und auf ein Backblech (mit Backpapier belegt) legen.

5. Zum Garnieren die Kuvertüre und Kuchenglasur fein hacken. Zwei Drittel davon in einem Topf im Wasserbad bei schwacher Hitze unter Rühren schmelzen. Die Lollistiele etwa 2 cm tief in die Glasur tauchen, dann in die Pralinenkugeln stecken. Die Cake Pops etwa 30 Minuten in den Kühlschrank legen.

6. Die Glasur nochmals im warmen Wasserbad schmelzen. Die Cake Pops an den Stielen in die Glasur tauchen, etwas abtropfen lassen, dann mit den Stielen in das Stück Styropor stecken. Die noch feuchten Cake Pops mit etwas losem Earl-Grey-Tee bestreuen. Die Glasur trocknen lassen.

Energiebällchen | Ohne zu backen
20 Stück

Pro Stück: E: 5 g, F: 11 g, Kh: 17 g,
kJ: 798, kcal: 191, BE: 1,5

Zum Vorbereiten:

150 g Sonnenblumenkerne

Für die Cake-Pop-Masse:

250 g getrocknete Aprikosen
150 g Marzipan-Rohmasse
4 EL kernige Haferflocken

Zum Garnieren:

200 g weiße Kuvertüre
20 g Pflanzenfett (zum Braten,
Frittieren und Kochen)

Außerdem:

20 Lollistiele aus Plastik, Holz
oder Papier
1 Stück Styropor

Zubereitungszeit: 60 Minuten, ohne Kühlzeit

1. Die Sonnenblumenkerne in einer Pfanne ohne Fett
unter Wenden rösten, dann auf einen Teller geben.

2. Für die Cake-Pop-Masse Aprikosen in sehr feine
Stückchen hacken, am besten in einem Blitzhacker.
Aprikosenstückchen mit Marzipan und Haferflocken
sorgfältig verkneten. Die Masse zwischen den Hand-
flächen zu Kugeln (je etwa 20 g) rollen und auf ein
Backblech (mit Backpapier belegt) legen.

3. Zum Garnieren Kuvertüre in kleine Stücke hacken.
Pflanzenfett in grobe Stücke schneiden. Zwei Drittel
der Kuvertüre mit dem Pflanzenfett in einem Topf im
Wasserbad bei schwacher Hitze unter Rühren schmelzen. Den Topf aus dem Wasserbad nehmen und die
restliche Kuvertüre darin unter Rühren schmelzen. Die
Lollistiele etwa 3 cm tief in die Kuvertüre tauchen,
danach in die Kugeln stecken. Die Cake Pops etwa
30 Minuten in den Kühlschrank legen.

4. Die Kuvertüre nochmals im warmen Wasserbad
schmelzen. Cake Pops an den Stielen in die Kuvertüre tauchen, etwas abtropfen lassen und dann rundherum vorsichtig in den Sonnenblumenkernen wälzen.
Die Kerne leicht andrücken. Die Cake Pops mit den
Stielen in ein Stück Styropor stecken. Die Kuvertüre
trocknen lassen.

Tipp: Für ein bisschen Glamour einfach 1 Esslöffel
goldene Nonpareilles (Zuckerperlchen) unter die Sonnenblumenkerne mischen.

Erdbeer-Schoko-Whoopies I
Fruchtig
9–10 Stück

Pro Stück: E: 7 g, F: 5 g, Kh: 22 g,
kJ: 681, kcal: 162, BE: 2,0

Für den Biskuitteig:

3 Eiweiß (Größe M)
1 Prise Salz
75 g Zucker
3 Eigelb (Größe M)
75 g Weizenmehl
2 EL gesiebter Backkakao

Für die Füllung:

250 g Magerquark
75 g Schlagsahne oder
75 ml Milch (3,5 % Fett)
½ Pck. Quarkfein Erdbeer-Geschmack
(Dessertpulver, 30 g)
75 g Erdbeer-Fruchtaufstrich

Zubereitungszeit: 50 Minuten, ohne Kühlzeit
Backzeit: etwa 12 Minuten je Backblech

1. Den Backofen vorheizen.
Ober-/Unterhitze: etwa 180 °C
Heißluft: etwa 160 °C

2. Für den Teig Eiweiß und Salz mit einem Mixer (Rührstäbe) auf höchster Stufe steif schlagen, dabei den Zucker einrieseln lassen. Anschließend das Eigelb unterschlagen. Das Mehl mit 1 Esslöffel Kakao mischen, auf die Eischaummasse sieben und mit einem Schneebesen unterheben.

3. Den Biskuitteig in einen Spritzbeutel mit Lochtülle (Ø 1–1 ½ cm) geben. 18 oder 20 runde Kleckse (Ø etwa 7 cm) auf 2 Backbleche (gefettet, mit Backpapier belegt) spritzen. Dabei genügend Abstand zwischen den Biskuitklecksen lassen. Den restlichen Kakao über die Hälfte der Whoopies sieben.

4. Die Backbleche nacheinander (bei Heißluft zusammen) in den vorgeheizten Backofen schieben. Die Whoopies **etwa 12 Minuten je Backblech backen.**

5. Die Backbleche auf Kuchenroste stellen. Die Whoopies auf den Backblechen erkalten lassen. Anschließend vorsichtig vom Backpapier lösen.

6. Für die Füllung Quark, Sahne oder Milch und Dessertpulver mit einem Schneebesen nach Packungsanleitung glatt rühren. Quarkcreme in einen Spritzbeutel mit Lochtülle (Ø 1–1 ½ cm) geben. Außen je einen Kreis auf die glatte Seite von den nicht mit Kakao bestäubten Whoopies spritzen. In die Mitte jeweils 1 Teelöffel glatt gerührten Fruchtaufstrich geben. Die restlichen Whoopies mit der Wölbung nach oben daraufsetzen und leicht andrücken. Die Whoopies servieren.

Erdnuss-Cookies | Ohne zu backen

8–9 große Cookies

Pro Stück: E: 5 g, F: 20 g, Kh: 30 g,
kJ: 1361, kcal: 327, BE: 2,5

Für den Teig:

     100 g *Butterkekse*
     150 g *Vollmilch-Kuvertüre*
     150 g *weiße Kuvertüre*
     100 g *Peanut Butter, crunchy*
              (Erdnusscreme mit Stückchen)

Zubereitungszeit: 35 Minuten, ohne Kühlzeit

1. Für den Teig die Butterkekse in einen Gefrierbeutel geben. Den Beutel fest verschließen und die Kekse mit einer Teigrolle fein zerbröseln.

2. Vollmilch-Kuvertüre in kleine Stücke hacken. Zwei Drittel davon in einem Topf im Wasserbad bei schwacher Hitze unter Rühren schmelzen. Den Topf aus dem Wasserbad nehmen und die restliche Kuvertüre darin unter Rühren schmelzen. Die weiße Kuvertüre getrennt davon auf die gleiche Weise schmelzen.

3. Die Hälfte der Keksbrösel und die Hälfte der Erdnusscreme unter die geschmolzene Vollmilch-Kuvertüre rühren. Die restlichen Keksbrösel und die restliche Erdnusscreme unter die weiße Kuvertüre rühren.

4. Ein Backblech oder Tablett (es soll in den Kühlschrank passen) an den Ecken leicht fetten und mit Backpapier belegen. Mit einem Esslöffel gleich große Kleckse der weißen Kuvertüre-Masse mit etwas Abstand auf das Backpapier geben.

5. Vollmilch-Kuvertüre-Masse in die Mitte der Kleckse geben. Die weiße und die Vollmilch-Kuvertüre mit einem Löffelstiel vorsichtig so vermischen, dass eine leichte Marmorierung entsteht.

6. Das Backblech oder Tablett etwa 10 Minuten in den Kühlschrank stellen. Die Erdnuss-Cookies fest werden lassen.

Tipp: Sie können die gehackte Kuvertüre auch in 2 hitzebeständige Glas- oder Metallschüsseln geben und im vorgeheizten Backofen bei etwa 50 °C (Ober-/Unterhitze oder Heißluft) schmelzen. Dabei die Kuvertüre ab und zu umrühren.

Erdnuss-Layer-Cake I

Gut vorzubereiten
8–10 Stücke

Pro Stück: E: 14 g, F: 50 g, Kh: 59 g,
kJ: 3104, kcal: 743, BE: 5,0

Zum Vorbereiten:

       70 g gesalzene Erdnusskerne

Für den Rührteig:

     150 g Erdnussbutter, creamy
     100 g Butter (zimmerwarm)
     150 g brauner Zucker
       1 Msp. Salz
         4 Eier (Größe M)
     200 g Weizenmehl
      30 g gesiebter Backkakao
 2 gestr. TL Dr. Oetker Backin
      3 EL kaltes Wasser

Für die Füllung:

     125 g getrocknete Cranberrys
      75 ml Wasser
     500 g Schlagsahne
           (mind. 30 % Fett)
   1 Pck. Sahnesteif
      20 g brauner Zucker

Für den Erdnuss-Karamell:

         2 Erdnussriegel (80 g,
           ohne Schokolade)
      30 g Zucker
     100 g Schlagsahne
           (mind. 30 % Fett)

Zubereitungszeit: 60 Minuten, ohne Kühlzeit
Backzeit: etwa 10 Minuten je Boden

1. Zum Vorbereiten die Erdnusskerne im Blitzhacker sehr fein hacken. Auf 4 Bögen Backpapier insgesamt 8 Kreise (Ø etwa 18 cm) zeichnen. Das Backpapier umgedreht auf Backbleche legen.

2. Den Backofen vorheizen.
Ober-/Unterhitze: etwa 180 °C
Heißluft: etwa 160 °C

3. Für den Teig Erdnussbutter und Butter mit einem Mixer (Rührbesen) auf höchster Stufe geschmeidig rühren. Nach und nach Zucker und Salz unterrühren. So lange rühren, bis eine gebundene Masse entstanden ist. Jedes Ei etwa 1/2 Minute unterrühren. Mehl mit Kakao und Backpulver mischen, auf mittlerer Stufe kurz unterrühren. Erdnusskerne und Wasser unterrühren.

4. Aus dem Teig 8 Böden backen. Dafür je ein Achtel des Teiges in einem der Kreise auf dem Backpapier glatt streichen. Die Backbleche nacheinander (bei Heißluft jeweils 2 Backbleche zusammen) in den vorgeheizten Backofen schieben. Die Tortenböden **etwa 10 Minuten je Backblech backen.**

5. Die Tortenböden mit dem Backpapier von den Backblechen auf Kuchenroste ziehen und erkalten lassen. Dann vom mitgebackenen Backpapier lösen.

6. Für die Füllung Cranberrys mit dem Wasser aufkochen, zugedeckt bei schwacher Hitze etwa 2 Minuten köcheln lassen, bis das Wasser aufgesogen ist. Cranberrys abkühlen lassen. Die Cranberrys im Blitzhacker sehr fein hacken.

7. Sahne mit Sahnesteif und Zucker steif schlagen. 4 Esslöffel davon beiseitestellen. Restliche Sahne mit der Cranberrymasse verrühren. Die Cranberrysahne in 7 gleich große Portionen teilen, dann 7 Tortenböden damit bestreichen. Die Böden aufeinanderlegen. Den letzten Tortenboden darauflegen. Die beiseitegestellte Sahne wellenartig darauf verstreichen. Anschließend den Erdnuss-Layer-Cake zugedeckt etwa 30 Minuten in den Kühlschrank stellen.

8. Für den Karamell die Erdnussriegel in kleine Stücke hacken. Zucker in einem Edelstahltopf mittelbraun karamellisieren lassen. Sofort die Sahne (Achtung: Es spritzt!) unterrühren.

9. Die gehackten Erdnussriegel dazugeben und bei schwacher Hitze etwa 5 Minuten unter Rühren köcheln lassen, bis eine dickflüssige Masse entstanden ist. Den Karamell abkühlen lassen. Den Karamell auf der Torte verteilen. Die Torte mit einem Sägemesser in Stücke schneiden.

Espresso-Cookies I

Knuspergenuss

48 Stück

Pro Stück: E: 1 g, F: 6 g, Kh: 9 g,
kJ: 370, kcal: 88, BE: 0,5

Zum Vorbereiten:

2 gestr. EL	Instant-Espresso-Pulver
2 EL	kochendes Wasser
100 g	Edelbitter-Schokolade (mind. 70 % Kakaoanteil)

Für den Rührteig:

225 g	Butter oder Margarine (zimmerwarm)
150 g	Zucker
1 Prise	Salz
1 Pck.	Dr. Oetker Bourbon-Vanille-Zucker
250 g	Weizenmehl
1 gestr. TL	Dr. Oetker Backin

Zum Garnieren:

24	Mokka-Bohnen
etwa 50 g	weiße Kuvertüre
1 TL	Speiseöl, z. B. Sonnenblumenöl

Zubereitungszeit: 60 Minuten, ohne Abkühlzeit
Backzeit: 18–20 Minuten je Backblech

1. Zum Vorbereiten Espressopulver in kochendem Wasser auflösen, gut verrühren und erkalten lassen. Schokolade auf der Haushaltsreibe raspeln oder mit einem Messer sehr fein hacken.

2. Den Backofen vorheizen.
Ober-/Unterhitze: etwa 180 °C
Heißluft: etwa 160 °C

3. Für den Teig Butter oder Margarine mit einem Mixer (Rührstäbe) auf höchster Stufe geschmeidig rühren. Nach und nach Zucker, Salz und den Vanille-Zucker unterrühren. Erkalteten Espresso auf kleiner Stufe unterrühren. So lange rühren, bis eine gebundene Masse entstanden ist.

4. Mehl mit Backpulver mischen und in 2 Portionen auf mittlerer Stufe kurz unterrühren. Geraspelte oder gehackte Schokolade unterrühren.

5. Den Teig mit 2 Teelöffeln in walnussgroßen Häufchen mit etwas Abstand auf Backbleche (gefettet, mit Backpapier belegt) setzen. Auf 24 Teighäufchen je eine Mokka-Bohne in die Mitte geben und leicht andrücken.

6. Die Backbleche nacheinander (bei Heißluft zusammen) in den vorgeheizten Backofen schieben. Die Cookies **18–20 Minuten je Backblech backen.**

7. In der Zwischenzeit Kuvertüre in kleine Stücke hacken. Zwei Drittel davon mit dem Öl in einem Topf im Wasserbad bei schwacher Hitze unter Rühren schmelzen. Den Topf aus dem Wasserbad nehmen und die restliche Kuvertüre darin unter Rühren schmelzen.

8. Die Cookies mit dem Backpapier von den Backblechen auf Kuchenroste ziehen und erkalten lassen. Die Cookies ohne Mokka-Bohnen noch auf dem Backpapier mit der geschmolzenen Kuvertüre besprenkeln. Kuvertüre trocknen lassen.

Flocken-Cookies | Schnell gemacht
8–9 große Cookies

Pro Stück: E: 4 g, F: 16 g, Kh: 31 g,
kJ: 1217, kcal: 290, BE: 2,5

Zum Vorbereiten:

150 g	weiße Schokolade
50 g	Rosinen

Für den Teig:

100 g	Butter (zimmerwarm)
40 g	Zucker
1 Prise	Salz
1 gestr. TL	Dr. Oetker Finesse Orangenschalen-Aroma
1	Ei (Größe M)
50 g	Weizenmehl
100 g	zarte 5-Korn-Getreideflocken, z. B. Hafer, Weizen, Roggen, Gerste, Dinkel

Zubereitungszeit: 20 Minuten
Backzeit: 20–25 Minuten

1. Zum Vorbereiten die Schokolade und Rosinen in feine Stückchen hacken.

2. Den Backofen vorheizen.
Ober-/Unterhitze: etwa 160 °C
Heißluft: etwa 140 °C

3. Für den Teig Butter mit Zucker, Salz und Aroma in eine Rührschüssel geben. Die Zutaten mit einem Mixer (Rührstäbe) zunächst kurz auf niedrigster, dann auf höchster Stufe schaumig schlagen.

4. Ei hinzugeben und etwa 1 Minute unterschlagen.

5. Die fein gehackte Schokolade und die Rosinen mit dem Mehl und den 5-Korn-Getreideflocken gut vermischen. Die Mehl-Getreideflocken-Mischung auf die Butter-Ei-Masse geben und mit einem Teigschaber unterheben.

6. Den Cookieteig mit 2 Esslöffeln in gleich großen, runden Häufchen auf ein Backblech (gefettet, mit Backpapier belegt) setzen. Dabei genügend Abstand zwischen den Teighäufchen lassen.

7. Die Teighäufchen mit einem in Wasser getauchten Löffel zu flachen Cookies verstreichen. Das Backblech in den vorgeheizten Backofen schieben. Die Flocken-Cookies **20–25 Minuten backen.**

8. Das Backblech auf einen Kuchenrost stellen. Die Flocken-Cookies erkalten lassen.

Tipps: Garnieren Sie die Cookies mit geschmolzener Zartbitter-Schokolade und Schoko- und/oder Zucker-perlen. Wenn Sie keine 5-Korn-Flocken bekommen, können Sie stattdessen auch Hafer- oder Dinkel-Früh-stücksflocken verwenden. Für kleinere Cookies den Teig mit Teelöffeln auf ein Backblech setzen und nicht verstreichen. Die Backzeit verkürzt sich dann um wenige Minuten.

Frischkäse-Torte | Ohne zu backen

12 Stücke

Pro Stück: E: 5 g, F: 28 g, Kh: 22 g,
kJ: 1528, kcal: 365, BE: 2,0

Für den Bröselboden:

 150 g Löffelbiskuits
 125 g Butter

Für den Belag:

 1 Beutel aus
 1 Pck. Götterspeise Zitronen-
 Geschmack
 200 ml Wasser
 200 g Doppelrahm-Frischkäse
 125 g Zucker
 1 Pck. Dr. Oetker Vanillin-Zucker
 2 EL Zitronensaft
 500 g Schlagsahne (mind. 30 % Fett)

Zubereitungszeit: 35 Minuten, ohne Kühlzeit

1. Für den Bröselboden die Löffelbiskuits in einen Gefrierbeutel geben. Den Beutel fest verschließen. Löffelbiskuits mit einer Teigrolle fein zerbröseln. Brösel in eine Rührschüssel geben. Butter zerlassen, zu den Bröseln geben und gut verrühren.

2. Einen Springformrand (Ø 26 cm) auf eine mit Tortenspitze oder Backpapier belegte Tortenplatte stellen. Die Bröselmasse darin gleichmäßig verteilen und mit einem Löffel gut zu einem Boden andrücken. Den Bröselboden mindestens 15 Minuten in den Kühlschrank stellen.

3. Für den Belag Götterspeise mit Wasser in einem kleinen Topf anrühren. Götterspeise bei schwacher Hitze erwärmen (nicht kochen), bis sie vollständig ge-löst ist. Dann etwa 15 Minuten abkühlen lassen.

4. Frischkäse mit Zucker, Vanillin-Zucker und Zitro-nensaft in eine Rührschüssel geben. Die Zutaten mit einem Mixer (Rührstäbe) verrühren. Die aufgelöste Götterspeise nach und nach unterrühren. Sahne steif schlagen und in 2 Portionen kurz unter die Frisch-käsemasse rühren.

5. Die Frischkäsecreme auf den Bröselboden geben und mit einem Teigschaber wellenartig verstreichen. Die Torte mindestens 2 Stunden in den Kühlschrank stellen. Springformrand vorsichtig lösen, entfernen.

Frühlings-Pops | Für den Cake-Pop-Maker
24 Stück

Pro Stück: E: 3 g, F: 14 g, Kh: 20 g,
kJ: 897, kcal: 215, BE: 1,5

Für den Cake-Pop-Teig:

        100 g Kokosraspel
               Schale und Saft von
          1   Bio-Limette
               (unbehandelt, ungewachst)
        6 EL   Wasser
        125 g Butter (zimmerwarm)
        75 g   Zucker
        1 Prise Salz
          2   Eier (Größe M)
        100 g Weizenmehl
    1 gestr. TL Dr. Oetker Backin

        2 Pck. Kuchenglasur Zitrone
        120 g   grüne Nonpareilles
                (Zuckerperlchen)
        120 g   Marzipan-Rohmasse
        etwas   Speisenfarbenpaste
                (gelb, rot, blau)
        etwas   Puderzucker
     etwa 50   weiße und dunkle
                Knusper-Perlen

Außerdem:

          1   Cake-Pop-Maker
          24   Lollistiele aus Plastik, Holz
               oder Papier
    1 Stück   Styropor

Zubereitungszeit: 2 ½ Stunden,
ohne Zieh- und Kühlzeit
Backzeit: etwa 6 Minuten pro Portion

1. Für den Teig Kokosraspel mit Limettenschale, -saft und Wasser mischen, etwa 10 Minuten ziehen lassen. Butter, Zucker und Salz mit einem Mixer (Rührstäbe) kurz auf niedrigster, dann auf höchster Stufe in etwa 4 Minuten schaumig schlagen. Nach und nach die Eier unterrühren (jedes Ei etwa ½ Minute). Mehl mit Backpulver mischen, daraufsieben und unterheben. Zuletzt Kokosraspel unterheben.

2. Cake-Pop-Maker nach Herstelleranleitung kurz vorheizen. Die Mulden evtl. dünn mit Speiseöl auspinseln (Vorsicht: Das heiße Fett könnte spritzen!). Teig mit einem Spritzbeutel mit großer Lochtülle (Ø 1 ½ cm) in die Cake-Pop-Maker-Mulden spritzen. Teigkugeln etwa 6 Minuten backen, auf einem Kuchenrost erkalten lassen. Restlichen Teig ebenso verarbeiten.

3. Zum Garnieren 1 Päckchen Glasur nach Packungsanleitung schmelzen. Lollistiele etwa 2 cm tief in die Glasur tauchen, dann in die Teigkugeln stecken. Die Cake Pops etwa 30 Minuten in den Kühlschank legen.

4. Restliche und zweites Päckchen Glasur schmelzen, in eine Schale geben. Cake Pops hineintauchen, gut abtropfen lassen. Kurz bevor die Glasur fest wird, die Cake Pops dicht mit Perlchen bestreuen, dann mit den Stielen in ein Stück Styropor stecken. Die Glasur trocknen lassen.

5. Marzipan halbieren. Eine Hälfte mit Speisefarbenpaste gelb, eine lila (mit Rot und etwas Blau) einfärben. Das Marzipan auf der leicht mit Puderzucker bestäubten Arbeitsfläche dünn (etwa 2 mm) ausrollen. Unterschiedlich große Blümchen (Ø 1–2 cm) ausstechen, mit etwas Glasur auf die Cake Pops „kleben". In die Mitte je eine Knusperkugel „kleben". Glasur trocknen lassen.

Fruity-Matcha-Torte | Ohne zu backen

12 Stücke

Pro Stück: E: 3 g, F: 17 g, Kh: 28 g,
kJ: 1194, kcal: 285, BE: 2,5

Für den Boden:

> 100 g *Naturreis-Waffeln*
> *(mit Meersalz)*
> 100 g *weiße Kuvertüre*
> 75 g *Butter*
> 50 g *Schlagsahne*

Für den Belag:

> 260 g *abgetropfte Ananasstücke*
> *(aus der Dose)*
> 1 Pck. *ungezuckerter Tortenguss, klar*
> 20 g *Zucker*
> etwa 4 EL *Ananassaft (aus der Dose)*
> 5 Blatt *weiße Gelatine*
> 125 ml *Milch*
> 75 g *Zucker*
> 2 gestr. TL *Matcha-Teepulver*
> 200 ml *Vanille-Trinkjoghurt*
> 250 g *Schlagsahne*
> *(mind. 30 % Fett)*

Zum Bestreuen:

> ½ TL *Matcha-Teepulver*

Zubereitungszeit: 35 Minuten, ohne Kühlzeit

1. Für den Boden Waffeln in grobe Stücke brechen und im Mixer oder Blitzhacker fein zerbröseln. 25 g von den Bröseln abwiegen und beiseitestellen.

2. Die Kuvertüre in kleine Stücke hacken, mit Butter und Sahne in einem kleinen Topf im Wasserbad bei schwacher Hitze unter Rühren schmelzen. Die Kuvertüre zu den Waffelbröseln in die Rührschüssel geben und gut unterrühren.

3. Einen Tortenring (Ø 24 cm) auf eine mit Backpapier oder Tortenspitze belegte Tortenplatte stellen. Die Bröselmasse in den Tortenring geben, mit einem Löffel zu einem Boden und einem gut 1 cm hohen Rand andrücken. Den Tortenboden in den Kühlschrank stellen.

4. Für den Belag von den Ananasstücken den Saft auffangen und etwa 4 Esslöffel davon abmessen. Die Ananasstücke pürieren und in einen Topf geben. Tortengusspulver, Zucker und den abgemessenen Ananassaft unterrühren. Aus den Zutaten einen Guss nach Packungsanleitung zubereiten. Die Fruchtmasse etwa 5 Minuten abkühlen lassen, dann auf den Bröselboden geben und glatt streichen. Etwa 30 Minuten in den Kühlschrank stellen.

5. Gelatine nach Packungsanleitung einweichen. Die Milch in einem Topf zum Kochen bringen. Den Topf von der Kochstelle nehmen. Zucker mit dem Teepulver mischen. Eingeweichte Gelatine leicht ausdrücken und unter Rühren in der Milch auflösen. Zucker-Teepulver-Mischung mit einem Schneebesen unter die Gelatinemilch rühren. Trinkjoghurt ebenfalls gut unterrühren, in den Kühlschrank stellen.

6. Die Sahne steif schlagen. Wenn die Milch-Joghurt-Masse anfängt zu gelieren, Sahne unterheben, auf der Ananasfruchtmasse verteilen und glatt streichen. Die Torte etwa 2 Stunden in den Kühlschrank stellen.

7. Den Tortenring vorsichtig lösen und entfernen. Kurz vor dem Servieren die beiseitegestellten Waffelbrösel mit etwa ½ Teelöffel Matcha-Teepulver mischen und einen Teil davon auf den Rand der Tortenoberfläche streuen. Die restliche Brösel-Teepulver-Mischung dazureichen.

Tipps: Matcha-Teepulver erhalten Sie in guten Teehäusern oder in Asialäden. Die angebrochene Teedose im Kühlschrank aufbewahren.

„Germknödel"-Pops I

Nur echt mit Powidl
24 Stück

Pro Stück: E: 2 g, F: 9 g, Kh: 14 g,
kJ: 623, kcal: 149, BE: 1,0

Für die Cake-Pop-Masse:

100 g	Butter (zimmerwarm)
80 g	Zucker
1 Prise	Salz
2	Eier (Größe M)
100 g	Weizenmehl
25 g	ungem. Mohnsamen
1 gestr. TL	Dr. Oetker Backin

1 geh. EL	Dr. Oetker Pudding-Pulver Vanille-Geschmack
1 gestr. EL	Zucker
150 ml	Milch (1,5 % Fett)
2 EL	Powidl (Pflaumenmus)

Zum Garnieren:

200 g	klein gehackte weiße Kuvertüre
25 g	Pflanzenfett (zum Braten, Frittieren und Kochen), in Stücke geschnitten
25 g	gem. Mohnsamen
1 EL	Puderzucker

Außerdem:

24	Lollistiele aus Plastik, Holz oder Papier
1 Stück	Styropor

Zubereitungszeit: 90 Minuten, ohne Kühlzeit
Backzeit: etwa 20 Minuten

1. Den Backofen vorheizen.
Ober-/Unterhitze: etwa 180 °C
Heißluft: etwa 160 °C

2. Für die Cake-Pop-Masse Butter, Zucker und Salz mit einem Mixer (Rührstäbe) kurz auf niedrigster, dann auf höchster Stufe in etwa 4 Minuten schaumig schlagen. Nach und nach die Eier unterrühren (jedes Ei etwa ½ Minute). Das Mehl mit Mohn und Backpulver

mischen und unterheben. Teig in einer Kastenform (30 x 11 cm, gefettet, bemehlt) glatt streichen. Die Form auf dem Rost in den vorgeheizten Backofen schieben. Kuchen **etwa 20 Minuten backen.**

3. Die Form auf einen Kuchenrost stellen. Den abgekühlten Kuchen aus der Form lösen und auf dem Rost erkalten lassen.

4. Aus Pudding-Pulver, Zucker und Milch einen Pudding nach Packungsanleitung, aber mit den hier angegebenen Mengen, zubereiten und in eine Schüssel geben. Die Frischhaltefolie direkt auf die Puddingoberfläche legen. Pudding abkühlen lassen.

5. Den Kuchen in einer Schüssel zerbröseln. Pudding und Powidl mit dem Mixer (Knethaken) auf niedrigster Stufe sorgfältig unterkneten. Die Masse zwischen den Handflächen zu Kugeln rollen (je etwa 30 g) und auf ein Backblech (mit Backpapier belegt) legen.

6. Zum Garnieren zwei Drittel der Kuvertüre mit dem Pflanzenfett in einem Topf im Wasserbad bei schwacher Hitze unter Rühren schmelzen. Den Topf aus dem Wasserbad nehmen und die restliche Kuvertüre darin unter Rühren schmelzen. Die Lollistiele etwa 2 cm tief hineintauchen, dann in die Teigkugeln stecken. Cake Pops etwa 30 Minuten in den Kühlschank legen.

7. Kuvertüre nochmals schmelzen. Cake Pops hineintauchen, etwas abtropfen lassen, in den Mohn drücken, mit den Stielen in das Stück Styropor stecken. Cake Pops mit etwas Puderzucker bestäuben. Kuvertüre trocknen lassen.

Gestrudelte Nuss-Tassenkuchen ▌

Einfach – gut vorzubereiten
12 Stück

Pro Stück: E: 10 g, F: 43 g, Kh: 61 g,
kJ: 2808, kcal: 670, BE: 5,0

Für den Teig:

80 g	*Zartbitter-Kuvertüre*
300 g	*Weizenmehl*
1 Pck.	*Dr. Oetker Backin*
150 g	*gem. Haselnüsse*
6	*Eier (Größe M)*
150 ml	*Apfelsaft*
160 g	*Zucker*
1 Pck.	*Dr. Oetker Vanillin-Zucker*
50 ml	*Sesamöl*
250 ml	*Sonnenblumenöl*

12	*Gebäckstangen, mit feiner Schokolade umhüllt*
500 g	*Kirschgrütze (aus dem Kühlregal)*
500 ml	*Bourbon-Vanillesauce (aus dem Kühlregal)*

Außerdem:

12	*hitzebeständige Tassen (mind. je etwa 200 ml Inhalt)*
2 EL	*Butter (zimmerwarm) zum Ausstreichen der Tassen*
2 EL	*Zucker zum Ausstreuen der Tassen*

Zubereitungszeit: 40 Minuten, ohne Abkühlzeit
Backzeit: etwa 35 Minuten

1. Den Backofen vorheizen.
Ober-/Unterhitze: etwa 180 °C
Heißluft: etwa 160 °C

2. Die Tassen mit der Butter ausstreichen, mit dem Zucker ausstreuen und mit etwas Abstand auf ein Backblech stellen.

3. Für den Teig Kuvertüre in grobe Stücke hacken. Zwei Drittel davon in einem Topf im Wasserbad bei schwacher Hitze unter Rühren schmelzen. Den Topf aus dem Wasserbad nehmen und die restliche Kuvertüre darin unter Rühren schmelzen. Anschließend die geschmolzene Kuvertüre auf Zimmertemperatur abkühlen lassen.

4. Das Mehl mit Backpulver und Haselnüssen gut vermischen. Die Eier und den Apfelsaft in eine Rührschüssel geben, mit einem Mixer (Rührstäbe) in etwa 1 Minute schaumig schlagen.

5. Zucker und Vanillin-Zucker hinzufügen und weitere etwa 4 Minuten schlagen, bis ein elastischer Schaum entstanden ist.

6. Anschließend Sesam- und Sonnenblumenöl hinzugießen und kurz unterrühren. Mehlgemisch ebenfalls kurz unterrühren.

7. Zwei Esslöffel vom Teig abnehmen und mit der geschmolzenen Kuvertüre glatt rühren. Etwa ein Drittel des restlichen Teiges hinzugeben und vorsichtig mit der Kuvertüremasse verrühren.

8. Jeweils abwechselnd 1 Esslöffel vom hellen und vom dunklen Teig in die Mitte der Tassen geben. So fortfahren, bis der Teig verbraucht und gleichmäßig in den Tassen verteilt ist.

9. Backblech in den vorgeheizten Backofen (Mitte) schieben. Die Tassenkuchen **etwa 35 Minuten backen.**

10. Anschließend das Backblech mit den Tassen aus dem Backofen nehmen und auf einen Kuchenrost stellen. Die Tassenkuchen erkalten lassen.

11. Vor dem Servieren jeweils 1 Gebäckstange in die Tassenkuchen stecken. Die Tassenkuchen mit der Grütze und der Vanillesauce servieren.

Tipps: Wenn Sie unsicher sind, welche Ihrer Tassen hitzebeständig genug sind, dann empfehlen wir Ihnen, eine Tasse mit Teig zu füllen und einmal Probe zu backen. Die Tassenkuchen können einen Tag vor dem Servieren gebacken werden. Stellen Sie die erkalteten Küchlein zugedeckt kühl.

Gingerbread mit weißem Schoko-Icing | Soft & saftig

20 Stücke

Pro Stück: E: 6 g, F: 28 g, Kh: 37 g, kJ: 1792, kcal: 428, BE: 3,0

Zum Vorbereiten:

 80 g frischer Ingwer

Für den Teig:

 250 g Butter (zimmerwarm)
 100 g flüssiger Honig
 80 g Zucker
 4 Eier (Größe M)
 3 gestr. TL gem. Kardamom
 3 gestr. TL gem. Zimt
 2 gestr. TL gem. Ingwer
 150 ml Milch (3,5 % Fett)
 300 g Weizenmehl
 200 g gem. Haselnusskerne
 3 gestr. TL Dr. Oetker Backin
 1 gestr. TL gesiebter Backkakao

Für das Schoko-Icing:

 200 g weiße Schokolade
 100 g Butter (zimmerwarm)
 100 g Puderzucker
 1 Röhrchen Butter-Vanille-Aroma
 250 g Frischkäse (13 % Fett) oder Frischkäse mit Joghurt

Zum Garnieren:

 200 g gut abgetropfte Preiselbeeren (aus dem Glas)

Zubereitungszeit: 40 Minuten, ohne Abkühlzeit
Backzeit: etwa 25 Minuten

1. Zum Vorbereiten Ingwer schälen und sehr fein reiben.

2. Den Backofen vorheizen.
Ober-/Unterhitze: etwa 180 °C
Heißluft: etwa 160 °C

3. Für den Teig die Butter mit einem Mixer (Rührstäbe) auf höchster Stufe geschmeidig rühren. Nach und nach Honig und Zucker unterrühren. So lange rühren, bis eine gebundene Masse entstanden ist.

4. Eier nach und nach unterrühren (jedes Ei etwa ½ Minute). Anschließend die Gewürze und die Milch unterrühren.

5. Mehl mit Nüssen, Backpulver und Kakaopulver sorgfältig vermischen. Die Mehl-Nuss-Mischung esslöffelweise unter den Teig rühren. Den Teig auf ein Backblech (30 x 40 cm, gefettet) geben und glatt streichen.

6. Das Backblech in den vorgeheizten Backofen schieben. Gingerbread **etwa 25 Minuten backen.**

7. Das Backblech auf einen Kuchenrost stellen. Gingerbread erkalten lassen.

8. Für das Schoko-Icing die Schokolade in kleine Stücke brechen.

9. Zwei Drittel davon in einem Topf im Wasserbad bei schwacher Hitze unter Rühren schmelzen. Den Topf aus dem Wasserbad nehmen und die restliche Schokolade darin unter Rühren schmelzen.

10. Butter, Puderzucker und Aroma unterrühren und etwas abkühlen lassen.

11. Inzwischen Gingerbread in Stücke schneiden.

12. Den Frischkäse unter die Schokoladen-Butter rühren. Jedes Kuchenstück mit etwas von dem Schoko-Icing bestreichen und mit Preiselbeeren garnieren.

Tipps: Statt des Schoko-Icings können Sie das Gingerbread auch mit einem Zuckerguss aus 250 g Puderzucker, 4 Esslöffeln Zitronensaft sowie je 1 gestrichenen Teelöffel gemahlenem Ingwer und gemahlenem Zimt bestreichen. Lecker schmeckt das Gingerbread auch, wenn Sie einfach 400 g Schlagsahne (mind. 30 % Fett) steif schlagen und auf den Kuchen streichen. Die Schlagsahne muss dabei nicht gesüßt werden.

Greek Yogurt Lemon Cake I

Erfrischend
20 Stücke

Pro Stück: E: 9 g, F: 32 g, Kh: 29 g,
kJ: 1850, kcal: 442, BE: 2,5

Zum Vorbereiten:

3	Bio-Zitronen *(unbehandelt, ungewachst)*

Für den Teig:

250 g	Butter (zimmerwarm)
125 g	Zucker
4	Eier (Größe M)
125 g	Schlagsahne
250 g	gem. Haselnusskerne
250 g	Weizenmehl
3 gestr. TL	Dr. Oetker Backin

Für den Belag:

500 g	griechischer Sahnejoghurt
2	Eier (Größe M)
1	Eigelb (Größe M)
250 g	Magerquark
100 g	Zucker

Für die Streusel:

75 g	Weizenmehl
75 g	gem. Haselnusskerne
50 g	Zucker
100 g	Butter (zimmerwarm)

Zubereitungszeit: 45 Minuten
Backzeit: etwa 50 Minuten

1. Zum Vorbereiten die Zitronen heiß abwaschen, abtrocknen und die Schalen fein abreiben. Zitronen halbieren und den Saft auspressen.

2. Den Backofen vorheizen.
Ober-/Unterhitze: etwa 180 °C
Heißluft: etwa 160 °C

3. Für den Teig Butter mit einem Mixer (Rührstäbe) auf höchster Stufe so lange schlagen, bis sie weiß ist.

Nach und nach den Zucker unterrühren. So lange rühren, bis eine gebundene Masse entstanden ist.

4. Die Eier nach und nach unterrühren (jedes Ei etwa ½ Minute). Zunächst die Sahne, dann die Hälfte von der Zitronenschale und dem Zitronensaft unterrühren.

5. Haselnusskerne mit Mehl und Backpulver mischen und esslöffelweise unter die Butter-Eier-Masse rühren. Den Teig auf ein Backblech (30 x 40 cm, gefettet) geben und glatt streichen.

6. Für den Belag den Joghurt in eine Schüssel geben. Eier, Eigelb, Quark und Zucker mit der restlichen Zitronenschale und dem restlichen Zitronensaft hinzufügen. Die Zutaten gut verrühren.

7. Für die Streusel Mehl in eine Rührschüssel geben. Haselnüsse, Zucker und Butter hinzufügen. Die Zutaten mit dem Mixer (Rührstäbe) zunächst kurz auf niedrigster, dann auf höchster Stufe zu feinen Streuseln verarbeiten.

8. Die Streusel auf einem großen Teller oder einer Servierplatte flach ausbreiten und anschließend in den Kühlschrank stellen.

9. Die Joghurtmasse auf den Teig auf dem Backblech geben und glatt streichen.

10. Das Backblech in den vorgeheizten Backofen schieben und den Kuchen **etwa 20 Minuten backen.**

11. Das Backblech auf einen Kuchenrost stellen. Die Streusel gleichmäßig auf dem Joghurtbelag verteilen.

12. Das Backblech wieder in den heißen Backofen schieben. Den Kuchen **bei gleicher Backofentemperatur in etwa 30 Minuten fertig backen.**

Tipps: Sie können die Bio-Zitronen durch Bio-Limetten ersetzen. Statt gemahlener Haselnusskerne schmecken im Teig für den Boden sowie im Streuselteig auch nicht abgezogene, gemahlene Mandeln ausgezeichnet. Bestäuben Sie den erkalteten Kuchen vor dem Servieren mit etwas Puderzucker. Kühl gestellt ist der Kuchen etwa 3 Tage haltbar.

Grieß-Orangen-Whoopies

Raffiniert

8–9 Stück

Pro Stück: E: 5 g, F: 21 g, Kh: 46 g,
kJ: 1630, kcal: 417, BE: 4,0

Für die Füllung:

200 ml Milch (1,5 % Fett)
15 g Dr. Oetker Pudding-Pulver
        Vanille-Geschmack
1 EL Zucker
75 g Butter (kalt, in Stückchen)

Für den Teig:

125 g Butter oder Margarine
        (zimmerwarm)
100 g Zucker
1 Prise Salz
1 Pck. Dr. Oetker Finesse
        Orangenschalen-Aroma
2 Eier (Größe M)
75 g Weichweizengrieß
100 g Weizenmehl
½ TL Dr. Oetker Backin

100 g Orangenmarmelade

Zum Garnieren:

50 g Muffinglasur lila
        (aus dem Beutel mit Spitztülle)
1 EL kleine Zuckerherzen

Zubereitungszeit: 50 Minuten, ohne Kühlzeit
Backzeit: etwa 12 Minuten je Backblech

1. Für die Füllung Milch, Pudding-Pulver und Zucker in einem Topf glatt rühren, unter Rühren zum Kochen bringen, kurz unter Rühren kochen lassen, dann in eine Schüssel geben. Die Butter so unterrühren, dass keine Stückchen mehr zu sehen sind. Frischhaltefolie direkt auf die Oberfläche legen. Pudding etwas abkühlen lassen, dann im Kühlschrank durchkühlen lassen.

2. Inzwischen den Backofen vorheizen.
Ober-/Unterhitze: etwa 180 °C
Heißluft: etwa 160 °C

3. Für den Teig Butter oder Margarine, Zucker, Salz und Aroma mit einem Mixer (Rührstäbe) auf höchster Stufe in etwa 4 Minuten schaumig schlagen.

4. Die Eier nach und nach unterrühren (jedes Ei etwa ½ Minute). Grieß mit Mehl und Backpulver mischen, dann unterheben.

5. Teig in 16 oder 18 flachen Häufchen (Ø etwa 6 cm) mit genügend Abstand auf 2 Backbleche (gefettet, mit Backpapier belegt) setzen.

6. Backbleche nacheinander (bei Heißluft zusammen) in den vorgeheizten Backofen schieben. Die Whoopies **etwa 12 Minuten je Backblech backen.**

7. Die Grieß-Orangen-Whoopies mit dem Backpapier von den Backblechen auf Kuchenroste ziehen und erkalten lassen.

8. Pudding kurz glatt rühren, dann in einen Spritzbeutel mit Lochtülle (Ø etwa 1 cm) geben. Außen je einen Kreis auf die glatte Seite von 8 oder 9 Whoopies spritzen. Danach in die Mitte je 1 Teelöffel Marmelade geben.

9. Die restlichen Whoopies mit der Wölbung nach oben daraufsetzen.

10. Die Glasur nach Packungsanleitung durchkneten und öffnen. Auf jeden Whoopie eine Spirale spritzen und mit Zuckerherzen bestreuen. Glasur trocknen lassen.

Grundrezept für Cookies I

Wunderbar wandelbar

8–9 große Cookies

Pro Stück: E: 3 g, F: 14 g, Kh: 20 g, kJ: 912, kcal: 218, BE: 1,5

Für den Teig:

> 100 g *Butter (zimmerwarm)*
> 100 g *brauner Zucker*
> 1 Prise *Salz*
> 1 *Ei (Größe M)*
> 100 g *Weizenmehl*
> 1 Msp. *Natron*
> 50 g *abgezogene, gem. Mandeln*

Zubereitungszeit: 35 Minuten
Backzeit: 12–15 Minuten

1. Den Backofen vorheizen.
Ober-/Unterhitze: etwa 200 °C
Heißluft: etwa 180 °C

2. Für den Teig Butter mit Zucker und Salz in eine Rührschüssel geben. Die Zutaten mit einem Mixer (Rührstäbe) zunächst kurz auf niedrigster, dann auf höchster Stufe schaumig schlagen. Ei hinzugeben und etwa 1 Minute unterschlagen.

3. Mehl mit dem Natron und den Mandeln gut vermischen. Die Mehl-Mandel-Mischung auf die Butter-Ei-Masse geben, mit einem Teigschaber unterheben.

4. Den Cookieteig mit 2 Esslöffeln oder einem Eisportionierer in gleich großen, runden Häufchen auf ein Backblech (gefettet, mit Backpapier belegt) setzen, dabei genügend Abstand zwischen den Teighäufchen lassen. Teighäufchen mit einem in Wasser getauchten Löffel zu flachen Cookies verstreichen. Das Backblech in den vorgeheizten Backofen schieben. Die Cookies **12–15 Minuten backen.**

5. Die Cookies mit dem Backpapier von dem Backblech auf einen Kuchenrost ziehen und erkalten lassen.

Tipps: Dieser Basis-Teig lässt sich je nach Lust, Laune und Leidenschaft tunen. Schoko-Fans rühren 100 g Schoko-Tröpfchen – je nach Vorliebe in Vollmilch, Zartbitter oder Weiß – unter den Teig. 75 g gehackte Nüsse der Lieblingssorte machen sich ebenfalls gut – von Pekan- über Macadamia- und Erd- bis zu Hasel-, Para- oder Walnusskernen ist alles möglich. Getrocknete Früchte (etwa 75 g, schön klein gehackt) passen immer. Für ein schönes Spiel der Farben und Aromen sorgen etwa getrocknete Cranberrys und 1 Esslöffel gehackte Pistazienkerne.

Grüne Dinkelkekse I

Für jeden Tag
40 Stück

Pro Stück: E: 1 g, F: 1 g, Kh: 4 g,
kJ: 137, kcal: 33, BE: 0,5

Zum Vorbereiten:
  50 g Kürbiskerne

Für den Biskuitteig:
  2 Eier (Größe M)
  2 EL heißes Wasser
  100 g Zucker
  1 Pck. Dr. Oetker Vanillin-Zucker
  80 g Dinkel-Vollkornmehl
  ½ gestr. TL Dr. Oetker Backin

Zum Garnieren:
  30 g Kürbiskerne

Zubereitungszeit: 35 Minuten
Backzeit: 15–20 Minuten je Backblech

1. Zum Vorbereiten Kürbiskerne fein mahlen oder
sehr fein hacken.

2. Den Backofen vorheizen.
Ober-/Unterhitze: etwa 180 °C
Heißluft: etwa 160 °C

3. Für den Teig Eier und Wasser mit einem Mixer
(Rührstäbe) auf höchster Stufe in etwa 1 Minute
schaumig schlagen. Zucker und Vanillin-Zucker
mischen, in etwa 1 Minute einstreuen, dann noch
etwa 2 Minuten schlagen.

4. Dinkel-Vollkornmehl mit Backpulver mischen, auf
die Eiercreme geben und kurz auf niedrigster Stufe
unterrühren. Gemahlene Kürbiskerne unterheben.

5. Den Teig mit 2 Teelöffeln in gleich großen Häufchen
auf Backbleche (mit Backpapier belegt) setzen, dabei
genügend Abstand zwischen den Teighäufchen lassen
(der Teig läuft beim Backen noch etwas auseinander).

6. Zum Garnieren mehrere Kürbiskerne auf jedes
Teighäufchen legen. Die Backbleche nacheinander
(bei Heißluft zusammen) in den Backofen schieben.
Dinkelkekse **15–20 Minuten je Backblech backen.**

7. Die Dinkelkekse mit dem Backpapier auf Kuchenroste ziehen und erkalten lassen.

Haferflocken-Rosinen-Cookies I
Mit Zimt verfeinert
8–9 große Cookies

Pro Stück: E: 3 g, F: 14 g, Kh: 32 g,
kJ: 1117, kcal: 267, BE: 2,5

Zum Vorbereiten:

50 g	Rosinen
	warmes Wasser

Für den Teig:

125 g	Butter (zimmerwarm)
40 g	weißer Zucker
75 g	brauner Zucker
1 Pck.	Dr. Oetker Bourbon-Vanille-Zucker
1 gestr. TL	gem. Zimt
1	Ei (Größe M)
100 g	Weizenmehl
1 Msp.	Dr. Oetker Backin
75 g	zarte Haferflocken

Zubereitungszeit: 25 Minuten, ohne Einweichzeit
Backzeit: 13–15 Minuten

1. Zum Vorbereiten Rosinen in eine kleine Schüssel geben und mit warmem Wasser auffüllen. Die Rosinen etwa 10 Minuten einweichen lassen.

2. Den Backofen vorheizen.
Ober-/Unterhitze: etwa 180 °C
Heißluft: etwa 160 °C

3. Für den Teig die Butter mit beiden Zuckersorten, Vanille-Zucker und Zimt in eine Rührschüssel geben. Die Zutaten mit einem Mixer (Rührstäbe) zunächst kurz auf niedrigster, dann auf höchster Stufe schaumig schlagen. Das Ei hinzugeben und etwa 1 Minute unterschlagen. Die Rosinen in ein Sieb geben und sehr gut abtropfen lassen. Rosinen kurz unterrühren.

4. Das Mehl mit Backpulver und Haferflocken gut mischen. Die Mehl-Haferflocken-Mischung auf die Butter-Ei-Rosinen-Masse geben und mit einem Teigschaber unterheben.

5. Den Teig mit 2 Esslöffeln oder einem Eisportionierer in gleich großen, runden Häufchen auf ein Backblech (gefettet, mit Backpapier belegt) setzen, dabei genügend Abstand zwischen den Teighäufchen lassen. Die Teighäufchen nicht verstreichen. Backblech in den vorgeheizten Backofen schieben. Die Haferflocken-Rosinen-Cookies **13–15 Minuten backen.**

6. Die Haferflocken-Rosinen-Cookies mit dem Backpapier von dem Backblech auf einen Kuchenrost ziehen und erkalten lassen.

Hafer-Nuss-Cookies | Kernig

8–9 große Cookies

Pro Stück: E: 7 g, F: 18 g, Kh: 36 g,
kJ: 1396, kcal: 333, BE: 3,0

Zum Vorbereiten:
>   30 g Cashewkerne
>   30 g ganze Haselnusskerne
>   30 g ganze Mandeln

Für den Teig:
>   100 g Butter (zimmerwarm)
>   1 TL gem. Ingwer
>   125 g Zucker
>   1 Pck. Dr. Oetker Bourbon-
>   Vanille-Zucker
>   1 Ei (Größe M)
>   75 g Weizenmehl
>   50 g Vollkorn-Weizenmehl
>   ½ gestr. TL Salz
>   1 gestr. TL Natron
>   150 g zarte Haferflocken

Zubereitungszeit: 30 Minuten
Backzeit: 13–15 Minuten

1. Zum Vorbereiten Cashewkerne, Haselnusskerne und Mandeln in kleine Stückchen hacken.

2. Den Backofen vorheizen.
Ober-/Unterhitze: etwa 180 °C
Heißluft: etwa 160 °C

3. Für den Teig Butter, Ingwer, Zucker und Vanille-Zucker in eine Rührschüssel geben. Die Zutaten mit einem Mixer (Rührstäbe) zunächst kurz auf niedrigster, dann auf höchster Stufe in 6–8 Minuten weiß-schaumig schlagen. Das Ei etwa 2 Minuten unterschlagen.

4. Beide Mehlsorten mit Salz und Natron gut vermischen. Die Mehlmischung auf die Butter-Ei-Masse geben und mit einem Teigschaber unterheben. Die Cashewkerne mit Haselnusskernen, Mandeln und Haferflocken mischen und unter den Teig heben.

5. Aus dem Teig gleich große Portionen abstechen, zu Kugeln formen und auf ein Backblech (gefettet, mit Backpapier belegt) setzen. Dabei etwas Abstand zwischen den Kugeln lassen. Anschließend die Teigkugeln mit bemehlten Händen flach drücken.

6. Das Backblech in den vorgeheizten Backofen schieben. Die Hafer-Nuss-Cookies **13–15 Minuten backen.**

7. Hafer-Nuss-Cookies mit dem Backpapier von dem Backblech auf einen Kuchenrost ziehen und erkalten lassen.

Happy Valentine Cookies I
Raffiniert
24 Stück

Pro Stück: E: 2 g, F: 7 g, Kh: 15 g,
kJ: 557, kcal: 133, BE: 1,0

Für den Knetteig:

300 g	Weizenmehl
1 gestr. TL	Dr. Oetker Backin
200 g	Butter
100 g	Zucker
1 Prise	Salz
1	Ei (Größe M)

Außerdem:

etwas	rote Lebensmittelfarbe (flüssig oder Paste)
3 EL	gefriergetrocknetes Erdbeerpulver

Zubereitungszeit: 60 Minuten, ohne Kühlzeit
Backzeit: 15–18 Minuten je Backblech

1. Für den Teig das Mehl mit Backpulver in einer Rührschüssel mischen. Restliche Zutaten hinzufügen und mit einem Mixer (Knethaken) zunächst kurz auf niedrigster, dann auf höchster Stufe gut durcharbeiten. Anschließend auf einer leicht bemehlten Arbeitsfläche kurz zu einem Teig verkneten.

2. Den Teig halbieren. Eine Teighälfte mit Lebensmittelfarbe und Erdbeerpulver rot färben. Jede Teighälfte zu einer Kugel formen, flach drücken und in Frischhaltefolie gewickelt etwa 30 Minuten in den Kühlschrank legen.

3. Den roten Teig auf der leicht bemehlten Arbeitsfläche etwa 1 cm dick ausrollen. Daraus gleich große Herzen ausstechen. Die Herzen ganz exakt aneinandersetzen, vorsichtig zusammendrücken und auf einer flachen Platte in den Kühlschrank legen.

4. Den hellen Teig in etwa 15 gleich große Portionen aufteilen. Diese zu langen, dünnen Rollen ausrollen. Die Teigrollen dicht an dicht oben und unten an den Herzteig legen, dann in Frischhaltefolie zu einer Rolle

formen und diese Rolle auf der Arbeitsfläche vorsichtig rund und glatt rollen. Die Teigrolle in der Folie noch etwa 15 Minuten in den Kühlschrank legen.

5. Den Backofen vorheizen.
Ober-/Unterhitze: etwa 180 °C
Heißluft: etwa 160 °C

6. Die Teigrolle in 7–8 mm dicke Scheiben schneiden. Die Teigscheiben auf Backbleche (mit Backpapier belegt) legen.

7. Die Backbleche nacheinander (bei Heißluft zusammen) in den vorgeheizten Backofen schieben. Happy Valentine Cookies **15–18 Minuten je Backblech backen.**

8. Happy Valentine Cookies mit dem Backpapier von den Backblechen auf Kuchenroste ziehen und erkalten lassen.

Haselnuss-Cookies | Schnell gemacht

8–9 große Cookies

Pro Stück: E: 8 g, F: 32 g, Kh: 16 g,
kJ: 1599, kcal: 382, BE: 1,5

Für den Teig:

75 g	Butter (zimmerwarm)
75 g	feiner brauner Zucker (Kandisfarin)
1 Pck.	Dr. Oetker Bourbon-Vanille-Zucker
1 Prise	Salz
1	Ei (Größe M)
50 g	Weizenmehl
½ TL	Dr. Oetker Backin
75 g	gem. Haselnusskerne
250 g	abgezogene ganze Haselnusskerne

Zum Bestäuben:

evtl. etwas Puderzucker

Zubereitungszeit: 25 Minuten, ohne Abkühlzeit
Backzeit: 15–18 Minuten

1. Den Backofen vorheizen.
Ober-/Unterhitze: etwa 180 °C
Heißluft: etwa 160 °C

2. Für den Teig Butter mit einem Mixer (Rührstäbe) auf höchster Stufe geschmeidig rühren. Nach und nach Zucker, Vanille-Zucker und Salz unterrühren. So lange rühren, bis eine gebundene Masse entstanden ist und sich der Zucker fast aufgelöst hat.

3. Das Ei etwa 1 Minute unterschlagen.

4. Mehl mit Backpulver und gemahlenen Haselnusskernen gut vermischen. Die Mehl-Nuss-Mischung auf mittlerer Stufe kurz unterrühren. Die ganzen Haselnusskerne mit einem Teigschaber kurz unter den Teig heben.

5. Den Teig mit 2 Esslöffeln oder einem Eisportionierer in gleich großen, runden Häufchen auf ein Backblech (gefettet, mit Backpapier belegt) setzen, dabei genü-

gend Abstand zwischen den Teighäufchen lassen. Die Teighäufchen mit einem in Wasser getauchten Löffel zu flachen Cookies verstreichen.

6. Das Backblech in den vorgeheizten Backofen schieben. Die Haselnuss-Cookies **15–18 Minuten backen.**

7. Die Haselnuss-Cookies mit dem Backpapier von dem Backblech auf einen Kuchenrost ziehen und erkalten lassen. Die Haselnuss-Cookies nach Belieben mit Puderzucker bestäuben.

Tipp: Wenn Sie keine fertig geschälten Haselnusskerne bekommen, verteilen Sie etwa 300 g Haselnusskerne auf einem Backblech und schieben das Backblech in den vorgeheizten Backofen (Ober-/Unterhitze etwa 160 °C, Heißluft etwa 140 °C). Die Haselnusskerne etwa 20 Minuten rösten, bis die braune Haut aufplatzt. Die Haselnusskerne anschließend auf ein Geschirrtuch geben, etwas abkühlen lassen und die braune Haut mit dem Geschirrtuch abreiben. Nusskerne, die sich nicht abziehen lassen, aussortieren oder nochmals rösten. 250 g der Haselnusskerne für das Rezept abwiegen.

Heidelbeerstrudel, offener I

Schnell gemacht – einfach
12 Stücke

Pro Stück: E: 6 g, F: 6 g, Kh: 23 g,
kJ: 742, kcal: 177, BE: 2,0

Für den Teig:

<blockquote>
60 g Butter
8 große
Blätter Strudel-, Filo- oder Yufkateig
(je 30 x 31 cm)
</blockquote>

Für die Füllung:

<blockquote>
300 g Magerquark
2 Eier (Größe M)
50 g Zucker
1 EL Zitronensaft
1 TL Dr. Oetker Finesse
Geriebene Zitronenschale
1 1/2
gestr. EL Dr. Oetker Pudding-Pulver
Vanille-Geschmack
250 g Heidelbeeren
1 TL Weizenmehl
</blockquote>

Zum Bestreuen:

<blockquote>
1 EL Zucker
</blockquote>

Zum Bestäuben:

<blockquote>
1 EL Puderzucker
</blockquote>

Zubereitungszeit: 20 Minuten, ohne Abkühlzeit
Backzeit: 20–25 Minuten

1. Für den Teig die Butter zerlassen. Ein Backblech (gefettet, mit Backpapier belegt) in der Mitte dünn mit etwas von der zerlassenen Butter bestreichen.

2. Ein Teigblatt in die Mitte legen und mit etwas von der Butter bestreichen. Die restlichen Teigblätter darauflegen und ebenfalls jeweils mit etwas Butter bestreichen. Restliche Butter beiseitestellen.

3. Den Backofen vorheizen.
Ober-/Unterhitze: etwa 200 °C
Heißluft: etwa 180 °C

4. Für die Füllung Quark in eine Rührschüssel geben. Eier, Zucker, Zitronensaft und Zitronenschale hinzufügen.

5. Die Zutaten mit einem Mixer (Rührstäbe) zunächst kurz auf niedrigster, dann auf höchster Stufe in etwa 2 Minuten glatt verrühren. Das Pudding-Pulver kurz unterrühren.

6. Die Heidelbeeren verlesen, abspülen und vorsichtig mit Küchenpapier sehr gut trocken tupfen. Die Heidelbeeren in einer Schüssel mit dem Mehl bestäuben, darin wenden und anschließend vorsichtig unter die Quarkmasse heben.

7. Die Heidelbeer-Quarkmasse auf die gestapelten Teigblätter geben, dabei einen 2–3 cm breiten Rand frei lassen.

8. Die Teigränder über die Quarkmasse schlagen, mit der restlichen Butter bestreichen und mit dem Zucker bestreuen.

9. Das Backblech in den vorgeheizten Backofen schieben (unterste Schiene). Den Heidelbeerstrudel **20–25 Minuten backen.**

10. Das Backblech auf einen Kuchenrost stellen. Den Strudel etwas abkühlen lassen, dann mit Puderzucker bestäuben und servieren.

Rezeptvariante: Für einen **Kirschstrudel** ersetzen Sie die Heidelbeeren durch 300 g abgetropfte Sauerkirschen (aus dem Glas).

Himbeer-Brownies | Für Gäste
20 Stücke

Pro Stück: E: 7 g, F: 17 g, Kh: 24 g,
kJ: 1183, kcal: 283, BE: 2,0

Zum Vorbereiten:
300 g *Zartbitter-Kuvertüre*
200 g *Butter*
100 g *weiße Schokolade*
400 g *Himbeeren*

Für den Biskuitteig:
6 *Eier (Größe M)*
200 g *brauner Zucker*
1 Pck. *Dr. Oetker Bourbon-*
Vanille-Zucker
200 g *Weizenmehl*
1 gestr. TL *Dr. Oetker Backin*

Für den Guss:
150 g *Zartbitter-Schokolade*
(etwa 50 % Kakaoanteil)
50 g *Schlagsahne*

Für den Belag:
150–200 g *Himbeeren*

Zubereitungszeit: 40 Minuten, ohne Abkühlzeit
Backzeit: etwa 35 Minuten

1. Zum Vorbereiten die Kuvertüre in kleine Stücke hacken. Zwei Drittel davon mit der Butter in einer Schüssel im Wasserbad bei schwacher Hitze unter Rühren schmelzen. Die Schüssel aus dem Wasserbad nehmen und die restliche Kuvertüre darin unter Rühren schmelzen. Die Kuvertüre erkalten lassen. Weiße Schokolade etwa ½ cm groß würfeln. Die Himbeeren verlesen, evtl. kurz abspülen und gut trocken tupfen.

2. Den Backofen vorheizen.
Ober-/Unterhitze: etwa 180 °C
Heißluft: etwa 160 °C

3. Für den Teig Eier in einer Rührschüssel mit einem Mixer (Rührstäbe) auf höchster Stufe in etwa 1 Minute schaumig schlagen. Den Zucker mit Vanille-Zucker mischen, in etwa 1 Minute unter Rühren einstreuen, dann noch etwa 2 Minuten schlagen.

4. Mehl mit Backpulver mischen und kurz auf niedrigster Stufe unterrühren. Kuvertüremasse, Schokoladenstückchen und Himbeeren vorsichtig unterheben. Einen Backrahmen auf ein Backblech (30 x 40 cm, mit Backpapier belegt) stellen. Den Teig vorsichtig auf dem Backblech verstreichen.

5. Das Backblech in den vorgeheizten Backofen schieben. Den Kuchen **etwa 35 Minuten backen.**

6. Das Backblech auf einen Kuchenrost stellen. Den Kuchen erkalten lassen.

7. Für den Guss Schokolade in kleine Stücke brechen. Zwei Drittel davon mit der Sahne in einem Topf im Wasserbad bei schwacher Hitze unter Rühren schmelzen. Den Topf aus dem Wasserbad nehmen und die restliche Schokolade darin unter Rühren schmelzen.

8. Für den Belag Himbeeren verlesen, evtl. kurz abspülen und trocken tupfen. Die Himbeeren auf dem Kuchen verteilen.

9. Geschmolzene Schokolade in einen Gefrierbeutel geben und eine kleine Ecke abschneiden. Die Schokolade auf die Himbeeren und den Kuchen spritzen. Schokolade fest werden lassen. Backrahmen lösen und entfernen. Den Kuchen in Stücke schneiden.

Himbeerküchlein I

Raffiniert
12 Stück

Pro Stück: E: 7 g, F: 42 g, Kh: 46 g,
kJ: 2456, kcal: 587, BE: 4,0

Für den Teig:

420 g	Zartbitter-Kuvertüre
330 g	Butter
6	Eier (Größe M)
210 g	Zucker
60 g	Weizenmehl
60 g	Speisestärke
30 g	gefriergetrocknete Himbeeren
6 EL	Schlagsahne

Zum Bestäuben:

1–2 EL Puderzucker

Außerdem:

12 Dessertringe
(Ø 7 cm, 5 ½ cm hoch)

Zubereitungszeit: 20 Minuten,
ohne Abkühl- und Quellzeit
Backzeit: 6–7 Minuten

1. Die Kuvertüre in kleine Stücke hacken. Zwei Drittel davon mit der Butter in einem Topf im Wasserbad bei schwacher Hitze unter Rühren schmelzen. Den Topf aus dem Wasserbad nehmen und die restliche Kuvertüre darin unter Rühren schmelzen. Die Masse lauwarm abkühlen lassen.

2. Die Dessertringe (gefettet, bemehlt) mit etwas Abstand auf ein Backblech (mit Backpapier belegt) stellen.

3. Die Eier mit einem Mixer (Rührstäbe) auf höchster Stufe in etwa 1 Minute schaumig schlagen. Zucker einstreuen, dann noch etwa 3 Minuten schlagen, bis ein elastischer Schaum entstanden ist. Mehl mit Speisestärke mischen, auf die Eiercreme geben. Die getrockneten Himbeeren zerbröseln und hinzufügen, alles kurz auf niedrigster Stufe unterrühren.

4. Die Kuvertüre-Butter-Masse und die Sahne mit einem Teigschaber vorsichtig unterrühren, sodass ein glatter Teig entsteht. Den Teig in die Dessertringe füllen und etwa 10 Minuten bei Zimmertemperatur stehen lassen, sodass das Mehl ausquellen kann.

5. Inzwischen den Backofen vorheizen.
Ober-/Unterhitze: etwa 200 °C
Heißluft: etwa 180 °C

6. Backblech in den vorgeheizten Backofen schieben. Die Himbeerküchlein **6–7 Minuten backen.**

7. Die Dessertringe von den Küchlein sofort mit einem Messer lösen und entfernen. Die Himbeerküchlein sofort mit Puderzucker bestäuben und servieren.

Tipps: Garnieren Sie die Küchlein zusätzlich mit Himbeeren. Gefriergetrocknete Himbeeren können Sie z.B. im Internet bestellen. Sie können den Teig 3–4 Stunden vor dem Servieren zubereiten und in die Dessertringe füllen. Das Backblech mit den gefüllten Dessertringen bis zum Backen zugedeckt in den Kühlschrank stellen.

Himbeer-Smoothie-Cheesecake I

Für den Standmixer
12 Stücke

Pro Stück: E: 8 g, F: 24 g, Kh: 28 g,
kJ: 1500, kcal: 359, BE: 2,5

Zum Vorbereiten:
>375 g frische Himbeeren oder
>   TK-Himbeeren

Für den Boden:
>80 g Butter
>200 g Vollkorn-Butterkekse

Für den Cheesecake-Belag:
>400 g Doppelrahm-Frischkäse
>150 g Schlagsahne
>   (mind. 30 % Fett)
>75 g Zucker
>1 Pck. Dr. Oetker Bourbon-
>   Vanille-Zucker
>2 EL flüssiger Honig
>3 Eier (Größe M)

Für den Smoothie-Belag:
>1 Bio-Orange
>   (unbehandelt, ungewachst)
>1 Beutel aus
>1 Pck. Gelatine fix (15 g)
>2 EL Zucker

Zum Garnieren:
>125 g frische Himbeeren

Zubereitungszeit: 25 Minuten,
ohne evtl. Auftau- und Kühlzeit
Backzeit: etwa 20 Minuten

1. Zum Vorbereiten die frischen Himbeeren verlesen, evtl. abspülen und gut auf Küchenpapier abtropfen lassen. Die TK-Himbeeren nach Packungsanleitung auftauen.

2. Den Backofen vorheizen.
Ober-/Unterhitze: etwa 200 °C
Heißluft: etwa 180 °C

3. Für den Boden Butter in einem Topf zerlassen. Kekse in einen Gefrierbeutel geben und den Beutel fest verschließen. Die Kekse mit einer Teigrolle fein zerbröseln. Keksbrösel mit der Butter vermischen und in einer Springform (Ø 24 cm, Boden mit Backpapier belegt) verteilen. Die Mischung mit einem Löffel gleichmäßig zu einem Boden fest andrücken.

4. Für den Cheesecake-Belag Frischkäse mit Sahne, Zucker, Vanille-Zucker, Honig und Eiern in den Mixbecher geben. 125 g der vorbereiteten Himbeeren hinzugeben. Alles im verschlossenen Mixbecher etwa 1 Minute auf hoher Stufe mixen. Die Frischkäsemasse auf den Bröselboden gießen und glatt streichen.

5. Die Springform auf dem Rost in den vorgeheizten Backofen schieben. Cheesecake **etwa 20 Minuten backen.**

6. Die Form auf einen Kuchenrost stellen und den Cheesecake erkalten lassen.

7. Für den Smoothie-Belag die restlichen vorbereiteten Himbeeren in den gesäuberten Mixbecher geben. Die Orange heiß abwaschen, abtrocknen, die Orangenschale fein abreiben und zu den Himbeeren geben. Die Orange so schälen, dass die weiße Schale mitentfernt wird. Die Orange vierteln und ebenfalls in den Mixbecher geben.

8. Die Fruchtmischung im verschlossenen Mixbecher etwa 1 Minute auf hoher Stufe mixen. Gelatine bei laufendem Mixer durch die Deckelöffnung einrieseln lassen, danach auf die gleiche Weise den Zucker einrieseln lassen.

9. Den Smoothie auf den Kuchen gießen und glatt streichen. Den Cheesecake zugedeckt etwa 4 Stunden in den Kühlschrank stellen.

10. Zum Servieren den Springformrand lösen und entfernen. Cheesecake auf eine Tortenplatte umsetzen, dabei das Backpapier entfernen.

11. Zum Garnieren die Himbeeren verlesen, abspülen und gut auf Küchenpapier abtropfen lassen. Die Himbeeren auf der Cakeoberfläche verteilen.

Ingwer-Möhren-Streifen I

Sehr saftig – gut vorzubereiten
50 Stück

Pro Stück: E: 4 g, F: 11 g, Kh: 16 g,
kJ: 758, kcal: 181, BE: 1,5

Für den Teig:

80 g	Butterkekse
300 g	Möhren
80 g	kandierter Ingwer
200 g	abgezogene, gem. Mandeln
200 g	gem. Haselnusskerne
70 g	Weizenmehl
1 gestr. TL	Dr. Oetker Backin
1 TL	gem. Zimt
1 TL	gem. Ingwer
1 Msp.	gem. Nelken
1 Prise	Salz
9	Eigelb (Größe M)
240 g	feiner Zucker
1	Bio-Orange (unbehandelt, ungewachst)
9	Eiweiß (Größe M)

Für den Guss:

150 g	Butter (zimmerwarm)
400 g	Doppelrahm-Frischkäse
350 g	gesiebter Puderzucker
1 Pck.	Dr. Oetker Bourbon-Vanille-Zucker

Zubereitungszeit: 70 Minuten, ohne Kühlzeit
Backzeit: etwa 40 Minuten

1. Den Backofen vorheizen.
Ober-/Unterhitze: etwa 180 °C
Heißluft: etwa 160 °C

2. Für den Teig die Butterkekse in einen Gefrierbeutel geben. Den Beutel fest verschließen. Die Butterkekse mit einer Teigrolle fein zerbröseln.

3. Die Möhren putzen, schälen, abspülen, abtropfen lassen und fein reiben. Ingwer fein hacken.

4. Keksbrösel, Mandeln, Haselnusskerne, Mehl, Backpulver, Zimt, Ingwer, Nelken und Salz in einer Rührschüssel gut vermischen.

5. Eigelb und 125 g von dem Zucker in eine Edelstahlschüssel geben und im heißen Wasserbad mit einem Mixer (Rührstäbe) weiß-schaumig schlagen. Die Schüssel aus dem Wasserbad nehmen. Geriebene Möhren und den kandierten Ingwer unterrühren. Orange heiß abwaschen, abtrocknen, die Schale fein abreiben und unterrühren.

6. Eiweiß evtl. in 2 Portionen mit dem Mixer (Rührstäbe) steif schlagen. Restlichen Zucker einstreuen und weitere etwa 2 Minuten schlagen, bis ein elastischer Schaum entstanden ist. Ein Drittel des Eischnees zügig unter die Eigelb-Möhren-Masse heben. Die Keksbrösel-Mandel-Haselnuss-Mischung unterziehen. Restlichen Eischnee mit einem Teigschaber unterheben.

7. Den Teig in ein tiefes Backblech oder eine Fettpfanne (30 x 40 cm, mit Backpapier belegt, Backpapier zusätzlich mit weicher Butter bestrichen und mit Mehl bestäubt) geben und glatt streichen. Das Backblech oder die Fettpfanne in den vorgeheizten Backofen schieben. Ingwer-Möhren-Kuchen **etwa 40 Minuten backen.**

8. Das Backblech oder die Fettpfanne auf einen Kuchenrost stellen. Den Ingwer-Möhren-Kuchen erkalten lassen.

9. Für den Guss Butter, Frischkäse, Puderzucker und Vanille-Zucker in einer Rührschüssel schaumig rühren, auf den Ingwer-Möhren-Kuchen geben, glatt streichen und mit einem Tortengarnierkamm verzieren. Den Ingwer-Möhren-Kuchen etwa 2 Stunden in den Kühlschrank stellen.

10. Kuchenränder evtl. glatt streichen. Den Ingwer-Möhren-Kuchen in etwa 3 x 8 cm große Streifen schneiden.

Tipp: Der Kuchen kann 2 Tage vor dem Verzehr zubereitet werden und sollte im Kühlschrank aufbewahrt werden.

Kaffee-Whoopies | Shake & bake

18 Stück

Pro Stück: E: 2 g, F: 11 g, Kh: 13 g,
kJ: 663, kcal: 158, BE: 1,0

Für den Teig:

        125 g Weizenmehl
  2 gestr. TL Dr. Oetker Backin
      ½ TL Natron
       10 g gesiebter Backkakao
       60 g Zucker
     1 Pck. Dr. Oetker Vanillin-Zucker
         1 Ei (Größe M)
       70 g zerlassene, abgekühlte Butter
              oder Margarine
     100 ml Caffè Latte Vanilla Tahiti
              (aus dem Kühlregal, Getränk
              aus Milch, Kaffee und Vanille)
       50 g abgezogene, gem. Mandeln

Für die Füllung:

       15 g Speisestärke
       15 g Zucker
  130–150 ml Caffè Latte Vanilla Tahiti
      100 g Butter

Zum Garnieren:

   etwa 25 g Zartbitter-Schokoladenstückchen
              (etwa 50 % Kakaoanteil)
   etwa 1 EL weiße oder dunkle
              Schokoladenstreusel

Zubereitungszeit: 35 Minuten, ohne Abkühlzeit
Backzeit: etwa 10 Minuten je Backblech

1. Den Backofen vorheizen.
Ober-/Unterhitze: etwa 200 °C
Heißluft: etwa 180 °C

2. Für den Teig Mehl mit Backpulver, Natron, Kakao, Zucker und Vanillin-Zucker in einer verschließbaren Schüssel (etwa 3 l) mischen. Ei, zerlassene Butter oder Margarine und Caffè Latte hinzufügen. Schüssel mit dem Deckel fest verschließen, mehrmals kräftig schütteln (insgesamt 15–30 Sekunden), sodass alle Zutaten gut vermischt sind. Mandeln hinzugeben.

Alles mit einem Schneebesen oder Rührlöffel nochmals sorgfältig durchrühren, damit trockene Zutaten vom Rand mit untergerührt werden.

3. Den Teig mit einem Spritzbeutel mit Lochtülle (Ø 1 ½ cm) in 36 kleinen Häufchen auf Backbleche (gefettet, mit Backpapier belegt) spritzen, mit einem Messer sorgfältig zu Kreisen (Ø etwa 4 cm) verstreichen. Dabei genügend Abstand zwischen den Teigkreisen lassen. Die Backbleche nacheinander (bei Heißluft 2 Backbleche zusammen) in den vorgeheizten Backofen schieben. Whoopies **etwa 10 Minuten je Backblech backen.**

4. Die Whoopies mit dem Backpapier von den Backblechen auf Kuchenroste ziehen. Whoopies erkalten lassen.

5. Für die Füllung Stärke mit Zucker und Caffè Latte in einem Topf mit einem Schneebesen gut verrühren, unter Rühren zum Kochen bringen. Den Topf von der Kochstelle nehmen. Butter unter Rühren darin schmelzen. Die Creme unter Rühren erkalten lassen (nicht in den Kühlschrank stellen).

6. Die Buttercreme in einen Spritzbeutel mit Sterntülle (Ø 6–7 mm) füllen und auf die glatte Seite von 18 Whoopies spritzen. Die restlichen Whoopies daraufsetzen und leicht andrücken.

7. Schokolade in einem Topf im Wasserbad unter Rühren schmelzen, dann in einen Gefrierbeutel füllen und eine kleine Ecke abschneiden. Die Whoopies damit garnieren, mit Schokostreuseln bestreuen. Whoopies etwa 30 Minuten in den Kühlschrank stellen.

Tipp: Für eine **Himbeer-Buttercreme** 150 g Himbeer-Buttermilch mit 15 g Zucker und 20 g Speisestärke klümpchenfrei in einem Topf verrühren, dann unter ständigem Rühren zum Kochen bringen. Den Topf von der Kochstelle nehmen, 100 g Butterstückchen darin zerlassen. 50 g pürierte Himbeeren (frische oder TK) unterrühren. Die Masse im Kühlschrank erkalten lassen, dann die Whoopies damit füllen. Nach Belieben können Sie die Zartbitter- durch weiße Schokolade ersetzen.

Karamellschnitten mit Fleur de Sel I
Süß-salzige Verführung
45 Stück

Pro Stück: E: 2 g, F: 6 g, Kh: 13 g, kJ: 484, kcal: 116, BE: 1,0

Für den Knetteig:

> 300 g Weizenmehl
> ½ TL Dr. Oetker Backin
> 100 g Zucker
> 1 Prise Salz
> 200 g Butter
> 1 Ei (Größe M)

Für den Karamell:

> 400 g gezuckerte Kondensmilch
> 40 g Butter
> 2 EL Zuckerrübensirup (Rübenkraut)
> 2 Prisen Fleur de Sel

Für den Guss:

> 60 g Zartbitter-Kuvertüre
> (mind. 50 % Kakaoanteil)
> 10 g Kokosfett

Zum Bestreuen:

> ½ TL Fleur de Sel

Zubereitungszeit: 60 Minuten, ohne Kühl- und Durchziehzeit
Backzeit: etwa 18 Minuten

1. Für den Teig Mehl mit Backpulver in einer Rührschüssel mischen. Restliche Zutaten hinzufügen und mit einem Mixer (Knethaken) zunächst kurz auf niedrigster, dann auf höchster Stufe gut durcharbeiten.

2. Anschließend auf einer leicht bemehlten Arbeitsfläche kurz zu einem Teig verkneten. Teig in Frischhaltefolie gewickelt 1–2 Stunden in den Kühlschrank legen.

3. Den Backofen vorheizen.
Ober-/Unterhitze: etwa 190 °C
Heißluft: etwa 170 °C

4. Teig kurz durchkneten und auf der leicht bemehlten Arbeitsfläche zu einem Rechteck (30 x 20 cm) ausrollen.

5. Die Teigplatte auf ein Backblech (gefettet, mit Backpapier belegt) legen und mehrmals mit einer Gabel einstechen. Einen Backrahmen darumstellen.

6. Backblech in den vorgeheizten Backofen schieben. Die Gebäckplatte in **etwa 10 Minuten zartbraun backen.** Das Backblech auf einen Kuchenrost stellen.

7. Für den Karamell Kondensmilch, Butter und Zuckerrübensirup in einem Topf bei schwacher Hitze unter ständigem Rühren etwa 6 Minuten erhitzen. Den Topf von der Kochstelle nehmen, Fleur de Sel unterrühren.

8. Den Karamell auf die Gebäckplatte geben und glatt streichen.

9. Das Backblech wieder in den heißen Backofen schieben. Das Karamellgebäck **bei gleicher Backofentemperatur etwa 8 Minuten backen.**

10. Das Backblech auf einen Kuchenrost stellen. Das Karamellgebäck erkalten lassen.

11. Für den Guss Kuvertüre in kleine Stücke hacken. Zwei Drittel der Kuvertürestücke mit dem Kokosfett in einem Topf im Wasserbad bei schwacher Hitze unter Rühren schmelzen. Den Topf aus dem Wasserbad nehmen und die restlichen Kuvertürestücke darin unter Rühren schmelzen.

12. Den Guss mit einem Pinsel auf das Karamellgebäck streichen und mit Fleur de Sel bestreuen. Das Karamellgebäck bei Zimmertemperatur über Nacht ziehen lassen.

13. Das Karamellgebäck mit einem Messer in Rechtecke (je etwa 2 x 7 cm) schneiden, dabei das Messer zwischendurch immer wieder säubern.

Tipps: Den Guss können Sie auch durch ½ Beutel dunkle Kuchenglasur ersetzen. In gut schließenden Dosen und kühl gestellt können Sie die Karamellschnitten etwa 4 Wochen aufbewahren.

Käse-Milch-Kuchen I

Für Gäste – gut vorzubereiten
12 Stücke

Pro Stück: E: 9 g, F: 16 g, Kh: 31 g,
kJ: 1278, kcal: 306, BE: 2,5

Für den Knetteig:

150 g Weizenmehl
1 gestr. TL Dr. Oetker Backin
100 g Butter
50 g Zucker
1 Eigelb (Größe M)

Für den Belag:

500 g Magerquark
80 ml Sonnenblumenöl
120 g Zucker
1 Eiweiß (Größe M)
Mark von
1 Vanilleschote
40 g Speisestärke
500 ml Milch (3,5 % Fett)

Zubereitungszeit: 35 Minuten, ohne Abkühlzeit
Backzeit: etwa 70 Minuten

1. Den Backofen vorheizen.
Ober-/Unterhitze: etwa 170 °C
Heißluft: etwa 150 °C

2. Für den Teig das Mehl mit Backpulver in einer Rührschüssel mischen. Butter, Zucker und Eigelb hinzufügcn.

3. Die Zutaten mit einem Mixer (Knethaken) zunächst kurz auf niedrigster, danach auf höchster Stufe gut durcharbeiten.

4. Anschließend auf einer leicht bemehlten Arbeitsfläche kurz zu einem Teig verkneten.

5. Den Teig halbieren. Eine Teighälfte mit etwas Mehl bestäuben und auf der leicht bemehlten Arbeitsfläche zu einer runden Platte (Ø etwa 26 cm) ausrollen. Die Teigplatte in eine Springform (Ø 26 cm, Boden mit Backpapier belegt) legen.

6. Restlichen Teig zu einer Rolle (etwa 75 cm Länge) formen, an den Springformrand legen und so an die Form drücken, dass ein etwa 3 cm hoher Rand entsteht.

7. Für den Belag Quark mit Sonnenblumenöl, Zucker und Eiweiß gut verrühren, Vanillemark hinzugeben. Speisestärke mit Milch verrühren und unter die Quarkmasse rühren. Die Quarkmasse auf den Teigboden geben und glatt streichen. Die Form auf dem Rost in den vorgeheizten Backofen schieben. Den Käsekuchen **etwa 70 Minuten backen.**

8. Die Form auf einen Kuchenrost stellen. Den Kuchenrand mit einem Messer lösen. Den Kuchen in der Form erkalten lassen, dann aus der Form lösen. Den Käse-Milch-Kuchen auf eine Tortenplatte setzen, in Stücke schneiden und servieren.

Kernige Schoko-Cookies I

Mit Alkohol
60 Stück

Pro Stück: E: 1 g, F: 4 g, Kh: 8 g,
kJ: 297, kcal: 71, BE: 0,6

Für den Rührteig:

200 g	Butter oder Margarine (zimmerwarm)
200 g	Zucker
2 Pck.	Dr. Oetker Vanillin-Zucker
1 EL	Wasser
2	Eier (Größe M)
125 g	Weizenmehl
½ TL	Dr. Oetker Backin
2 EL	gesiebter Backkakao
250 g	kernige Haferflocken
50 g	abgezogene, gehackte Mandeln
2–3 EL	brauner Rum

Zubereitungszeit: 45 Minuten
Backzeit: etwa 15 Minuten je Backblech

1. Für den Teig Butter oder Margarine mit einem Mixer (Rührstäbe) auf höchster Stufe geschmeidig rühren. Nach und nach Zucker, Vanillin-Zucker und Wasser unterrühren. So lange rühren, bis eine gebundene Masse entstanden ist.

2. Die Eier nach und nach unterrühren (jedes Ei etwa ½ Minute). Mehl mit Backpulver und Kakao mischen und auf mittlerer Stufe kurz unterrühren. Haferflocken und Mandeln esslöffelweise auf mittlerer Stufe kurz unterrühren. Zuletzt den Rum hinzufügen.

3. Den Backofen vorheizen.
Ober-/Unterhitze: etwa 180 °C
Heißluft: etwa 160 °C

4. Den Teig mit 2 Teelöffeln in Häufchen auf Backbleche (gefettet, mit Backpapier belegt) setzen, dabei genügend Abstand zwischen den Teighäufchen lassen. Die Teighäufchen mit einem Löffel flach drücken. Die Backbleche nacheinander (bei Heißluft zusammen) in den vorgeheizten Backofen schieben. Die Plätzchen **etwa 15 Minuten je Backblech backen.**

5. Die Plätzchen mit dem Backpapier von den Backblechen auf Kuchenroste ziehen und erkalten lassen.

Tipps: Für Kinder können Sie den Rum durch Apfelsaft ersetzen. Die Schoko-Cookies halten sich in gut schließenden Dosen 3–4 Wochen.

Key Lime Pie | Erfrischend – für Gäste

12 Stücke

Pro Stück: E: 9 g, F: 23 g, Kh: 53 g,
kJ: 1893, kcal: 453, BE: 4,5

Für den Teig:

300 g	Weizenmehl
50 g	Zucker
1 Prise	Salz
200 g	Butter (kalt)
1	Eigelb (Größe M)

Für den Belag:

4–5	Bio-Limetten (unbehandelt, ungewachst)
5	Eigelb (Größe M)
150 g	Zucker
400 g	Kondensmilch (10 % Fett)
1 EL	Butter (zimmerwarm)

Für die Baiserhaube:

6	Eiweiß (Größe M)
1 Prise	Salz
150 g	feiner Zucker
1 EL	Speisestärke

Zubereitungszeit: 45 Minuten
Backzeit: etwa 50 Minuten

1. Den Backofen vorheizen.
Ober-/Unterhitze: etwa 180 °C
Heißluft: etwa 160 °C

2. Für den Teig Mehl in eine Rührschüssel geben. Zucker, Salz, Butter in Stückchen und Eigelb hinzufügen. Die Zutaten mit einem Mixer (Knethaken) zu Streuseln verkneten. Die Streusel gleichmäßig in einer Springform (Ø 26 cm, Boden gefettet, mit Backpapier belegt) verteilen, dabei einen etwa 3 cm hohen Rand fest andrücken. Die Streusel mit einem Esslöffel zu einem Boden andrücken. Die Form auf dem Rost in den vorgeheizten Backofen schieben. Den Streuselboden **etwa 20 Minuten vorbacken.**

3. Für den Belag die Limetten heiß abwaschen und abtrocknen. Die Schale mit einer Küchenreibe fein abreiben. Die Limetten halbieren, den Saft auspressen und 125 ml Limettensaft abmessen. Eigelb und Zucker in einer Rührschüssel mit dem Mixer (Rührstäbe) in 3–4 Minuten schaumig schlagen. Kondensmilch und die abgeriebene Limettenschale hinzugeben und unterrühren. Den Limettensaft untermischen.

4. Die Form aus dem Backofen nehmen. Den Springformrand oberhalb des vorgebackenen Streuselbodens dünn mit Butter bestreichen (verhindert das Festkleben des Eischaumes). Die Limettencreme auf den vorgebackenen heißen Streuselboden gießen.

5. Für die Baiserhaube Eiweiß mit Salz in eine Rührschüssel geben und steif schlagen. Zucker hinzugeben und in 4–5 Minuten zu einen elastischen Schnee schlagen. Speisestärke kurz unterrühren.

6. Den Eischnee esslöffelweise auf die vorbereitete Limettencreme geben. Die Backofentemperatur um etwa 10 °C herunterschalten.

7. Die Form wieder auf dem Rost in den heißen Backofen schieben. Lime Pie in **etwa 30 Minuten fertig backen.** Die Kuchenoberfläche evtl. nach etwa 15 Minuten Backzeit mit Backpapier belegen, damit der Kuchen nicht zu dunkel wird.

Kirsch-Brownies | Party-Klassiker
48 Stücke

Pro Stück: E: 4 g, F: 17 g, Kh: 20 g,
kJ: 1034, kcal: 247, BE: 1,6

Zum Vorbereiten:

200 g	Zartbitter-Schokolade (etwa 50 % Kakaoanteil)
200 g	Walnusskerne

Für den All-in-Teig:

450 g	Weizenmehl
40 g	gesiebter Backkakao
4 gestr. TL	Dr. Oetker Backin
200 g	brauner Zucker
150 g	Zucker
1 Pck.	Dr. Oetker Bourbon-Vanille-Zucker
½ gestr. TL	Salz
6	Eier (Größe M)
400 ml	Speiseöl, z. B. Rapsöl
100 g	Schlagsahne
100 g	gehackte Mandeln
350 g	abgetropfte Sauerkirschen (aus dem Glas)

Für den Guss:

200 g	Zartbitter-Schokolade
100 g	Schlagsahne

Zubereitungszeit: 40 Minuten, ohne Abkühlzeit
Backzeit: etwa 30 Minuten

1. Zum Vorbereiten Schokolade und Walnusskerne in grobe Stücke hacken. Den Backofen vorheizen.
Ober-/Unterhitze: etwa 180 °C
Heißluft: etwa 160 °C

2. Für den Teig Mehl mit Kakao und Backpulver in einer Rührschüssel mischen. Braunen Zucker, Zucker, Vanille-Zucker, Salz, Eier, Öl und Sahne hinzufügen. Die Zutaten mit einem Mixer (Rührstäbe) zunächst kurz auf niedrigster, danach auf höchster Stufe in etwa 1 Minute zu einem glatten Teig verarbeiten. Walnusskerne, Mandeln, Schokoladenstückchen und Sauerkirschen kurz unterrühren.

3. Den Teig auf einem Backblech (30 x 40 cm, gefettet, mit Backpapier belegt) verteilen und glatt streichen. Das Backblech in den vorgeheizten Backofen schieben. Den Kuchen **etwa 30 Minuten backen.**

4. Das Backblech auf einen Kuchenrost stellen. Den Brownie-Kuchen darauf erkalten lassen.

5. Für den Guss Schokolade in kleine Stücke brechen. Zwei Drittel davon mit der Sahne in einem Topf im Wasserbad bei schwacher Hitze unter Rühren schmelzen lassen. Den Topf aus dem Wasserbad nehmen und die restliche Schokolade darin unter Rühren schmelzen. So lange rühren, bis eine geschmeidige Masse entstanden ist.

6. Den Guss mit einem Löffel auf dem Kuchen verteilen und fest werden lassen. Dann den Kuchen in Würfel (etwa 5 x 5 cm) schneiden.

Rezeptvariante: Für **klassische Blitz-Brownies** anstelle von Walnusskernen und Zartbitter-Schokolade einfach 200 g gehackte Haselnusskerne und 150 g Schoko-Tröpfchen verwenden und Kirschen ersatzlos weglassen. Anstelle des Schokogusses einfach 50 g weiße Schokolade mit 1 Teelöffel Speiseöl wie im Rezept schmelzen. Guss in einen kleinen Gefrierbeutel füllen, eine kleine Ecke abschneiden und Guss über die Brownies sprenkeln. Guss trocknen lassen.

Kirschstreifen I
Fruchtig
60 Stück

Pro Stück: E: 1 g, F: 1 g, Kh: 8 g,
kJ: 189, kcal: 45, BE: 0,5

Zum Vorbereiten:

370 g *abgetropfte Sauerkirschen*
(aus dem Glas)
100 g *abgezogene, gem. Mandeln*
250 g *Amarettini*
(ital. Mandelmakronen)

Für den Teig:

3 *Eiweiß (Größe M)*
70 g *Puderzucker*
1 TL *Dr. Oetker Finesse*
Geriebene Zitronenschale
50 g *Weizenmehl*
1 gestr. TL *Dr. Oetker Backin*

Für den Guss:

75 g *gesiebter Puderzucker*
1 EL *Sauerkirschsaft*
(aus dem Glas)

Zubereitungszeit: 40 Minuten, ohne Abkühlzeit
Backzeit: etwa 20 Minuten

1. Zum Vorbereiten von den Kirschen 1 Esslöffel Saft auffangen und für den Guss beiseitestellen. Mandeln in einer Pfanne ohne Fett unter Wenden goldbraun rösten, auf einen Teller geben und abkühlen lassen.

2. Die Amarettini in einen Gefrierbeutel geben. Den Beutel fest verschließen. Amarettini mit einer Teigrolle zerbröseln.

3. Den Backofen vorheizen.
Ober-/Unterhitze: etwa 180 °C
Heißluft: etwa 160 °C

4. Für den Teig Eiweiß mit einem Mixer (Rührstäbe) steif schlagen. Der Eischnee muss so fest sein, dass ein Messerschnitt sichtbar bleibt. Nach und nach Zucker und Zitronenschale unterschlagen.

5. Mehl mit Backpulver mischen, sieben und vorsichtig unterrühren. Amarettinibrösel, Mandeln und Sauerkirschen unterheben.

6. Einen Backrahmen (30 x 30 cm) auf ein Backblech (mit Backpapier belegt) stellen. Den Teig in dem Backrahmen glatt streichen.

7. Das Backblech in den vorgeheizten Backofen schieben. Die Gebäckplatte **etwa 20 Minuten backen.**

8. Das Backblech auf einen Kuchenrost stellen. Die Gebäckplatte darauf erkalten lassen. Den Backrahmen lösen und entfernen.

9. Für den Guss Puderzucker mit dem abgemessenen Sauerkirschsaft zu einer dickflüssigen Masse verrühren.

10. Die Masse in einen Gefrierbeutel oder ein Papiertütchen füllen und eine kleine Ecke abschneiden.

11. Den Guss in Streifen auf die Gebäckplatte spritzen und fest werden lassen.

12. Die Gebäckplatte in Streifen (etwa 3 x 5 cm) schneiden.

Tipps: Kirschstreifen schmecken auch sehr lecker, wenn Sie sie mit einem Guss aus weißer Kuvertüre oder mit dunkler Kuchenglasur besprenkeln. Oder Sie lassen den Guss einfach weg.

Knusperkugeln I
Braucht etwas Zeit
24 Stück

Pro Stück: E: 2 g, F: 11 g, Kh: 15 g,
kJ: 697, kcal: 166, BE: 1,5

Für die Cake-Pop-Masse:
- 125 g Butter oder Margarine (zimmerwarm)
- 50 g Zucker
- 1 Prise Salz
- 2 Eier (Größe M)
- 125 g Weizenmehl
- 75 g Haselnuss-Krokant
- 1 gestr. TL Dr. Oetker Backin

- ½ Pck. Garant Vanille-Pudding-Pulver (30 g)
- 200 ml Milch (1,5 % Fett)
- 50 g Butter (kalt)

Zum Garnieren:
- 250 g helle oder dunkle Kuchenglasur
- 40 g Cornflakes
- evtl. 1 EL Nonpareilles (Zuckerperlchen)

Außerdem:
- 24 Lollistiele aus Plastik, Holz oder Papier
- 1 Stück Styropor

Zubereitungszeit: 2 Stunden, ohne Kühlzeit
Backzeit: etwa 20 Minuten

1. Den Backofen vorheizen.
Ober-/Unterhitze: etwa 180 °C
Heißluft: etwa 160 °C

2. Für die Cake-Pop-Masse sehr weiche Butter oder Margarine sowie Zucker und Salz in einer Rührschüssel mit einem Mixer (Rührstäbe) zunächst kurz auf niedrigster, dann auf höchster Stufe in etwa 4 Minuten schaumig schlagen. Nach und nach die Eier unterrühren (jedes Ei etwa ½ Minute).

3. Mehl mit Krokant und Backpulver gut vermischen. Die Mehlmischung mit einem Schneebesen unter die Eier-Fett-Masse heben. Den Teig in eine Springform (Ø 24–26 cm, Boden gefettet und bemehlt) geben und glatt streichen.

4. Die Form auf dem Rost in den vorgeheizten Backofen schieben und den Kuchen **etwa 20 Minuten backen.**

5. Die Form auf einen Kuchenrost stellen. Den Kuchen etwas abkühlen lassen. Dann aus der Form lösen und auf dem Kuchenrost erkalten lassen.

6. Inzwischen Pudding-Pulver in eine hitzebeständige Schüssel geben. Milch in einem Topf aufkochen, dann unter Rühren zu dem Pudding-Pulver geben. Den Pudding etwa 1 Minute mit einem Schneebesen verrühren.

7. Die Butter in kleinen Stückchen hinzugeben. So lange rühren, bis keine Butterstückchen mehr zu sehen sind. Frischhaltefolie direkt auf die Puddingoberfläche legen. Pudding auf Zimmertemperatur abkühlen lassen.

8. Den Kuchen in einer Rührschüssel mit den Händen zerbröseln. Pudding hinzugeben, mit dem Mixer (Knethaken) auf niedrigster Stufe so lange verkneten, bis sich die Brösel mit dem Pudding verbunden haben.

9. Die Cake-Pop-Masse zwischen den Handflächen zu Kugeln rollen (je etwa 25 g) und auf ein Backblech (mit Backpapier belegt) legen.

10. Zum Garnieren Kuchenglasur nach Packungsanleitung schmelzen. Die Lollistiele etwa 2 cm tief in die Glasur tauchen, dann in die Teigkugeln stecken. Die Cake Pops etwa 30 Minuten in den Kühlschank legen.

11. Die restliche Kuchenglasur nochmals schmelzen, dann in eine kleine Schale geben. Cornflakes mit der Hand etwas zerbröseln und unter die Glasur rühren. Cake Pops an den Stielen in die Knusperglasur tauchen, etwas abtropfen lassen und mit den Stielen in ein Stück Styropor stecken. Cake Pops nach Belieben mit Nonpareilles bestreuen. Glasur trocknen lassen.

Kokos-Limetten-Kuchen I

Saftig – exotisch
25 Stücke

Pro Stück: E: 2 g, F: 14 g, Kh: 15 g,
kJ: 833, kcal: 199, BE: 1,0

Für den Teig:

80 g	Weizenmehl
1 gestr. TL	Dr. Oetker Backin
je ½ TL	Kardamom, Zimt und Ingwer
	(alles gem.)
120 g	Kokosraspel
250 g	Butter (zimmerwarm)
150 g	feiner Zucker
5	Eigelb (Größe M)
200 ml	cremige Kokosmilch
5	Eiweiß (Größe M)
50 g	Zucker

Für den Sirup:

5	Bio-Limetten
	(unbehandelt, ungewachst)
100 g	Zucker
100 ml	Wasser

Zubereitungszeit: 30 Minuten, ohne Abkühlzeit
Backzeit: etwa 50 Minuten

1. Einen eckigen Backrahmen (etwa 25 x 25 cm) auf ein Backblech stellen. Den Backrahmen so mit Backpapier auslegen, dass kein Teig auslaufen kann.

2. Den Backofen vorheizen.
Ober-/Unterhitze: etwa 180 °C
Heißluft: etwa 160 °C

3. Für den Teig Mehl mit Backpulver, Gewürzen und Kokosraspeln in einer Schüssel sorgfältig vermischen. Butter, Zucker und Eigelb in einer Rührschüssel mit einem Mixer (Rührstäbe) auf höchster Stufe schaumig schlagen. Die Kokosmilch unterrühren.

4. Die Mehl-Gewürz-Mischung hinzugeben und unterrühren. Eiweiß mit Zucker steif schlagen und in 2 Portionen unter den Teig heben. Den Teig in der vorbereiteten Form verteilen. Das Backblech in den vorgeheizten Backofen schieben. Den Kuchen **etwa 50 Minuten backen.**

5. Das Backblech auf einen Kuchenrost stellen. Den Kuchen in der Form erkalten lassen.

6. Für den Sirup die Limetten heiß abwaschen, abtrocknen und die Schale mit einem Zestenreißer abziehen. Limetten halbieren und den Saft auspressen. Zucker und Wasser in einem Topf zum Kochen bringen und etwa 1 Minute kochen lassen. Die Limettenschalen hinzugeben. Den Sirup abkühlen lassen und den Limettensaft unterrühren. Den Kuchen damit tränken.

7. Den Backrahmen und das Backpapier lösen und entfernen. Den Kuchen in etwa 5 cm große Würfel schneiden.

Kokos-Mango-Cookies | Exotisch
8–9 große Cookies

Pro Stück: E: 3 g, F: 15 g, Kh: 20 g,
kJ: 933, kcal: 223, BE: 1,5

	50 g	getrocknete Mangostücke
	1	Bio-Zitrone
		(unbehandelt, ungewachst)
	3 EL	Wasser
	80 g	Kokosraspel

Für den Teig:

	80 g	Butter (zimmerwarm)
	70 g	Zucker
1 Prise		Salz
	1	Ei (Größe M)
	80 g	Weizenmehl
	½ TL	Dr. Oetker Backin

Zubereitungszeit: 30 Minuten, ohne Quellzeit
Backzeit: 15–20 Minuten

1. Mangostücke in etwa ½ cm breite Streifen schneiden. Die Zitrone heiß abwaschen, abtrocknen und die Schale fein abreiben. Die Zitrone halbieren und den Saft auspressen. 1–2 Esslöffel davon mit der Schale und dem Wasser in einem kleinen Topf erhitzen. Mangostreifen etwa 15 Minuten darin quellen lassen, dann fein hacken und mit den Kokosraspeln vermischen.

2. Den Backofen vorheizen.
Ober-/Unterhitze: etwa 180 °C
Heißluft: etwa 160 °C

3. Für den Teig Butter mit Zucker und Salz in einer Rührschüssel mit einem Mixer (Rührstäbe) zunächst kurz auf niedrigster, dann auf höchster Stufe schaumig schlagen. Das Ei etwa 1 Minute unterschlagen. Mehl mit Backpulver mischen, mit der Mango-Kokos-Mischung dazugeben und mit dem Mixer (Rührstäbe) unterrühren.

4. Den Teig mit 2 Esslöffeln oder einem Eisportionierer in gleich großen, runden Häufchen auf ein Backblech (gefettet, mit Backpapier belegt) setzen, dabei genügend Abstand lassen. Die Häufchen mit einem in Wasser getauchten Löffel zu flachen Cookies verstreichen.

5. Das Backblech in den vorgeheizten Backofen schieben. Kokos-Mango-Cookies **15–20 Minuten backen.**

6. Das Backblech auf einen Kuchenrost stellen. Die Cookies darauf erkalten lassen.

Tipps: Wer die Cookies noch exotischer abschmecken möchte, rührt zusätzlich 2 gestrichene Teelöffel Currypulver mit dem Mehl unter den Teig. Die Cookies werden dann schön gelb (im Foto ganz vorne).

Kokos-Whoopies | So zart
9 Stück

Pro Stück: E: 5 g, F: 25 g, Kh: 19 g,
kJ: 1353, kcal: 324, BE: 1,5

Für den Teig:

2 Eiweiß (Größe M)
1 Prise Salz
80 g Zucker
50 g Marzipan-Rohmasse
1 EL Wasser
2 Eigelb (Größe M)
175 g Kokosraspel

Für die Füllung:

120 g Zartbitter-Kuvertüre
120 g Schlagsahne

Zubereitungszeit: 60 Minuten, ohne Abkühlzeit
Backzeit: etwa 12 Minuten je Backblech

1. Den Backofen vorheizen.
Ober-/Unterhitze: etwa 180 °C
Heißluft: etwa 160 °C

2. Für den Teig Eiweiß und Salz mit einem Mixer (Rührstäbe) steif schlagen, dabei den Zucker einrieseln lassen.

3. Marzipan in hauchdünne Scheiben schneiden, in eine Rührschüssel geben. Wasser und Eigelb hinzufügen, mit dem Mixer (Rührstäbe) kurz auf niedrigster, dann auf höchster Stufe in etwa 4 Minuten schaumig schlagen. Eischnee mit einem Schneebesen unterheben. Zuletzt die Kokosraspel mit einem Teigschaber unterheben.

4. Den Teig mit einem Esslöffel in 18 runden, flachen Häufchen (Ø etwa 7 cm) auf 2 Backbleche (gefettet, mit Backpapier belegt) setzen. Dabei genügend Abstand zwischen den Teighäufchen lassen.

5. Die Backbleche nacheinander (bei Heißluft zusammen) in den vorgeheizten Backofen schieben. Die Whoopies in **etwa 12 Minuten je Backblech zartbraun backen.**

6. Die Backbleche auf Kuchenroste stellen. Die Whoopies auf den Backblechen erkalten lassen.

7. Für die Füllung Kuvertüre fein hacken. Die Sahne in einem Topf zum Kochen bringen, dann sofort über die Kuvertüre gießen und so lange rühren, bis die Kuvertüre geschmolzen ist.

8. Sobald die Kuvertüresahne anfängt fest zu werden, sie dick mit einem Messer auf die glatte Seite von 9 Whoopies streichen. Die restlichen Whoopies mit der „Wölbung" nach oben daraufsetzen und leicht andrücken. Whoopies evtl. kurz in den Kühlschrank stellen.

Krokant-Cookies I

Einfach

8–9 große Cookies

Pro Stück: E: 4 g, F: 17 g, Kh: 43 g,
kJ: 1421, kcal: 340, BE: 3,5

Für den Teig:

125 g	Butter (zimmerwarm)
100 g	Zucker
1 Pck.	Dr. Oetker Vanillin-Zucker
1 Prise	Salz
1	Ei (Größe M)
150 g	Weizenmehl (Type 550)
1 gestr. TL	Dr. Oetker Backin
150 g	Haselnuss-Krokant
50 g	Raspelschokolade
1 EL	Milch

Zum Garnieren:

evtl. 50 g	Haselnuss-Krokant
evtl. 50 g	Vollmilch- oder Zartbitter-Kuvertüre
evtl. 1 TL	Speiseöl, z. B. Sonnenblumenöl

Zubereitungszeit: 30 Minuten, ohne Abkühlzeit
Backzeit: etwa 15 Minuten

1. Den Backofen vorheizen.
Ober-/Unterhitze: etwa 180 °C
Heißluft: etwa 160 °C

2. Für den Teig die Butter mit Zucker, Vanillin-Zucker und Salz in eine Rührschüssel geben. Die Zutaten mit einem Mixer (Rührstäbe) zunächst kurz auf niedrigster, dann auf höchster Stufe schaumig schlagen. Das Ei hinzugeben und etwa 1 Minute unterschlagen.

3. Das Mehl mit Backpulver, Haselnuss-Krokant und Raspelschokolade mischen, mit der Milch mit einem Teigschaber unterheben.

4. Den Cookieteig mit 2 Esslöffeln oder einem Eisportionierer in gleich großen, runden Häufchen auf ein Backblech (gefettet, mit Backpapier belegt) setzen. Die Teighäufchen mit einem in Wasser getauchten Löffel etwas flacher drücken. Nach Belieben die Hälfte der Cookies mit Haselnuss-Krokant bestreuen. Krokant leicht festdrücken.

5. Das Backblech in den vorgeheizten Backofen schieben. Die Krokant-Cookies **etwa 15 Minuten backen.**

6. Die Cookies mit dem Backpapier von dem Backblech auf einen Kuchenrost ziehen. Cookies erkalten lassen.

7. Nach Belieben beide Kuvertüresorten in kleine Stücke hacken. Zwei Drittel davon mit dem Speiseöl in einem Topf im Wasserbad bei schwacher Hitze unter Rühren schmelzen. Den Topf aus dem Wasserbad nehmen und die restliche Kuvertüre darin unter Rühren schmelzen. Die Hälfte oder alle Cookies mithilfe eines Teelöffels damit besprenkeln. Kuvertüre trocknen lassen.

Kürbis-Orangen-Cookies I

Gut kombiniert

8–9 große Cookies

Pro Stück: E: 3 g, F: 15 g, Kh: 26 g,
kJ: 1037, kcal: 248, BE: 2,0

Zum Vorbereiten:

> 30 g Kürbiskerne
> ½ Pck. Dr. Oetker Finesse
> Orangenschalen-Aroma

Für den Teig:

> 125 g Butter (zimmerwarm)
> 100 g Zucker
> 1 Pck. Dr. Oetker Vanillin-Zucker
> 1 Ei (Größe S)
> 100 g Weizenmehl
> 40 g Speisestärke
> 1 gestr. TL Dr. Oetker Backin

Zubereitungszeit: 40 Minuten
Backzeit: etwa 15 Minuten

1. Zum Vorbereiten Kürbiskerne im Blitzhacker oder mit einem Messer sehr fein hacken. Gehackte Kürbiskerne mit dem Orangenschalen-Aroma mischen.

2. Für den Teig Butter mit Zucker und Vanillin-Zucker in eine Rührschüssel geben. Die Zutaten mit einem Mixer (Rührstäbe) zunächst kurz auf niedrigster, dann auf höchster Stufe schaumig schlagen. Das Ei hinzugeben und etwa 1 Minute unterschlagen.

3. Mehl mit Stärke und Backpulver gut vermischen. Die Mehlmischung auf die Butter-Ei-Masse geben und mit einem Teigschaber unterheben. Den Teig in 2 gleich große Portionen teilen.

4. Eine Teigportion in einem tiefen Teller verstreichen. Die Kürbiskern-Orangenschalen-Mischung unter den restlichen Teig rühren. Den Kürbisteig auf die Teighälfte in den Teller geben und glatt streichen.

5. Den Backofen vorheizen.
Ober-/Unterhitze: etwa 180 °C
Heißluft: etwa 160 °C

6. Von dem geschichteten Teig mit 2 Esslöffeln oder einem Eisportionierer gleich große Häufchen abstechen und auf ein Backblech (gefettet, mit Backpapier belegt) setzen, dabei genügend Abstand zwischen den Teighäufchen lassen.

7. Die Teighäufchen mit einem in Wasser getauchten Löffel nur etwas flach streichen (der Teig läuft beim Backen noch auseinander).

8. Backblech in den vorgeheizten Backofen schieben. Kürbis-Orangen-Cookies **etwa 15 Minuten backen.**

9. Die Kürbis-Orangen-Cookies mit dem Backpapier von dem Backblech auf einen Kuchenrost ziehen und erkalten lassen.

Tipps: Sie können aus dem Teig auch kleinere Cookies backen. Portionieren Sie den Teig dann mit 2 Teelöffeln auf 2 Backblechen und schieben Sie diese nacheinander in den Backofen. Möchten Sie bei Heißluft backen, können Sie beide Backbleche auf einmal in den Backofen schieben. Die Backzeit für kleinere Cookies reduziert sich um einige Minuten.

Rezeptvariante: Für **Pistazien-Orangen-Cookies** ersetzen Sie die sehr fein gehackten Kürbiskerne durch die gleiche Menge sehr fein gehackter Pistazienkerne (Wichtig: Hacken Sie bereits gehackte Pistazienkerne im Blitzhacker unbedingt noch feiner!). Für ein intensiveres Grün können Sie noch etwas Speisefarbe unter den Kürbis- bzw. Pistazienteig mischen.

Lemon Angel Cake
mit frischen Beeren | Für Gäste
4–6 Stücke

Pro Stück: E: 7 g, F: 13 g, Kh: 57 g,
kJ: 1586, kcal: 379, BE: 5,0

Zum Vorbereiten:

1 Bio-Limette
 (unbehandelt, ungewachst)
1 Bio-Zitrone
 (unbehandelt, ungewachst)
1 Bio-Orange
 (unbehandelt, ungewachst)

Für den Teig:

75 g Weizenmehl
150 g Puderzucker
5 Eiweiß (Größe M)
1 gestr. TL Dr. Oetker Backin
25 g Zucker
1 Prise Salz

Zum Verzieren und Garnieren:

200 g Schlagsahne (mind. 30 % Fett)
 Mark von
½ Vanilleschote
250 g frische gemischte Beeren,
 z. B. Erdbeeren, Himbeeren,
 Brombeeren, Heidelbeeren
3 EL Ingwersirup

Zubereitungszeit: 60 Minuten, ohne Abkühlzeit
Backzeit: 30–35 Minuten

1. Zum Vorbereiten Limette, Zitrone und Orange heiß abwaschen, abtrocknen und jeweils 1 Teelöffel von der Schale fein abreiben. Alle Zitrusfrüchte halbieren, den Saft auspressen, je 1 Teelöffel abmessen und beiseitestellen.

2. Den Backofen vorheizen.
Ober-/Unterhitze: etwa 180 °C
Heißluft: etwa 160 °C

3. Für den Teig Mehl und die Hälfte des Puderzuckers insgesamt 4-mal sieben. Eiweiß steif schlagen. Nach etwa 3 Minuten das Backpulver hinzugeben und unterschlagen. Danach den restlichen ungesiebten Puderzucker, Zucker und 1 Prise Salz hinzugeben und so lange schlagen, bis das Eiweiß sehr steif geschlagen, dick und glänzend ist.

4. Mehl-Puderzucker-Mischung und die abgeriebenen Zitrusschalen in 3 Portionen mit einem Teigschaber unterheben.

5. Den Teig in eine Springform (Ø 18 cm, nicht gefettet!) füllen. Die Form auf dem Rost in den vorgeheizten Backofen (2. Schiene von unten) schieben. Den Kuchen **30–35 Minuten backen.** Die Backofentür in den ersten 30 Minuten nicht öffnen.

6. Die Form aus dem Backofen nehmen und auf ein Stück Backpapier stürzen. Den Kuchen unter der Form vollständig erkalten lassen. Danach den Kuchen mit einem Messer vom Formrand lösen.

7. Zum Verzieren und Garnieren die Sahne mit dem Vanillemark steif schlagen. Den beiseitegestellten Zitrussaft hinzugeben und untermischen. Den Kuchen rundherum mit der Sahne bestreichen und in den Kühlschrank stellen.

8. Die Beeren putzen, vorsichtig abspülen, trocken tupfen und entstielen. Erdbeeren je nach Größe halbieren oder vierteln. Alle Beeren kurz vor dem Servieren mit dem Ingwersirup mischen und auf dem Kuchen verteilen.

Lemoncurd Cheesecake I

Erfrischend
12 Stücke

Pro Stück: E: 9 g, F: 32 g, Kh: 31 g,
kJ: 1879, kcal: 448, BE: 2,5

Für den Boden:
> 200 g Vollkorn-Butterkekse
> 130 g Butter oder Margarine

Für die Füllung:
> 1 kleine Bio-Zitrone
> (unbehandelt, ungewachst)
> 600 g Doppelrahm-Frischkäse
> 150 g Schmand (Sauerrahm)
> 120 g Zucker
> 3 Eier (Größe M)
> 2 EL Zitronensaft (von der Bio-Zitrone)
> ½ Pck. Dr. Oetker Pudding-Pulver
> Vanille-Geschmack

Für den Guss:
> 130 g Lemoncurd (aus dem Glas)

Zubereitungszeit: 75 Minuten, ohne Kühlzeit
Backzeit: etwa 60 Minuten

1. Für den Boden Butterkekse in einen Gefrierbeutel geben. Den Beutel fest verschließen. Die Butterkekse mit einer Teigrolle fein zerbröseln und in eine Rühr-schüssel geben. Butter oder Margarine zerlassen, zu den Bröseln geben und gut verrühren.

2. Die Bröselmasse in eine Springform (Ø 24 cm) geben, mit einem Esslöffel zu einem Boden und dabei vorsichtig auch einen etwa 2 cm hohen Rand andrü-cken. Den Bröselboden mindestens 10 Minuten in den Kühlschrank stellen.

3. Für die Füllung Zitrone heiß abwaschen, abtrock-nen und die Schale abreiben. Zitrone halbieren, den Saft auspressen und 2 Esslöffel abmessen.

4. Den Backofen vorheizen.
Ober-/Unterhitze: etwa 180 °C
Heißluft: etwa 160 °C

5. Den Frischkäse mit Schmand, Zitronenschale und Zucker in einer Rührschüssel mit einem Mixer (Rühr-stäbe) auf mittlerer Stufe glatt rühren. Eier nach und nach unterrühren. Zitronensaft mit Pudding-Pulver verrühren, zu der Frischkäsemasse geben und so lange weiterschlagen, bis die Masse anfängt fest zu werden.

6. Die Frischkäsemasse auf den Bröselboden geben und glatt streichen. Die Form auf dem Rost in den vorgeheizten Backofen (unteres Drittel) schieben. Cheesecake **etwa 60 Minuten backen.**

7. Form auf einen Kuchenrost stellen. Den Cheese-cake erkalten lassen, aus der Form lösen und auf eine Platte setzen. Cheesecake mindestens 4 Stunden in den Kühlschrank stellen.

8. Für den Guss Lemoncurd glatt rühren und den Cheesecake damit bestreichen.

Tipps: Im Kühlschrank hält sich der Lemoncurd Cheesecake 3–4 Tage. Lemoncurd ist eine Creme, die aus Eiern, Zitronen oder Limetten sowie Zucker und Butter besteht. Lemoncurd erhalten Sie in der Konfitü-ren- und Brotaufstrich-Abteilung des Supermarktes.

Lemon Pie nach Shaker Art I

Erfrischend
16 Stücke

Pro Stück: E: 3 g, F: 14 g, Kh: 36 g,
kJ: 1212, kcal: 290, BE: 3,0

Zum Vorbereiten:

2 mittelgroße reife Bio-Zitronen
(unbehandelt, ungewachst)
250 g Zucker

Für den Knetteig:

250 g Weizenmehl
½ TL Dr. Oetker Backin
1 Prise Salz
120 g Zucker
1 Pck. Dr. Oetker Vanillin-Zucker
1 Eigelb (Größe M)
200 g Butter oder Margarine

Zum Bestreichen:

etwas zerlassene Butter
oder Margarine

Für den Belag:

3 Eier (Größe M)
20 g Butter

Zum Bestäuben:

etwas Puderzucker

Zubereitungszeit: 45 Minuten,
ohne Saftzieh- und Abkühlzeit
Backzeit: 40–45 Minuten

1. Zum Vorbereiten die Zitronen heiß abwaschen, abtrocknen, längs halbieren, Spitzen und Stängelansätze großzügig abschneiden. Die Zitronen in hauchdünne Scheiben schneiden und entkernen. Zitronenscheiben halbieren, in eine Schüssel geben, mit dem Zucker mischen. Die Zitronenscheiben zugedeckt mindestens 6 Stunden stehen lassen.

2. Zitronenscheiben umrühren, in ein Sieb geben und abtropfen lassen, den Saft dabei auffangen, 180 ml davon abmessen und für den Belag beiseitestellen.

3. Für den Teig Mehl mit Backpulver und Salz in einer Rührschüssel mischen.

4. Restliche Zutaten hinzufügen und mit einem Mixer (Knethaken) zunächst kurz auf niedrigster, dann auf höchster Stufe gut durcharbeiten.

5. Anschließend auf einer leicht bemehlten Arbeitsfläche kurz zu einem Teig verkneten. Sollte er kleben, ihn in Frischhaltefolie gewickelt eine Zeit lang in den Kühlschrank legen.

6. Den Backofen vorheizen.
Ober-/Unterhitze: etwa 200 °C
Heißluft: etwa 180 °C

7. Zwei Drittel des Teiges zwischen 2 Lagen Backpapier zu einer runden Platte (Ø etwa 34 cm) ausrollen. Die Teigplatte in eine Pieform (Ø 28 cm, gefettet) geben und andrücken. Den Teigboden mehrmals mit einer Gabel einstechen, mit zerlassener Butter oder Margarine bestreichen.

8. Für den Belag die abgetropften Zitronenscheiben auf dem Teigboden verteilen. Den abgemessenen Zitronensaft mit den Eiern kurz verschlagen und auf den Zitronenscheiben verteilen. Butter in Flöckchen daraufsetzen.

9. Den überstehenden Teigrand nach innen auf die Füllung legen.

10. Restlichen Teig wie unter Punkt 6 beschrieben zu einer runden Platte (Ø etwa 30 cm) ausrollen. Die Teigplatte mithilfe des Backpapiers auf den Kuchen legen. Das Backpapier vorsichtig abziehen.

11. Den Teig am Rand andrücken. Die Teigplatte mehrmals mit einem Messer einritzen.

12. Die Form auf dem Rost in den vorgeheizten Backofen schieben. Die Lemon-Pie **40–45 Minuten backen.**

13. Die Form auf einen Kuchenrost stellen. Die Pie in der Form erkalten lassen, dann mit Puderzucker bestäubt servieren.

Limetten-Tartes | Für Gäste

12 Stücke (2 Tartes)

Pro Stück: E: 4 g, F: 12 g, Kh: 22 g,
kJ: 901, kcal: 216, BE: 2,0

Für den Knetteig:

125 g Weizenmehl
½ TL Dr. Oetker Backin
25 g Zucker
1 Prise Salz
1 Eiweiß (Größe M)
70 g Butter oder Margarine

Zum Blindbacken:

Hülsenfrüchte, z. B. getrocknete
Erbsen oder Linsen

Für die Füllung:

1 Bio-Limette
(unbehandelt, ungewachst)
2 Limetten
1 Eigelb (Größe M)
4 Eier (Größe M)
100 g Zucker
1 Pck. Dr. Oetker Vanillin-Zucker
125 g Crème double

Zum Garnieren und Bestäuben:

etwa 100 g Himbeeren
2 Stängel Minze
etwas Puderzucker
etwas Bio-Limettenschale
(unbehandelt, ungewachst)

Zubereitungszeit: 35 Minuten, ohne Kühlzeit
Backzeit: 40–45 Minuten

1. Für den Teig Mehl mit Backpulver in einer Rühr-schüssel mischen. Restliche Zutaten hinzufügen und mit einem Mixer (Knethaken) zunächst kurz auf nied-rigster, dann auf höchster Stufe gut durcharbeiten.

2. Anschließend auf einer leicht bemehlten Arbeits-fläche kurz zu einem Teig verkneten. Den Knetteig in Frischhaltefolie gewickelt etwa 60 Minuten in den Kühlschrank legen.

3. Den Backofen vorheizen.
Ober-/Unterhitze: etwa 200 °C
Heißluft: etwa 180 °C

4. Den Teig halbieren. Die Teighälften jeweils auf der leicht bemehlten Arbeitsfläche zu einer runden Platte (Ø etwa 19 cm) ausrollen.

5. Die Teigplatten in je 1 Tarteform (Ø 14 cm, Höhe 2 ½ cm, gefettet) legen. Den Teig jeweils am Rand und auf dem Boden andrücken. Die Teigböden mehr-mals mit einer Gabel einstechen und mit Backpapier belegen. Hülsenfrüchte darauf verteilen.

6. Die Formen auf dem Rost in den vorgeheizten Backofen schieben. Die Böden **etwa 15 Minuten vorbacken.**

7. Die Formen auf einen Kuchenrost stellen. Das Backpapier mit den Hülsenfrüchten entfernen.

8. Für die Füllung Bio-Limette heiß abwaschen, ab-trocknen, halbieren und von einer Hälfte die Schale fein abreiben. Alle Limetten halbieren, den Saft aus-pressen und 75 ml davon abmessen.

9. Eigelb, Eier, Zucker, Vanillin-Zucker, Limetten-schale, -saft und Crème double mit einem Schnee-besen verrühren. Die Eiermasse auf die noch heißen Gebäckböden geben.

10. Die Formen wieder auf dem Rost in den hei-ßen Backofen schieben. Die Tartes **bei gleicher Backofentemperatur in 25–30 Minuten fertig backen.**

11. Die Formen auf Kuchenroste stellen. Die Tartes erkalten lassen und vorsichtig aus den Formen lösen.

12. Himbeeren verlesen. Minze abspülen und trocken tupfen. Die Limetten-Tartes kurz vor dem Servieren mit Puderzucker bestäuben, mit Himbeeren, Minze und Limettenschale garnieren.

Tipp: Sie können auch nur eine Limetten-Tarte in einer großen Tarteform (Ø 26–28 cm) backen. Die Backzeit verändert sich dadurch nicht.

Macadamia-Schokotorte I

Für Gäste
16 Stücke

Pro Stück: E: 5 g, F: 23 g, Kh: 21 g,
kJ: 1317, kcal: 315, BE: 2,0

Zum Vorbereiten für die Füllung:
> 200 g Zartbitter-Schokolade
> (etwa 50 % Kakaoanteil)
> 400 g Schlagsahne
> (mind. 30 % Fett)

Für den Biskuitteig:
> 5 Eier (Größe M)
> 3 EL heißes Wasser
> 150 g Zucker
> 1 Pck. Dr. Oetker Vanillin-Zucker
> 1 Prise Salz
> 50 g Weizenmehl
> 50 g Speisestärke
> 1 gestr. TL Dr. Oetker Backin
> 50 g gesiebter Backkakao

Für die Füllung:
> 125 g leicht gesalzene, geröstete
> Macadamia-Nusskerne
> 50 g Butter (zimmerwarm)

Zum Bestäuben:
> etwas Backkakao

Zubereitungszeit: 50 Minuten, ohne Kühlzeit
Backzeit: 35–40 Minuten

1. Zum Vorbereiten für die Füllung Schokolade in kleine Stücke brechen. Die Sahne in einem Topf erwärmen. Topf von der Kochstelle nehmen. Schokolade in die Sahne geben und etwa 5 Minuten stehen lassen. Mit einem Schneebesen umrühren, bis eine glänzende Masse entstanden ist. Die Schokoladensahne unter gelegentlichem Rühren abkühlen lassen und mindestens 8 Stunden in den Kühlschrank stellen.

2. Den Backofen vorheizen.
Ober-/Unterhitze: etwa 180 °C
Heißluft: etwa 160 °C

3. Für den Teig Eier und Wasser mit einem Mixer (Rührstäbe) auf höchster Stufe in etwa 1 Minute schaumig schlagen. Zucker mit Vanillin-Zucker und Salz mischen, in etwa 1 Minute einstreuen, dann noch etwa 2 Minuten schlagen.

4. Mehl mit Speisestärke, Backpulver und Kakao mischen, die Hälfte davon auf die Eiercreme geben und kurz auf niedrigster Stufe unterrühren. Restliches Mehl-Kakao-Gemisch auf die gleiche Weise unterarbeiten.

5. Den Biskuitteig in eine Springform (Ø 26 cm, Boden gefettet, mit Backpapier belegt) füllen und glatt streichen. Die Form auf dem Rost in den vorgeheizten Backofen schieben. Biskuitboden **35–40 Minuten backen.**

6. Die Form auf einen Kuchenrost stellen. Den Biskuitboden etwa 10 Minuten abkühlen lassen. Dann vorsichtig aus der Form lösen, auf einen mit Backpapier belegten Kuchenrost stürzen und mindestens 3 Stunden erkalten lassen.

7. Für die Füllung Macadamia-Nusskerne hacken, 1 Esslöffel zum Garnieren beiseitelegen. Die Schokoladensahne mit dem Mixer (Rührstäbe) zu einer Creme aufschlagen. Die Butter zunächst cremig rühren, dann unter die Schokoladensahne rühren. Die Hälfte der Schokoladensahnecreme abnehmen und in den Kühlschrank stellen. Die gehackten Nüsse unter die restliche Creme rühren.

8. Vom Biskuitboden das mitgebackene Backpapier abziehen. Biskuitboden zweimal waagerecht durchschneiden. Den unteren Boden auf eine Platte legen und mit der Hälfte der Schokoladen-Nuss-Creme bestreichen. Den mittleren Boden darauflegen, etwas andrücken und die restliche Schokoladen-Nuss-Creme daraufstreichen. Den oberen Boden darauflegen und leicht andrücken.

9. Tortenoberfläche und -rand mit der kalt gestellten Schokoladensahne bestreichen, mit einem Esslöffel Vertiefungen in die Tortenoberfläche drücken. Restliche Macadamia-Nusskerne daraufstreuen. Die Torte vor dem Servieren mit Kakao bestäuben.

Macadamia-Tarte I

Für den Standmixer

12 Stücke

Pro Stück: E: 3 g, F: 27 g, Kh: 32 g,
kJ: 1608, kcal: 384, BE: 2,5

Zum Vorbereiten:

125 g Heidelbeeren
70 g Voll-Rohrzucker
70 g Ahornsirup
150 g gesalzene, geröstete
        Macadamia-Nusskerne

Für den Teig:

100 g Weizen-Vollkornmehl
30 g Weizenmehl
1 Pck. Dr. Oetker Pudding-Pulver
        Mandel-Geschmack
2 gestr. TL Dr. Oetker Backin
30 g gem. Mandeln
30 g Ei-Ersatzpulver,
        z. B. von Pauly
120 ml kaltes Wasser
1 Vanilleschote
50 g Voll-Rohrzucker
250 ml Kokosmilch
70 ml Sesamöl
70 ml Rapsöl

Für den Guss:

50 g Voll-Rohrzucker
50 ml Ahornsirup

Zubereitungszeit: 25 Minuten
Backzeit: etwa 25 Minuten

1. Zum Vorbereiten die Heidelbeeren verlesen, abspülen und gut abtropfen lassen.

2. Den Backofen vorheizen.
Ober-/Unterhitze: etwa 180 °C
Heißluft: etwa 160 °C

3. Zucker und Ahornsirup in einen Topf geben und unter Rühren kurz aufkochen. Macadamia-Nusskerne hinzugeben und alles noch einmal kräftig aufkochen.

Die Nüsse mit dem Sirup in die Mitte einer Tarteform (Ø 30 cm, Boden mit Backpapier belegt) geben und so verteilen, dass um die Nüsse herum ein breiter Rand frei bleibt. Die Heidelbeeren auf dem freigebliebenen Rand verteilen.

4. Für den Teig Mehle mit Pudding-Pulver, Backpulver und Mandeln in einer Rührschüssel vermischen.

5. Ei-Ersatzpulver mit Wasser glatt rühren und in den Mixbecher geben. Mixbecher verschließen und alles bei hoher Stufe in etwa 2 Minuten schaumig mixen.

6. Die ganze Vanilleschote, Zucker, Kokosmilch, Sesamöl und Rapsöl zugeben. So lange auf hoher Stufe mixen, bis die Vanilleschote fein zerkleinert ist.

7. Die Mehlmischung hinzugeben, im verschlossenen Becher kurz auf niedriger Stufe oder kurz mit der „Pulse-Stufe" untermixen. Den Teig evtl. mit einem Teigschaber glatt rühren, in die Tarteform füllen und glatt streichen.

8. Die Tarteform auf dem Rost in den vorgeheizten Backofen schieben. Die Tarte **etwa 25 Minuten backen.**

9. Die Tarteform aus dem Backofen nehmen und sofort den Rand der Tarte mit einem Messer lösen.

10. Einen großen, flachen Teller umgedreht darauflegen und die heiße Tarte daraufstürzen.

11. Die Tarteform vorsichtig lösen und das Backpapier abziehen. Den Teller auf einen Kuchenrost stellen. Die Tarte erkalten lassen.

12. Vor dem Servieren Zucker mit Sirup aufkochen und auf die Tarte träufeln.

Tipps: Die Tarte kann für eine nicht-vegane Variante auch mit 2 Eiern (Größe M) zubereitet werden. Dafür die Eier zusammen mit Vanilleschote, Kokosmilch, Sesamöl und Rapsöl mixen. Das Ei-Ersatzpulver und die 120 ml Wasser weglassen. Für den Teig können Sie nicht abgezogene oder abgezogene gemahlene Mandeln verwenden.

Mandarinen-Frischkäse-Torte I
Ohne zu backen
12 Stücke

Pro Stück: E: 6 g, F: 25 g, Kh: 33 g,
kJ: 1651, kcal: 394, BE: 3,0

Zum Vorbereiten für den Belag:
200 ml kaltes Wasser
1 Beutel aus
1 Pck. Götterspeise Zitronen-
Geschmack
200 g Doppelrahm-Frischkäse
150 g Zucker

Für den Boden:
200 g Löffelbiskuits
120 g Butter

Für den Belag:
400 g Schlagsahne (mind. 30 % Fett)
Saft von
2 Zitronen
480 g abgetropfte Mandarinen
(aus Dosen)

Zubereitungszeit: 40 Minuten, ohne Kühlzeit

1. Zum Vorbereiten für den Belag das Wasser in einen Topf gießen. Die Zitronen-Götterspeise unter Rühren hineinstreuen, etwa 2 Minuten beiseitestellen und quellen lassen. Die gequollene Zitronen-Götterspeise bei schwacher Hitze auflösen (nicht kochen lassen).

2. Frischkäse und Zucker in eine Rührschüssel geben und mit einem Teigschaber glatt rühren. Die erhitzte, aufgelöste Zitronen-Götterspeise portionsweise mit einem Schneebesen unter den Frischkäse rühren. Die Frischkäsecreme in den Kühlschrank stellen, bis sie anfängt zu gelieren.

3. Für den Boden in der Zwischenzeit die Löffelbiskuits portionsweise in einem Blitzhacker zerkleinern oder die Löffelbiskuits in einen Gefrierbeutel füllen und den Beutel fest verschließen. Löffelbiskuits mit einer Teigrolle fein zerbröseln. Biskuitbrösel in eine Schüssel geben.

4. Die Butter in einem Topf zerlassen und unter die Brösel mischen. Die Butter-Brösel-Masse auf dem Boden einer Springform (Ø 26 cm, Boden gefettet, mit Backpapier belegt) verteilen und mit einem Esslöffel fest zu einem Boden andrücken.

5. Für den Belag Sahne steif schlagen. Die gelierende Frischkäsecreme mit einem Schneebesen glatt rühren, den Zitronensaft unterrühren. Nochmals 2–3 Minuten in den Kühlschrank stellen. Die geschlagene Sahne portionsweise unter die Creme heben. Die abgetropften Mandarinen unterheben.

6. Die Mandarinencreme auf den Bröselboden geben und glatt streichen. Die Mandarinen-Frischkäse-Torte mindestens 4 Stunden in den Kühlschrank stellen.

Mandel-Honig-Tarte I

Für den Standmixer

12 Stücke

Pro Stück: E: 10 g, F: 32 g, Kh: 35 g,
kJ: 1943, kcal: 464, BE: 3,0

Zum Vorbereiten:

300 ml	Milch (3,5 % Fett)
1	Vanilleschote
1 Stange	Zimt
150 g	gestiftelte Mandeln

Für den Teig:

140 g	Weizenmehl
1 Pck.	Dr. Oetker Pudding-Pulver Sahne-Geschmack
1 ½ gestr. TL	Dr. Oetker Backin
1 gestr. TL	Dr. Oetker Natron
2 Tropfen	Bittermandel-Aroma
5	Eier (Größe M)
3 EL	flüssiger Honig
180 g	Puderzucker
100 ml	Mandelöl nativ
100 ml	Sonnenblumenöl

Zum Bestreuen:

120 g	abgezogene, ganze Mandeln
2 EL	Zucker

Zubereitungszeit: 40 Minuten, ohne Abkühlzeit
Backzeit: etwa 40 Minuten

1. Zum Vorbereiten die Milch in einem Topf zum Kochen bringen. Die Vanilleschote längs aufschneiden und mit der Zimtstange in die Milch geben. Gestiftelte Mandeln hinzugeben und das Ganze bei schwacher Hitze etwa 2 Minuten leicht köcheln lassen.

2. Die Mandelmilch von der Kochstelle nehmen. Die Zimtstange entfernen. Die Mandelmilch auf Zimmertemperatur abkühlen lassen.

3. Den Backofen vorheizen.
Ober-/Unterhitze: etwa 160 °C
Heißluft: etwa 140 °C

4. Für den Teig Mehl mit Pudding-Pulver, Backpulver und Natron in einer Schüssel vermischen.

5. Die abgekühlte Mandelmilch mit der ganzen Vanilleschote in den Mixbecher geben. Aroma, Eier, Honig, Puderzucker, Mandelöl und Sonnenblumenöl hinzugeben. Den Mixbecher verschließen und alles bei hoher Stufe in etwa 1 Minute fein mixen.

6. Die Mehlmischung hinzugeben, im verschlossenen Becher kurz auf niedriger Stufe oder mit der „Pulse-Stufe" untermixen. Evtl. nach dem Mixen den Teig mit einem Teigschaber glatt rühren. Den Teig in eine Tarteform (Ø 30 cm, mit Backpapier ausgelegt) gießen und glatt streichen. Die Mandeln darauf verteilen und 1 Esslöffel vom Zucker daraufstreuen.

7. Die Tarteform auf dem Rost in den vorgeheizten Backofen (untere Einschubleiste) schieben. Den Kuchen **etwa 40 Minuten backen.**

8. Die Tarte auf einem Kuchenrost etwa 10 Minuten abkühlen lassen und mit dem restlichen Zucker bestreuen.

Tipp: Die Tarte schmeckt lauwarm und kalt.

Maracuja-Tassen-Kuchen I

Getoppt mit Johannisbeersahne
12 Stück

Pro Stück: E: 7 g, F: 29 g, Kh: 44 g,
kJ: 1946, kcal: 465, BE: 3,5

Für den All-in-Teig:

200 g	Weizenmehl
30 g	Speisestärke
2 gestr. TL	Dr. Oetker Backin
1 gestr. TL	Natron
5	Eier (Größe M)
100 ml	Maracuja-Nektar
160 g	Zucker
1 Pck.	Dr. Oetker Vanillin-Zucker
180 ml	Speiseöl, z. B. Sonnenblumenöl
80 g	Magerquark

Zum Beträufeln:

1	Zitrone
100 ml	Maracuja-Nektar

Zum Garnieren:

375 g	Johannisbeeren
50 g	Zucker
250 g	Schlagsahne
	(mind. 30 % Fett)
40 g	Zucker

Zum Bestreuen:

50 g	gehackte Pistazienkerne

Außerdem:

12	hitzebeständige Tassen
	(mind. je etwa 200 ml Inhalt)
2 EL	Butter (zimmerwarm) zum Ausstreichen der Tassen
2 EL	Zucker zum Ausstreuen der Tassen

Zubereitungszeit: 50 Minuten, ohne Abkühlzeit
Backzeit: etwa 30 Minuten

1. Den Backofen vorheizen.
Ober-/Unterhitze: etwa 160 °C
Heißluft: etwa 140 °C

2. Die Tassen mit Butter ausstreichen, mit Zucker ausstreuen und mit etwas Abstand auf ein Backblech stellen.

3. Für den Teig Mehl mit Speisestärke, Backpulver und Natron gut vermischen. Eier mit Maracuja-Nektar in einer Rührschüssel mit einem Mixer (Rührstäbe) in etwa 1 Minute schaumig schlagen, bis sich das Volumen verdoppelt hat. Zucker und Vanillin-Zucker hinzugeben und weitere etwa 4 Minuten schlagen, bis ein elastischer Schaum entstanden ist.

4. Das Speiseöl mit Magerquark verrühren, zum Eierschaum geben und kurz unterrühren. Mehlmischung hinzugeben und kurz unterrühren. Den Teig in den vorbereiteten Tassen verteilen.

5. Das Backblech in den vorgeheizten Backofen schieben. Die Tassenkuchen **etwa 30 Minuten backen.**

6. Anschließend das Backblech mit den Tassen aus dem Backofen nehmen und auf einen Kuchenrost stellen. Die Tassenkuchen erkalten lassen.

7. Zum Beträufeln die Zitrone halbieren und auspressen. Den Zitronensaft mit dem Maracuja-Nektar verrühren und die Tassenkuchen damit beträufeln.

8. Zum Garnieren die Johannisbeeren abspülen und abtropfen lassen. 12 kleine Johannisbeerrispen beiseitelegen.

9. Von den restlichen Rispen die Beeren abstreifen und pürieren. Das Johannisbeerpüree durch ein Sieb streichen und mit dem Zucker verrühren, bis sich der Zucker gelöst hat. Das Püree zugedeckt kalt stellen.

10. Kurz vor dem Servieren Schlagsahne halb steif schlagen, dabei den Zucker unterrühren. Johannisbeerpüree mit der Sahne mischen, bis zum Servieren in den Kühlschrank stellen.

11. Kurz vor dem Servieren auf jeden Tassenkuchen einen Klecks Johannisbeersahne geben. Die Tassenkuchen mit den beiseitegestellten Johannisbeerrispen garnieren und mit Pistazienkernen bestreuen.

Maraschino-Torte | Mit Alkohol

12 Stücke

Pro Stück: E: 8 g, F: 22 g, Kh: 42 g,
kJ: 1784, kcal: 426, BE: 3,5

Zum Vorbereiten:
400 g TK-Sauerkirschen

Für den Knetteig:
150 g Weizenmehl
1 Msp. Dr. Oetker Backin
100 g abgezogene, gem. Mandeln
65 g Zucker
1 Prise Salz
1 Ei (Größe M)
125 g Butter oder Margarine
(zimmerwarm)

Zum Blindbacken:
Hülsenfrüchte, z. B. getrocknete
Erbsen oder Linsen

Für den Belag:
175 g Cantuccini
(ital. Mandelgebäck)
175 ml Maraschino-Likör
(ital. Kirschlikör)
1 Pck. Dr. Oetker Pudding-Pulver
Vanille-Geschmack
375 ml Milch (3,5 % Fett)
2 EL Zucker
200 g Schmand (Sauerrahm)
2 EL gehobelte Mandeln

Zum Bestäuben:
1 EL Puderzucker

Zubereitungszeit: 40 Minuten,
ohne Auftau-, Abkühl- und Durchziehzeit
Backzeit: 40–50 Minuten

1. Zum Vorbereiten die TK-Kirschen nach Packungsanleitung auftauen und gut abtropfen lassen.

2. Für den Teig Mehl mit Backpulver in einer Rührschüssel mischen. Restliche Zutaten hinzufügen und
mit einem Mixer (Knethaken) zunächst kurz auf niedrigster, dann auf höchster Stufe gut durcharbeiten.
Anschließend auf einer leicht bemehlten Arbeitsfläche
kurz zu einem Teig verkneten. Sollte er kleben, ihn
in Frischhaltefolie gewickelt etwa 30 Minuten in den
Kühlschrank legen.

3. Den Backofen vorheizen.
Ober-/Unterhitze: etwa 180 °C
Heißluft: etwa 160 °C

4. Zwei Drittel des Knetteiges auf dem Boden einer
Springform (Ø 26 cm, gefettet, Boden mit Backpapier
belegt) ausrollen. Den Springformrand darumstellen.
Restlichen Teig zu einer langen Rolle formen, auf den
Teigboden legen und so an die Form drücken, dass
ein etwa 3 cm hoher Rand entsteht. Teigboden mehrmals mit einer Gabel einstechen und mit Backpapier
belegen. Hülsenfrüchte darauf verteilen. Die Form auf
dem Rost in den vorgeheizten Backofen schieben. Den
Knetteigboden **10–15 Minuten vorbacken.**

5. Nach etwa 10 Minuten Backzeit Backpapier und
Hülsenfrüchte entfernen und den Boden fertig backen.
Knetteigboden in der Form etwas auskühlen lassen.

6. Für den Belag Cantuccini mit Likör beträufeln und
etwas durchziehen lassen. Aus Pudding-Pulver, Milch
und Zucker nach Packungsanleitung einen Pudding
zubereiten. Diesen etwas abkühlen lassen und anschließend den Schmand unterrühren.

7. Die Cantuccini-Likör-Mischung zu einer glatten
Masse verrühren und gleichmäßig auf dem vorgebackenen Boden verstreichen. Dann erst die Kirschen
darauf verteilen, anschließend die Puddingmasse
daraufgeben, glatt streichen und mit gehobelten
Mandeln bestreuen.

8. Die Form auf dem Rost in den heißen Backofen
schieben. Die Maraschino-Torte **bei gleicher Backofentemperatur in 30–35 Minuten fertig backen.**

9. Die Form auf einen Kuchenrost stellen. Die Maraschino-Torte in der Form erkalten lassen. Anschließend aus der Form lösen und mit Puderzucker bestäuben.

Marmor-Cookies | Einfach
8–9 große Cookies

Pro Stück: E: 3 g, F: 11 g, Kh: 31 g,
kJ: 981, kcal: 235, BE: 2,5

Für den Teig:

100 g	Butter
	(zimmerwarm)
100 g	Zucker
1 Pck.	Dr. Oetker Vanillin-Zucker
1	Ei (Größe S)
150 g	Weizenmehl
50 g	Speisestärke
1 gestr. TL	Dr. Oetker Backin
1 EL	gesiebter Backkakao
1–2 EL	Milch

Zubereitungszeit: 40 Minuten
Backzeit: 15–20 Minuten

1. Für den Teig Butter mit Zucker und Vanillin-Zucker in eine Rührschüssel geben.

2. Die Zutaten mit einem Mixer (Rührstäbe) zunächst kurz auf niedrigster, dann auf höchster Stufe schaumig schlagen. Das Ei hinzufügen und etwa 1 Minute unterschlagen.

3. Mehl mit Stärke und Backpulver gut vermischen, auf die Butter-Ei-Masse geben und mit einem Teigschaber unterheben. Den Teig in 2 gleich große Portionen teilen.

4. Eine Teigportion in einem tiefen Teller verstreichen. Kakao und Milch unter den restlichen Teig rühren. Den dunklen Teig auf die Teighälfte in den Teller geben und glatt streichen.

5. Den Backofen vorheizen.
Ober-/Unterhitze: etwa 180 °C
Heißluft: etwa 160 °C

6. Von dem geschichteten Teig mit 2 Esslöffeln gleich große, runde Häufchen abstechen und auf ein Backblech (gefettet, mit Backpapier belegt) setzen, dabei genügend Abstand zwischen den Teighäufchen lassen.

7. Die Teighäufchen mit einem in Wasser getauchten Löffel zu flachen Cookies verstreichen.

8. Das Backblech in den vorgeheizten Backofen schieben. Die Marmor-Cookies **15–20 Minuten backen.**

9. Die Marmor-Cookies mit dem Backpapier von dem Backblech auf einen Kuchenrost ziehen und erkalten lassen.

Tipps: Sie können aus dem Teig auch kleine Cookies backen. Portionieren Sie den Teig dafür mithilfe von 2 Teelöffeln. Für kleine Marmor-Cookies benötigen Sie 2 Backbleche. Schieben Sie diese am besten nacheinander in den Backofen, da die Cookies in der Mitte des Backofens besonders gut gelingen. Beachten Sie, dass sich die Backzeit um einige Minuten reduziert. Die Marmor-Cookies schmecken frisch aus dem Ofen besonders lecker. Sie können sie aber natürlich auch aufbewahren. Dafür die Cookies zunächst auf einem Kuchenrost vollständig erkalten lassen. Anschließend die Cookies in einer gut schließenden Dose verpacken. Die einzelnen Lagen Cookies trennen Sie durch ein Stück Backpapier. Kühl und trocken gestellt können Sie die Marmor-Cookies so 1–2 Wochen aufbewahren. Klassische Cookies werden mit Butter gebacken. Sie verleiht ihnen ein besonders feines Aroma. Wenn Sie keine Butter verwenden möchten, können Sie sie durch die gleiche Menge Margarine ersetzen.

Marmorierte Eierlikörtorte I

Mit Alkohol
12 Stücke

Pro Stück: E: 6 g, F: 50 g, Kh: 60 g,
kJ: 3102, kcal: 741, BE: 5,0

Für den Sirup:

- ½ Vanilleschote
- 200 ml Rote-Bete-Saft
- ½ TL Fenchelsamen
- 2 Kardamom-kapseln
- 1 TL rote Back- & Speisefarbe (aus der Tube)

Für den Teig:

- 190 g Weizenmehl
- 4 TL Dr. Oetker Backin
- 2 Pck. Dr. Oetker Pudding-Pulver Vanille-Geschmack
- 5 Eier (Größe M)
- 250 g Puderzucker
- 250 ml Sonnenblumenöl
- 250 ml Eierlikör
- 20 g Weizenmehl

Für die Creme:

- 350 g Butter (zimmerwarm)
- 90 g Puderzucker
- 1 Pck. Dr. Oetker Bourbon-Vanille-Zucker
- 150 ml Eierlikör
- 2 EL Rote-Bete-Saft

Zum Bestreuen:

- 1 EL bunte Zuckerperlen

Zubereitungszeit: 40 Minuten, ohne Abkühlzeit
Backzeit: etwa 60 Minuten

1. Einen Bogen Alufolie auf ein Backblech legen. Einen Tortenring (Ø 22 cm, mit 10 cm hohem Rand) mittig auf die Alufolie stellen, die überstehende Folie zum Ring hin einrollen und andrücken, sodass kein Teig auslaufen kann.

2. Den Backofen vorheizen.
Ober-/Unterhitze: etwa 180 °C
Heißluft: etwa 160 °C

3. Für den Sirup die Vanilleschote aufschneiden und das Mark herausschaben. Den Rote-Bete-Saft mit dem Vanillemark und den Gewürzen in einem Topf zum Kochen bringen, bei starker Hitze auf etwa die Hälfte einkochen lassen (etwa 1 Minute). Dann den heißen Sirup durch ein Sieb in eine Schale gießen und abkühlen lassen. Rote Speisefarbe unterrühren.

4. Für den Teig Mehl mit Backpulver und Pudding-Pulver vermischen. Die Eier in eine Rührschüssel geben und mit einem Mixer (Rührstäbe) auf höchster Stufe in etwa 2 Minuten schaumig schlagen. Puderzucker einstreuen, dann noch etwa 2 Minuten schlagen. Das Mehlgemisch in 2 Portionen abwechselnd mit Öl und Eierlikör auf niedrigster Stufe kurz unter die Eiercreme rühren.

5. Zwei Drittel vom Teig in den vorbereiteten Tortenring gießen. Sirup und Mehl unter den restlichen Teig rühren. Den roten Teig esslöffelweise auf dem ungefärbten Teig verteilen und mit einer Gabel spiralförmig durchziehen, sodass ein Marmormuster entsteht.

6. Das Backblech in den vorgeheizten Backofen (unteres Drittel) schieben. Den Kuchen in **etwa 60 Minuten goldbraun backen.**

7. Den Kuchen auf einem Kuchenrost erkalten lassen. Dann den Kuchen aus dem Tortenring lösen, Tortenring und Alufolie entfernen. Den Kuchen auf eine Tortenplatte setzen.

8. Für die Creme die zimmerwarme Butter in eine vorgewärmte Rührschüssel geben und mit einem Mixer (Rührstäbe) cremig schlagen. Den Puderzucker und Bourbon-Vanille-Zucker einstreuen, weitere etwa 4 Minuten schlagen. Eierlikör und Rote-Bete-Saft portionsweise kurz unterschlagen.

9. Die Creme wolkenförmig rundherum auf dem Kuchen verstreichen. Die Torte bis zum Servieren in den Kühlschrank stellen. Zum Servieren die Torte mit den Zuckerperlen bestreuen.

Mars Bar Cheesecake I Originell

12 Stücke

Pro Stück: E: 12 g, F: 33 g, Kh: 36 g,
kJ: 2040, kcal: 487, BE: 2,5

Für den Boden:
>   200 g Butterkekse
>   130 g Butter oder Margarine

Für die Füllung:
>   600 g Doppelrahm-Frischkäse
>   200 g Magerquark
>   120 g Zucker
>   3 Eier (Größe M)
>   3 Riegel Mars® (je 51 g)

Für den Guss und zum Garnieren:
>   25 ml Milch
>   2 Riegel Mars® (je 51 g)

Zubereitungszeit: 50 Minuten, ohne Kühlzeit
Backzeit: etwa 40 Minuten

1. Für den Boden Butterkekse in einen Gefrierbeutel geben. Den Beutel fest verschließen. Kekse mit einer Teigrolle fein zerbröseln und in eine Rührschüssel geben. Butter oder Margarine zerlassen, zu den Bröseln geben und gut verrühren.

2. Die Bröselmasse in eine Springform (Ø 24 cm, Boden gefettet) geben. Die Keksbrösel mit der Rückseite eines Esslöffels 1–2 cm hoch an den Springformrand hochdrücken und auf dem Boden fest andrücken. Die Form mindestens 10 Minuten in den Kühlschrank stellen.

3. Für die Füllung Frischkäse mit Quark und Zucker in einer Rührschüssel mit einem Mixer (Rührstäbe) auf mittlerer Stufe glatt rühren. Eier nach und nach unterrühren. So lange schlagen, bis die Masse etwas fester wird.

4. Den Backofen vorheizen.
Ober-/Unterhitze: etwa 180 °C
Heißluft: etwa 160 °C

5. Die Hälfte der Frischkäsemasse auf den Bröselboden geben und glatt streichen. 3 Riegel Mars® zweimal längs durchschneiden und auf die Frischkäsemasse legen. Restliche Frischkäsemasse vorsichtig daraufgeben und glatt streichen.

6. Die Form auf dem Rost in den vorgeheizten Backofen (unteres Drittel) schieben. Den Cheesecake **etwa 40 Minuten backen.**

7. Form auf einen Kuchenrost stellen. Den Cheesecake in der Form vollständig erkalten lassen. Cheesecake aus der Form lösen, auf eine Platte setzen und mindestens 4 Stunden in den Kühlschrank stellen.

8. Für den Guss und zum Garnieren Milch in einem kleinen Topf erwärmen. 1 Riegel Mars® in kleine Stücke schneiden und hinzugeben. Mit einem Schneebesen ständig rühren, bis der Riegel geschmolzen ist. Die Masse etwas abkühlen lassen.

9. Den Guss vor dem Servieren auf den Cheesecake träufeln. Restlichen Riegel Mars® längs in Scheiben schneiden und auf den Guss legen.

® Registered trademark of MARS

Marshmallow-Apfel-Torte I

Ohne zu backen
8 Stücke

Pro Stück: E: 3 g, F: 10 g, Kh: 46 g,
kJ: 1204, kcal: 288, BE: 4,0

Zum Vorbereiten:

2 Bio-Limetten (unbehandelt,
ungewachst, etwa 120 g)
2 Äpfel (350 g)
150 ml Wasser

Für den Boden:

120 g Vollkorn-Butterkekse
75 g Butter oder Margarine

Für die Füllung:

5 Blatt weiße Gelatine
250 g Zucker
150 ml Wasser
1 Eiweiß (Größe M)

einige vorbereitete Zitronenmelisseblättchen

Zubereitungszeit: 40 Minuten, ohne Kühlzeit

1. Zum Vorbereiten die Limetten heiß abwaschen und abtrocknen. Von 1 Limette die Schale fein abreiben. Beide Limetten halbieren und den Saft auspressen. Äpfel schälen, vierteln und entkernen. Die Apfelviertel in etwa 7 mm kleine Würfel schneiden.

2. Limettensaft mit Wasser und Apfelwürfeln in einen kleinen Topf geben. Die Zutaten kurz aufkochen lassen. Anschließend den Topf von der Kochstelle nehmen und die Apfelmasse zugedeckt beiseitestellen.

3. Für den Boden Butterkekse in einen Gefrierbeutel geben. Den Beutel fest verschließen. Kekse mit einer Teigrolle fein zerbröseln, dann in eine Rührschüssel geben. Butter oder Margarine zerlassen, zu den Brö- seln geben und gut verrühren.

4. Einen Tortenring (Ø 20 cm, innen mit etwas Spei- seöl) auf eine Tortenplatte (mit Backpapier belegt)

stellen. Die Bröselmasse in den Tortenring geben und mit einem Löffel fest zu einem Boden andrücken. Min- destens 15 Minuten in den Kühlschrank stellen.

5. Für die Füllung die Apfelstücke in ein Sieb ge- ben und sehr gut abtropfen lassen. Gelatine nach Packungsanleitung einweichen. Zucker und Wasser in einem kleinen Topf etwa 5 Minuten kochen lassen. Den Topf von der Kochstelle nehmen. Nach etwa 5 Minuten die Gelatine leicht ausdrücken und unter den Zuckersirup rühren.

6. Eiweiß mit einem Mixer (Rührstäbe) auf höchster Stufe schaumig schlagen. Den heißen Zuckersirup in einem dünnen Strahl zu dem Eiweißschaum gießen, dabei ständig weiterschlagen. Die Eiweißmasse in 5–10 Minuten dickschaumig aufschlagen.

7. Zwei Drittel der Apfelstücke und die Limettenscha- le mit einem Teigschaber kurz darunterheben. Marsh- mallow-Masse auf den Bröselboden geben und glatt streichen. Die restlichen Apfelstücke auf der Torte ver- teilen. Marshmallow-Apfel-Torte zugedeckt mindes- tens 4 Stunden in den Kühlschrank stellen.

8. Vor dem Servieren die Marshmallow-Apfel-Torte vorsichtig mit einem Messer aus dem Tortenring lösen. Die Torte mit abgespülten, trocken getupften Zitronenmelisseblättchen garnieren.

Hinweis: Nur ganz frische Eier verwenden (Lege- datum beachten, mind. 23 Tage Resthaltbarkeit!). Die Torte innerhalb von 24 Stunden verzehren.

Marshmallow-Erdbeer-Torte, kleine | Ohne zu backen
8 Stücke

Pro Stück: E: 4 g, F: 24 g, Kh: 33 g,
kJ: 1522, kcal: 364, BE: 3,0

Für den Boden:
- 100 g Butterkekse
- 70 g Butter
- 1 EL Zucker
- 40 g Vollmilch-Schokolade (etwa 30 % Kakaoanteil)

Für den Belag:
- 500 g kleine Erdbeeren
- 3 Blatt weiße Gelatine
- 150 g weiße Mini-Marshmallows
- 1–2 EL Zitronensaft
- 300 g Schlagsahne (mind. 30 % Fett)
- 1 Pck. Sahnesteif

Zubereitungszeit: 30 Minuten, ohne Kühlzeit

1. Für den Boden Butterkekse in einen Gefrierbeutel geben. Den Beutel fest verschließen und die Butterkekse mit einer Teigrolle fein zerbröseln. Keksbrösel in eine Schüssel geben. Butter zerlassen, mit dem Zucker zu den Bröseln geben und verrühren. Einen Springformrand (Ø 18 cm) auf einen mit Backpapier belegten flachen Teller stellen. Die Bröselmasse darin verteilen und mit einem Teelöffel fest andrücken. Den Bröselboden etwa 30 Minuten in den Kühlschrank stellen.

2. Schokolade in kleine Stücke brechen und in einem kleinen Topf im Wasserbad bei schwacher Hitze unter Rühren schmelzen. Schokolade auf den Bröselboden geben und mit einem Teelöffel verstreichen. Den Bröselboden nochmals in den Kühlschrank stellen. Die Schokolade fest werden lassen.

3. Für den Belag die Erdbeeren abspülen, abtropfen lassen und entstielen. 8 Erdbeeren zum Garnieren beiseitelegen und 150 g Erdbeeren pürieren. Die restlichen Erdbeeren mit der Spitze nach oben auf dem

Bröselboden verteilen, dabei rundherum einen etwa 1 cm breiten Rand frei lassen.

4. Die Gelatine nach Packungsanleitung einweichen. Die Hälfte der Mini-Marshmallows (75 g) mit Zitronensaft und Erdbeerpüree in einen kleinen Topf geben und unter ständigem Rühren bei schwacher Hitze schmelzen.

5. Gelatine leicht ausdrücken, dazugeben und unter Rühren auflösen. Die Erdbeermasse etwa 15 Minuten in den Kühlschrank stellen.

6. Von der Sahne 200 g steif schlagen und unter die Erdbeermasse heben.

7. Die Hälfte der restlichen Mini-Marshmallows unterheben. Die Masse auf die Erdbeeren in den Springformrand geben.

8. Die restlichen Mini-Marshmallows darauf verteilen und leicht andrücken. Die Torte zugedeckt mindestens 3 Stunden in den Kühlschrank stellen.

9. Vor dem Servieren den Springformrand lösen und entfernen. Die restliche Sahne (100 g) mit Sahnesteif steif schlagen und an den Tortenrand streichen. Die beiseitegelegten Erdbeeren halbieren und auf die Torte legen.

Marshmallow-Torte | Für Gäste

12 Stücke

Pro Stück: E: 14 g, F: 63 g, Kh: 74 g,
kJ: 3861, kcal: 924, BE: 6,0

100 ml Rote-Bete-Saft

Für den Teig:

   400 g Weizenmehl
   1 Prise Salz
   1 Prise ger. Muskatnuss
   1 Prise gem. Zimt
   250 g Butter
   100 g Zucker
      3 Eigelb (Größe M)

   3 EL Weizenmehl zum Bestäuben

Für die Füllung:

   200 g abgezogene, ganze Mandeln
   500 g Schlagsahne
   500 g Zartbitter-Kuvertüre
   150 g weiße Mini-Marshmallows
   40 g Pistazienkerne

Für den Guss:

   100 g Zartbitter-Kuvertüre
   100 g Schlagsahne

Zubereitungszeit: 70 Minuten, ohne Kühlzeit
Backzeit: Blüten etwa 13 Minuten,
Böden etwa 18 Minuten je Backblech

1. Den Saft sirupartig auf 1 Esslöffel einkochen, abkühlen lassen. Mehl mit Salz, Muskat, Zimt, Butter,
Zucker und Eigelb mit einem Mixer (Knethaken) auf
höchster Stufe zu einem glatten Teig verkneten. In
Frischhaltefolie gewickelt 2–3 Stunden in den Kühlschrank legen.

2. Den Teig geschmeidig kneten. 250 g abnehmen,
mit dem Sirup verkneten und zu einer etwa 20 cm
langen Rolle formen. Den restlichen Teig auf einer
mit etwas Mehl bestäubten Arbeitsfläche zu einem
Rechteck (etwa 20 x 13 cm) ausrollen. Die rote Teigrolle darin einwickeln, mit Mehl bestäuben und zu

einem etwa 50 cm langen Strang ausrollen. Den Teig-
strang zusammenlegen, zu einer Rolle formen und
wieder auf etwa 50 cm Länge ausrollen. Teig zu einer
Schnecke aufrollen.

3. Den Backofen vorheizen.
Ober-/Unterhitze: etwa 160 °C
Heißluft: etwa 140 °C

4. Die Teigschnecke mit Mehl bestäuben, etwa ½ cm
dick ausrollen. 12 Blüten (Ø je 6 cm) ausstechen und
auf ein Backblech (mit Backpapier belegt) legen. Das
Backblech in den vorgeheizten Backofen schieben.
Gebäckblüten in **etwa 13 Minuten hellbraun backen.** Die Blüten mit dem Backpapier vom Backblech
auf einen Kuchenrost ziehen und erkalten lassen.

5. Einen Tortenring auf 18 cm Durchmesser aus-
ziehen. Restlichen Teig etwa ½ cm dick ausrollen.
Mit dem Tortenring insgesamt 4 Platten ausstechen,
auf 2 Backbleche (mit Backpapier belegt) legen, mit
einer Gabel mehrmals einstechen. Die Backbleche
nacheinander (bei Heißluft zusammen) in den vorgeheizten Backofen schieben. Die Gebäckplatten **etwa
18 Minuten je Backblech backen.**

6. Die Gebäckplatten mit dem Backpapier von den
Backblechen auf Kuchenroste ziehen und erkalten
lassen.

7. Für die Füllung Mandeln auf einem Backblech
verteilen und in dem heißen Backofen bei gleicher
Backofentemperatur etwa 10 Minuten goldbraun
rösten. Anschließend das Backblech aus dem Backofen nehmen und die Mandeln auf Zimmertemperatur
abkühlen lassen.

8. Die Sahne in einem Topf auf etwa 45 °C erhitzen.
Die Kuvertüre grob hacken, in der heißen Sahne unter Rühren schmelzen, evtl. nochmals leicht erhitzen.
Die Schokoladencreme etwa 30 Minuten in den Kühlschrank stellen, bis sie zähfließend ist. Eine Gebäckplatte auf einen Servierteller legen. Den Tortenring
darumstellen. Den Boden mit je einem Viertel der
Marshmallows, gerösteten Mandeln und Pistazienkerne bestreuen. Ein Viertel der Schokoladencreme
darauf glatt streichen. Die zweite Gebäckplatte darauf-

legen. Mit den restlichen Zutaten so fortfahren, bis alle Zutaten aufgeschichtet sind. Die Torte mindestens 5 Stunden in den Kühlschrank stellen.

9. Für den Guss die Kuvertüre wie beschrieben in der Sahne schmelzen, auf Zimmertemperatur abkühlen lassen, bis sie dickflüssig ist. Torte aus dem Tortenring

lösen und mit Kuvertüremasse übergießen. Die herunterlaufende Kuvertüre mit einer Palette an den Rand streichen. Die Torte mit den Gebäckblüten garnieren und bis zum Servieren in den Kühlschrank stellen.

10. Kuchen zum Servieren vorsichtig in 12 schmale Stücke schneiden.

Marzipan-Creme-Torte I
Für den Standmixer oder Pürierstab
12 Stücke

Pro Stück: E: 9 g, F: 30 g, Kh: 48 g,
kJ: 2119, kcal: 507, BE: 4,0

Für den Teig:
        210 g Weizenmehl
       1 Pck. Dr. Oetker Pudding-Pulver
                Vanille-Geschmack
   2 gestr. TL Dr. Oetker Backin
 ½ gestr. TL Natron
         50 g abgezogene, gem. Mandeln
        150 g Marzipan-Rohmasse
        3 Eier (Größe M)
       150 ml Orangensaft
        120 g Puderzucker
       1 Pck. Dr. Oetker Bourbon-
                Vanille-Zucker
       200 ml Sonnenblumenöl
        30 ml Mandelsirup

Zum Bestreuen:
         50 g gehobelte Mandeln
        1 EL Zucker

Für die Creme:
       1 Pck. Dr. Oetker Pudding-Pulver
                Vanille-Geschmack
         50 g Zucker
       400 ml Milch (3,5 % Fett)
        100 g Marzipan-Rohmasse

         80 g Heidelbeeren
        100 g Erdbeeren

Zubereitungszeit: 25 Minuten, ohne Kühlzeit
Backzeit: etwa 45 Minuten

1. Den Backofen vorheizen.
Ober-/Unterhitze: etwa 160 °C
Heißluft: etwa 140 °C

2. Für den Teig Mehl mit Pudding-Pulver, Backpulver, Natron und Mandeln in einer Rührschüssel sorgfältig vermischen.

3. Marzipan-Rohmasse in Stücke schneiden und in den Mixbecher geben. Eier, Orangensaft, Puderzucker, Vanille-Zucker, Sonnenblumenöl und Mandelsirup zugeben. Den Becher verschließen und alles in etwa 1 Minute auf hoher Stufe (Pürierstab: etwa 1 Minute auf hoher Stufe) mixen.

4. Die Mehlmischung hinzufügen und kurz im verschlossenen Mixbecher auf niedriger Stufe oder mit der „Pulse-Stufe" (Pürierstab: flüssige Zutaten zu der Mehlmischung geben) zu einen glatten Teig mixen Den Teig evtl. mit einem Teigschaber glatt rühren, in eine Springform (Ø 24 cm, Boden mit Backpapier belegt) füllen. Mandeln und Zucker daraufstreuen.

5. Die Springform auf dem Rost in den vorgeheizten Backofen (untere Einschubleiste) schieben. Den Tortenboden **etwa 45 Minuten backen.**

6. Den Tortenboden in der Springform auf einem Kuchenrost erkalten lassen.

7. Für die Creme das Pudding-Pulver mit Zucker und 50 ml von der Milch anrühren. Restliche Milch in einem Topf zum Kochen bringen, von der Kochstelle nehmen und angerührtes Pudding-Pulver unterrühren. Das Ganze nochmals kurz aufkochen und von der Kochstelle nehmen.

8. Marzipan-Rohmasse in Stücke schneiden und in den gesäuberten Mixbecher geben. Den heißen Pudding hinzugeben und alles im verschlossenen Becher auf hoher Stufe etwa ½ Minute (Pürierstab: etwa ½ Minute) glatt mixen. Die Creme in eine Rührschüssel füllen. Sofort Frischhaltefolie direkt auf die Oberfläche der Creme legen, so bildet sich keine Haut. Creme erkalten lassen.

9. Den Tortenboden aus der Springform lösen und einmal waagerecht durchschneiden. Den kalten Marzipan-Pudding glatt rühren. Zwei Drittel davon auf dem unteren Tortenboden verstreichen. Den oberen Tortenboden darauflegen. Die Torte zugedeckt für mindestens 4 Stunden in den Kühlschrank stellen.

10. Die restliche Creme zugedeckt bei Zimmertemperatur stehen lassen.

11. Erdbeeren und Heidelbeeren abspülen, gut ab-tropfen lassen und entstielen. Erdbeeren in Scheiben schneiden, mit den Heidelbeeren mischen.

12. Restliche Creme mittig auf die Torte geben, die Früchte darauf verteilen. Die Marzipan-Creme-Torte servieren.

Marzipan-Mini-Gugelhupfe I

Partytauglich
15 Stück

Pro Stück: E: 2 g, F: 6 g, Kh: 15 g,
kJ: 529, kcal: 126, BE: 1,0

Für den Teig:

100 g Weizenmehl
½ TL Dr. Oetker Backin
50 g feiner Zucker
1 Pck. Dr. Oetker Vanillin-Zucker
50 g Marzipan-Rohmasse
60 g Butter
         (zimmerwarm)
2 Eier (Größe M)
1 Pck. Dr. Oetker Finesse
         Orangenschalen-Aroma

Zum Garnieren und Bestäuben:

125 g rote Johannisbeeren
20 g Zucker
30 g Puderzucker

Außerdem:

1 Silikon-Mini-Gugelhupf-Form
   (für 15 Mini-Gugelhupfe,
   Ø je 4 cm)
1 EL zerlassene Butter zum
      Ausstreichen der Form
1 EL Weizenmehl zum Bestreuen

Zubereitungszeit: 20 Minuten, ohne Abkühlzeit
Backzeit: 12–15 Minuten

1. Die Mulden der Mini-Gugelhupf-Form mit der zerlassenen Butter ausstreichen, mit dem Mehl ausstreuen. Form auf einen Kuchenrost stellen.

2. Den Backofen vorheizen.
Ober-/Unterhitze: etwa 180 °C
Heißluft: etwa 160 °C

3. Für den Teig Mehl mit Backpulver in einer Rührschüssel vermischen. Zucker und Vanillin-Zucker untermischen. Die Marzipan-Rohmasse in kleine Stücke schneiden oder grob raspeln und hinzufügen.

4. Restliche Zutaten hinzufügen und mit einem Mixer (Rührstäbe) zunächst kurz auf niedrigster, dann auf höchster Stufe in etwa 2 Minuten zu einem glatten Teig verarbeiten.

5. Den Teig in einen Spritzbeutel mit Lochtülle (Ø etwa 8 mm) füllen. Teig gleichmäßig in die Gugelhupf-Mulden spritzen.

6. Die Form auf dem Rost in den vorgeheizten Backofen schieben. Mini-Gugelhupfe **12–15 Minuten backen.**

7. Die Form auf einen Kuchenrost stellen. Die Mini-Gugelhupfe erkalten lassen und dann aus der Form lösen.

8. Die Johannisbeeren abspülen, trocken tupfen und von den Rispen streifen, mit Zucker bestreuen.

9. Die Mini-Gugelhupfe mit Puderzucker bestäuben und mit den Johannisbeeren garniert servieren.

Tipps: Die Gugelhupfe schmecken frisch besonders gut. Aber Sie können die Mini-Gugelhupfe auch 1 Tag vor dem Verzehr backen. Die erkalteten Hupfe dann gut verpacken, kühl stellen und erst kurz vor dem Servieren garnieren. Statt der gezuckerten Johannisbeeren können Sie die Gugelhupfe auch mit je 1 frischen Himbeere, Brombeere oder Erdbeere garnieren. Diese müssen Sie dann nicht extra zuckern.

Maulwurf-Pops | Braucht etwas Zeit

24 Stück

Pro Stück: E: 3 g, F: 16 g, Kh: 19 g,
kJ: 989, kcal: 236, BE: 1,5

Zum Vorbereiten:

200 g Schlagsahne
2 geh. TL Instant-Kaffeepulver
150 g klein gehackte Zartbitter-
Kuvertüre

Für die Cake-Pop-Masse:

150 g Butter (zimmerwarm)
125 g Zucker
1 Prise Salz
3 Eier (Größe M)
150 g Weizenmehl
20 g gesiebter Backkakao
1 gestr. TL Dr. Oetker Backin

Zum Garnieren:

200 g gehackte Zartbitter-Kuvertüre
25 g Pflanzenfett (zum Braten,
Frittieren und Kochen),
in Stücke geschnitten
100 g Marzipan-Rohmasse
(für 5 Maulwürfe)
etwas Puderzucker
schwarze Speisefarbe

Außerdem:

24 Lollistiele aus Plastik, Holz
oder Papier
1 Stück Styropor
1 Holzstäbchen
(Schaschlikspieß)

Zubereitungszeit: 2–3 Stunden, ohne Kühlzeit
Backzeit: etwa 25 Minuten

1. Zum Vorbereiten Sahne zum Kochen bringen. Den Topf von der Kochstelle nehmen, Kaffeepulver unterrühren. Kuvertüre mit einem Schneebesen so lange unterrühren, bis sie geschmolzen ist, dann in einer Rührschüssel erkalten lassen. Zugedeckt etwa 45 Minuten in den Kühlschrank stellen.

2. Den Backofen vorheizen.
Ober-/Unterhitze: etwa 180 °C
Heißluft: etwa 160 °C

3. Für die Cake-Pop-Masse Butter, Zucker und Salz mit einem Mixer (Rührstäbe) zunächst kurz auf niedrigster, dann auf höchster Stufe in etwa 4 Minuten schaumig schlagen. Nach und nach die Eier unterrühren (jedes Ei etwa ½ Minute). Mehl mit Kakao und Backpulver mischen, auf die Eier-Fett-Masse sieben und mit einem Schneebesen unterheben. Den Teig in einer Springform (Ø 26 cm, Boden gefettet, mit Backpapier belegt) glatt streichen. Die Form auf dem Rost in den vorgeheizten Backofen schieben. Den Kuchen **etwa 25 Minuten backen.**

4. Die Form auf einen Kuchenrost stellen. Den Kuchen etwas abkühlen lassen, aus der Form lösen und auf dem Kuchenrost erkalten lassen. Den Kuchen in einer Rührschüssel mit den Händen fein zerbröseln. 100 g Brösel beiseitelegen. Die kalte Kuvertüresahne mit dem Mixer (Rührstäbe) auf mittlerer Stufe kurz schaumig schlagen. Brösel unterheben. Die Masse zwischen den Handflächen zu Kugeln (je etwa 25 g) rollen, auf ein Backblech (mit Backpapier belegt) legen.

5. Zum Garnieren zwei Drittel von der Kuvertüre und das Pflanzenfett zusammen in einem Topf im Wasserbad bei schwacher Hitze unter Rühren schmelzen. Den Topf aus dem Wasserbad nehmen und die restliche Kuvertüre darin unter Rühren schmelzen. Die Lollistiele etwa 2 cm tief in die Kuvertüre tauchen, dann in die Teigkugeln stecken. Die Cake Pops etwa 30 Minuten in den Kühlschank legen.

6. Kuvertüre nochmals schmelzen. Cake Pops an den Stielen hineintauchen, etwas abtropfen lassen, dann rundherum mit den beiseitegestellten Bröseln bestreuen. Cake Pops mit den Stielen in ein Stück Styropor stecken. Kuvertüre trocknen lassen.

7. Marzipan auf der leicht mit Puderzucker bestäubten Arbeitsfläche mit Speisefarbe grau verkneten. Daraus 5 kleine Maulwurf-Köpfe und 10 Pfoten formen, mit dem Holzstäbchen prägen. Gesichter und Pfoten mit etwas Kuvertüre auf 5 Cake Pops „kleben". Kuvertüre trocknen lassen.

Mayonnaisekuchen mit Apfelbaiser | Raffiniert

25 Stücke

Pro Stück: E: 3 g, F: 10 g, Kh: 19 g,
kJ: 732, kcal: 175, BE: 1,5

Zum Vorbereiten:

| 1 Pck. | Instant-Kaffeepulver (2 g) oder 1 TL lösliches Kaffeepulver |
| 1 EL | kaltes Wasser |

Für den All-in-Teig:

250 g	Weizenmehl
2 gestr. TL	Dr. Oetker Backin
1 Pck.	Gala Schokoladen-Pudding-Pulver
120 g	Zucker
1 Pck.	Dr. Oetker Bourbon-Vanille-Zucker
2	Eier (Größe M)
2	Eigelb (Größe M)
250 g	Salat- oder Joghurtmayonnaise
50 ml	Sonnenblumenöl
50 g	Zartbitter-Raspelschokolade
1 EL	Apfelmus (aus dem Glas)

Für das Apfelbaiser:

2	Eiweiß (Größe M)
80 g	Zucker
1 geh. TL	Speisestärke
2 EL	Apfelmus (etwa 50 g, aus dem Glas)
25 g	abgezogene, gem. Mandeln

Zum Bestäuben:
evtl. etwas Puderzucker

Zubereitungszeit: 35 Minuten, ohne Abkühlzeit
Backzeit: etwa 45 Minuten

1. Den Backofen vorheizen.
Ober-/Unterhitze: etwa 180 °C
Heißluft: etwa 160 °C

2. Zum Vorbereiten Kaffeepulver mit dem Wasser gut verrühren, bis das Pulver aufgelöst ist.

3. Für den Teig Mehl mit Backpulver und Pudding-Pulver in einer Rührschüssel mischen. Zucker, Vanille-Zucker, Eier, Eigelb, Mayonnaise, Sonnenblumenöl und aufgelöstes Kaffeepulver hinzufügen.

4. Die Zutaten mit einem Mixer (Rührstäbe) zunächst kurz auf niedrigster, dann auf höchster Stufe in etwa 2 Minuten zu einem glatten Teig verarbeiten. Raspelschokolade und Apfelmus unterrühren.

5. Den All-in-Teig in eine quadratische Backform (25 x 25 cm, gefettet) geben und glatt streichen.

6. Die Form auf dem Rost in den vorgeheizten Backofen schieben und den Mayonnaisekuchen **etwa 30 Minuten vorbacken.**

7. In der Zwischenzeit für das Baiser Eiweiß mit dem Mixer (Rührstäbe) auf höchster Stufe steif schlagen. Zucker mit Speisestärke mischen und unterschlagen. Das Apfelmus und die Mandeln unter die Baisermasse heben.

8. Die Form auf einen Kuchenrost stellen. Die Backofentemperatur auf Ober-/Unterhitze: etwa 220 °C, Heißluft: etwa 200 °C heraufschalten.

9. Apfelbaiser in einen Spritzbeutel mit glatter Tülle füllen und auf den vorgebackenen Kuchen spritzen.

10. Den Kuchen wieder auf dem Rost in den vorgeheizten Backofen schieben. Den Kuchen in **etwa 15 Minuten fertig backen.**

11. Die Form auf einen Kuchenrost stellen. Den Kuchen etwa 5 Minuten in der Form stehen lassen, dann aus der Form lösen und auf einem mit Backpapier belegten Kuchenrost erkalten lassen.

12. Den Mayonnaisekuchen mit Apfelbaiser in Portionswürfel schneiden und nach Belieben mit Puderzucker bestäuben.

Tipp: Der Mayonnaisekuchen mit Apfelbaiser kann ebenso gut in einer Springform (Ø 26 cm, gefettet) oder auf einem Backblech mit Backrahmen (etwa 24 x 24 cm) gebacken werden.

Mini Apple Roses | Braucht etwas Zeit
10 Stück

Pro Stück: E: 5 g, F: 10 g, Kh: 51 g,
kJ: 1368, kcal: 327, BE: 4,5

Für den Hefeteig:

>   200 g Weizenmehl
>   1 Pck. Dr. Oetker Trockenbackhefe
>   30 g Zucker
>   1 Pck. Dr. Oetker Vanillin-Zucker
>   1 Prise Salz
>   1 Ei (Größe M)
>   150 g Crème fraîche
>   (zimmerwarm)

Für den Knetteig:

>   100 g Weizenmehl
>   25 g Zucker
>   1 Pck. Dr. Oetker Vanillin-Zucker
>   50 g Butter
>   1 EL Wasser

Für den Belag:

>   8 säuerliche Äpfel, z. B. Elstar
>   2 EL Zitronensaft
>   2 EL Zucker
>   1 geh. TL gem. Zimt

Zum Bestreichen:

>   2 EL Aprikosenkonfitüre

Zubereitungszeit: 50 Minuten,
ohne Teiggeh- und Abkühlzeit
Backzeit: 25–30 Minuten

1. Für den Hefeteig Mehl mit Trockenbackhefe sorgfältig vermischen. Zucker, Vanillin-Zucker, Salz, Ei und Crème fraîche hinzufügen.

2. Die Zutaten mit einem Mixer (Knethaken) zunächst kurz auf niedrigster, dann auf höchster Stufe in etwa 5 Minuten zu einem glatten Teig verarbeiten.

3. Den Hefeteig zugedeckt so lange an einem warmen Ort gehen lassen, bis er sich sichtbar vergrößert hat, etwa 30 Minuten.

4. Für den Knetteig Mehl in eine Rührschüssel geben. Die restlichen Zutaten hinzufügen und mit dem Mixer (Knethaken) zunächst kurz auf niedrigster, dann auf höchster Stufe gut durcharbeiten. Anschließend auf einer leicht bemehlten Arbeitsfläche zu einem glatten Teig verkneten.

5. Den Backofen vorheizen.
Ober-/Unterhitze: etwa 180 °C
Heißluft: etwa 160 °C

6. Die Äpfel heiß abwaschen, abtrocknen, vierteln und in dünne Scheiben schneiden. Die Apfelscheiben mit Zitronensaft beträufeln. Danach in einer Pfanne kurz weich dünsten und anschließend erkalten lassen. Den Zucker mit Zimt mischen.

7. Den Hefeteig mit dem Knetteig auf der leicht bemehlten Arbeitsfläche sorgfältig verkneten. Den Teig anschließend etwa ½ cm dick zu einem Rechteck (etwa 30 x 40 cm) ausrollen. Das Teigrechteck mit der Zimt-Zucker-Mischung bestreuen.

8. Den Teig in gleich große Streifen (3–4 cm x 40 cm) schneiden. Teigstreifen mit den Apfelscheiben längs dicht an dicht belegen, dabei jeweils an einem Ende etwa 2 cm frei lassen. Die einzelnen Teigstreifen vorsichtig aufrollen und das freie Teigende leicht andrücken.

9. Die Apple Roses in die Mulden einer Muffinform (für 12 Muffins, gefettet) setzen.

10. Die Form auf dem Rost in den vorgeheizten Backofen (unterste Schiene) schieben. Die Mini Apple Roses **25–30 Minuten backen.**

11. Die Form auf einen Kuchenrost stellen. Mini Apple Roses in der Form erkalten lassen.

12. Mini Apple Roses aus den Mulden lösen und mit glatt gerührter Aprikosenkonfitüre bestreichen.

Tipp: Schneller geht es, wenn Sie fertigen Blätterteig (aus dem Kühlregal) verwenden. Besonders schön sieht es aus, wenn Sie rotschalige Äpfel für die Mini Apple Roses verwenden (siehe Foto).

Mini-Sauerkirsch-Gugelhupfe I
Partytauglich
15 Stück

Pro Stück: E: 2 g, F: 8 g, Kh: 27 g,
kJ: 809, kcal: 193, BE: 2,5

Zum Vorbereiten:
150 g TK-Sauerkirschen

Für den Teig:
120 g Weizenmehl
1 gestr. TL Dr. Oetker Backin
½ TL gem. Zimt
50 g feiner Zucker
1 Pck. Dr. Oetker Vanillin-Zucker
60 g Butter oder Margarine
(zimmerwarm)
2 Eier (Größe M)

Für den Zuckerguss:
250 g Puderzucker
3 EL Sauerkirschsaft
(von den Sauerkirschen)

Für die Creme:
150 g Schlagsahne (mind. 30 % Fett)
2 gestr. TL Gelatine fix
25 g Zucker

Außerdem:
1 Silikon-Mini-Gugelhupf-Form
(für 15 Mini-Gugelhupfe,
Ø je 4 cm)
1 EL zerlassene Butter zum
Ausstreichen der Form
1 EL Weizenmehl zum Bestreuen

Zubereitungszeit: 20 Minuten,
ohne Auftau- und Abkühlzeit
Backzeit: 12–15 Minuten

1. Zum Vorbereiten die Sauerkirschen in ein Sieb geben. Das Sieb in eine Schüssel hängen. Die Sauerkirschen auftauen lassen und dabei den Saft auffangen. Dann den Saft aus den Sauerkirschen drücken. 3 Esslöffel vom Saft für den Zuckerguss beiseitestel-

len. 60 g Kirschen abwiegen und fein hacken. Die restlichen Sauerkirschen beiseitestellen.

2. Die Mulden der Mini-Gugelhupf-Form mit der zerlassenen Butter ausstreichen und mit dem Mehl ausstreuen. Die Form auf einen Kuchenrost stellen.

3. Den Backofen vorheizen.
Ober-/Unterhitze: etwa 180 °C
Heißluft: etwa 160 °C

4. Für den Teig das Mehl mit Backpulver und Zimt in einer Rührschüssel vermischen. Restliche Zutaten hinzufügen und mit einem Mixer (Rührstäbe) zunächst kurz auf niedrigster, dann auf höchster Stufe in etwa 2 Minuten zu einem glatten Teig verarbeiten. Die gehackten Sauerkirschen unterrühren.

5. Den Teig in einen Spritzbeutel mit Lochtülle (Ø 1 cm) füllen. Den Teig gleichmäßig in die Gugelhupf-Mulden spritzen. Die Form auf dem Rost in den vorgeheizten Backofen schieben. Die Gugelhupfe
12–15 Minuten backen.

6. Die Form auf einen Kuchenrost stellen. Die Gugelhupfe erkalten lassen und dann aus der Form lösen.

7. Für den Zuckerguss den Puderzucker mit dem beiseitegestellten Sauerkirschsaft verrühren. Die Mini-Gugelhupfe in den Zuckerguss tauchen und auf einem Kuchenrost abtropfen lassen.

8. Für die Creme die Schlagsahne steif schlagen. Die beiseitegestellten Sauerkirschen in einem Rührbecher fein pürieren. Gelatine fix hinzugeben und nochmals pürieren. Dann den Zucker unterpürieren. Die Schlagsahne unterheben und in einen Spritzbeutel mit Sterntülle (Ø 9 mm) füllen. Jeweils einen Cremetupfen auf die Gugelhupfe spritzen. Die Hupfe bis zum Servieren in den Kühlschrank stellen.

Tipps: Die Mini-Gugelhupfe können einen Tag vor dem Verzehr gebacken und mit dem Zuckerguss überzogen werden. Wenn der Guss getrocknet ist, die Hupfe gut verpacken und kühl stellen. Die Creme dann etwa 3 Stunden vor dem Servieren zubereiten und auf die Gugelhupfe spritzen.

M

Mini-Schoko-Würfel I Partytauglich

27 Stück

Pro Stück: E: 2 g, F: 7 g, Kh: 12 g,
kJ: 502, kcal: 120, BE: 1,0

Für den All-in-Teig:

  30 g *Weizenmehl*
  10 g *Speisestärke*
  30 g *Puderzucker*
  1 TL *Dr. Oetker Vanillin-Zucker*
 1 Prise *Salz*
     1 *Eigelb (Größe M)*
  20 g *Butter oder Margarine*
  1 EL *kaltes Wasser*

Für beide Füllungen:

  80 g *gehobelte Mandeln*

Für die 1. Füllung:

  80 g *Zartbitter-Schokolade*
      (etwa 50 % Kakaoanteil)
  50 g *Butter*
  60 g *Zucker*
  20 g *Honig*
 180 g *Kondensmilch (4 % Fett)*

Für die 2. Füllung:

  30 g *getrocknete Sauerkirschen*
  40 g *Amarettini (ital.*
      Mandelmakronen)
  1 EL *kaltes Wasser*
 120 g *weiße Schokolade*
  10 g *Kokosfett*

Zubereitungszeit: 45 Minuten, ohne Kühlzeit
Backzeit: etwa 20 Minuten

1. Den Backofen vorheizen.
Ober-/Unterhitze: etwa 180 °C
Heißluft: etwa 160 °C

2. Für den Teig Mehl mit der Speisestärke in einer Rührschüssel mischen. Restliche Zutaten hinzufügen und mit einem Mixer (Rührstäbe) zunächst kurz auf niedrigster, dann auf höchster Stufe in etwa 1 Minute zu einem glatten Teig verarbeiten.

3. Den Teig in eine Kastenform (25 x 11 cm, mit Backpapier ausgelegt) füllen und glatt streichen. Die Form auf dem Rost in den vorgeheizten Backofen schieben. Den Teig **etwa 20 Minuten backen.** Die Form auf einen Kuchenrost stellen. Das Gebäck in der Form erkalten lassen.

4. Für beide Füllungen die Mandeln in einer Pfanne ohne Fett unter Rühren goldbraun rösten und auf einen Teller geben.

5. Für die 1. Füllung die Schokolade in kleine Stücke hacken und in eine Schüssel geben. Butter, Zucker, Honig und Kondensmilch in einem kleinen Topf unter Rühren aufkochen. Anschließend bei mittlerer Hitze etwa 12 Minuten unter Rühren kochen lassen, bis sich die Masse braun verfärbt und anfängt dick zu werden. Den Topf von der Kochstelle nehmen. Die Masse unter Rühren etwa 1 Minute abkühlen lassen.

6. Die Masse auf die gehackte Schokolade geben und 1 Minute stehen lassen. Die Hälfte der gerösteten Mandeln dazugeben und alles mit einem Kochlöffel verrühren. Die Füllung auf das Gebäck in die Form geben und glatt streichen. Abkühlen lassen.

7. Inzwischen für die 2. Füllung die Sauerkirschen grob hacken, mit Amarettini und Wasser im Blitzhacker zu einer Bröselmasse verarbeiten. Die weiße Schokolade in Stücke brechen, mit dem Kokosfett in einem Topf im Wasserbad bei schwacher Hitze unter Rühren schmelzen. 2 Esslöffel der Schokolade in einen Gefrierbeutel füllen und beiseitestellen.

8. Restliche Schokolade mit den Amarettini-Kirsch-Bröseln und den restlichen gerösteten Mandeln mischen, in die Kastenform füllen und glatt streichen. Die Kastenform zudecken und die Form etwa 10 Minuten in den Kühlschrank stellen.

9. Von dem beiseitegelegten Gefrierbeutel mit der Schokolade eine kleine Ecke abschneiden. Die Schokolade in Linien kreuzweise auf die 2. Füllung träufeln. Die Schokolade fest werden lassen. Das Gebäck mit dem Backpapier aus der Form heben und mit einem Sägemesser quer in 9 Streifen schneiden, die 9 Streifen in je 3 Würfel schneiden.

Mohn-Limetten-Cookies I
Besonders fein
8–9 große Cookies

Pro Stück: E: 5 g, F: 14 g, Kh: 33 g,
kJ: 1178, kcal: 282, BE: 2,5

Zum Vorbereiten:

50 g	Mohnsamen
75 ml	Milch (1,5 % Fett)
1 EL	Zucker
1	Bio-Limette
	(unbehandelt, ungewachst)

Für den Teig:

80 g	Butter (zimmerwarm)
80 g	Zucker
1 Prise	Salz
1	Ei (Größe M)
100 g	Weizenmehl
50 g	nicht abgezogene, gem. Mandeln
1 Msp.	Natron

Für den Guss:

100 g	Puderzucker

Zubereitungszeit: 50 Minuten, ohne Abkühlzeit
Backzeit: 12–15 Minuten

1. Zum Vorbereiten Mohnsamen mit Milch und Zucker in einem kleinen Topf unter Rühren aufkochen. Anschließend bei schwacher Hitze unter Rühren köcheln lassen, bis die Milch verdampft ist. Die Mohnmasse abkühlen lassen.

2. Limette heiß abwaschen und abtrocknen. Die Schale fein abreiben. Die Limette halbieren und den Saft auspressen.

3. Den Backofen vorheizen.
Ober-/Unterhitze: etwa 200 °C
Heißluft: etwa 180 °C

4. Für den Teig Butter mit Zucker, Limettenschale und Mohnmasse in einer Rührschüssel mit einem Mixer (Rührstäbe) zunächst kurz auf niedrigster,

dann auf höchster Stufe schaumig schlagen. Das Ei etwa 1 Minute unterschlagen. Mehl mit Mandeln und Natron mischen, daraufgeben und mit einem Teigschaber unterheben.

5. Den Teig mit 2 Esslöffeln oder einem Eisportionierer in gleich großen, runden Häufchen auf ein Backblech (gefettet, mit Backpapier belegt) setzen, dabei genügend Abstand zwischen den Teighäufchen lassen. Dann mit einem in Wasser getauchten Löffel zu flachen Cookies verstreichen. Das Backblech in den vorgeheizten Backofen schieben. Cookies **12–15 Minuten backen.**

6. Die Cookies mit dem Backpapier von dem Backblech auf einen Kuchenrost ziehen und erkalten lassen.

7. Den Puderzucker mit 2–3 Esslöffeln Limettensaft glatt rühren. Cookies damit besprenkeln. Guss trocknen lassen.

Möhren-Kokos-Cookies I

Mit Topping
8–9 große Cookies

Pro Stück: E: 2 g, F: 24 g, Kh: 40 g,
kJ: 1595, kcal: 381, BE: 3,5

Zum Vorbereiten:
150 g Möhren
6 EL Wasser

Für den Teig:
75 g Weizenmehl
1 gestr. TL Dr. Oetker Backin
100 g Zucker
1 Pck. Dr. Oetker Vanillin-Zucker
1 TL Dr. Oetker Finesse
Orangenschalen-Aroma
80 g Kokosraspel
1 Eigelb (Größe M)
125 g Kokosfett
(zimmerwarm)

Für das Orangen-Kokos-Topping:
3 EL Orangensaft
1 TL Dr. Oetker Finesse
Orangenschalen-Aroma
1 TL Zitronensaft
20 g Kokosfett
(zimmerwarm)
150 g Puderzucker

Zubereitungszeit: 45 Minuten, ohne Abkühlzeit
Backzeit: 20–25 Minuten

1. Zum Vorbereiten Möhren putzen, schälen, abspülen und in Scheiben schneiden, mit Wasser zugedeckt in einem Topf zum Kochen bringen und bei schwacher Hitze (ohne Deckel) etwa 10 Minuten dünsten. Möhren so lange dünsten, bis die Flüssigkeit verdampft ist. Anschließend die Möhren pürieren oder durch ein Sieb streichen und abkühlen lassen (ergibt etwa 100 g Möhrenpüree).

2. Den Backofen vorheizen.
Ober-/Unterhitze: etwa 160 °C
Heißluft: etwa 140 °C

3. Für den Teig das Mehl mit Backpulver in einer Rührschüssel mischen. Die restlichen Zutaten und das Möhrenpüree hinzufügen. Die Zutaten mit einem Mixer (Rührstäbe) zunächst kurz auf niedrigster, dann auf höchster Stufe in etwa 2 Minuten zu einem Teig verarbeiten.

4. Den Teig mit 2 Esslöffeln oder einem Eisportionierer in gleich großen, runden Häufchen auf ein Backblech (gefettet, mit Backpapier belegt) setzen, dabei genügend Abstand lassen. Die Teighäufchen mit einem Löffel flach drücken, dabei den Löffel immer wieder in Mehl tauchen. Das Backblech in den vorgeheizten Backofen schieben. Die Möhren-Kokos-Cookies **20–25 Minuten backen.**

5. Die Möhren-Kokos-Cookies mit dem Backpapier von dem Backblech auf einen Kuchenrost ziehen und erkalten lassen.

6. Für das Orangen-Kokos-Topping alle Zutaten in einem hohen Rührbecher mit dem Mixer (Rührstäbe) auf höchster Stufe etwa 1 Minute aufschlagen. Das Topping auf den Cookies verteilen und mit einem Löffel verstreichen. Topping trocknen lassen.

Mokka-Honig-Kuchen

Für den Standmixer
20 Stücke

Pro Stück: E: 4 g, F: 20 g, Kh: 21 g,
kJ: 1174, kcal: 281, BE: 2,0

Für den Teig:
- 100 g Weizenmehl
- 2 Pck. Dr. Oetker Pudding-Pulver Schokoladen-Geschmack
- 3 gestr. TL Dr. Oetker Backin
- 1 gestr. TL Natron
- 100 g gem. Haselnusskerne
- 50 g Zartbitter-Raspelschokolade
- 4 Eier (Größe M)
- 150 g flüssiger Honig
- 1 TL Ras el Hanout (marokkanische Gewürzmischung)
- 1 Pck. Dr. Oetker Vanillin-Zucker
- 100 ml starker, kalter Espresso
- 50 ml Sesamöl
- 150 ml Sonnenblumenöl

Für die Füllung:
- 200 g Nuss-Nougat
- 50 g Erdnusscreme

Zum Bestäuben:
- 1 EL gesiebter Backkakao

Zubereitungszeit: 30 Minuten, ohne Kühlzeit
Backzeit: etwa 40 Minuten

1. Den Backofen vorheizen.
Ober-/Unterhitze: etwa 180 °C
Heißluft: etwa 160 °C

2. Für den Teig Mehl mit Pudding-Pulver, Backpulver, Natron, gemahlenen Haselnusskernen und Raspelschokolade in einer Schüssel vermischen.

3. Eier, Honig, Gewürzmischung, Vanillin-Zucker und kalten Espresso in den Mixbecher geben. Mixbecher verschließen. Die Mischung in etwa 1 Minute auf hoher Stufe schaumig mixen.

4. Sesamöl und Sonnenblumenöl hinzugießen. Die Mehlmischung zugeben und alles im verschlossenen Becher kurz auf niedriger Stufe oder mit der „Pulse-Stufe" zu einem glatten Teig mixen. Evtl. nach dem Mixen den Teig mit einem Teigschaber glatt rühren. Den Teig in eine Kastenform (30 x 11 cm, gefettet und mit Backpapier belegt) füllen und glatt streichen.

5. Form auf dem Rost in den vorgeheizten Backofen schieben. Den Kuchen **etwa 40 Minuten backen.**

6. Den Kuchen in der Form auf einen Kuchenrost stellen, etwa 10 Minuten abkühlen lassen. Dann den Kuchen aus der Form lösen und auf einem Kuchenrost erkalten lassen.

7. Für die Füllung Nuss-Nougat in Stücke schneiden und in einem Topf im Wasserbad bei schwacher Hitze unter Rühren schmelzen. Die Erdnusscreme unterrühren und das Ganze auf Zimmertemperatur abkühlen lassen. Die Füllung etwa 10 Minuten in den Kühlschrank stellen.

8. Den Kastenkuchen der Länge nach vierteln. Die Schnittstellen mit der Füllung bestreichen. Die Stücke wieder zu einem Kastenkuchen zusammensetzen und mit dem Kakaopulver bestäuben.

Mousse-au-Chocolat-Tarte I

Schokogenuss

12 Stücke

Pro Stück: E: 6 g, F: 23 g, Kh: 20 g,
kJ: 1308, kcal: 312, BE: 1,5

Zum Vorbereiten:

      200 g Zartbitter-Schokolade
                (etwa 50 % Kakaoanteil)
      150 g Butter

Für den Rührteig:

        5 Eiweiß (Größe M)
  1 Prise Salz
        5 Eigelb (Größe M)
    100 g Zucker
  1 Pck. Dr. Oetker Bourbon-
                Vanille-Zucker
    100 g abgezogene, gem. Mandeln
  1 Pck. Gala Schokoladen-
                Pudding-Pulver
  1 Msp. Dr. Oetker Backin

Zum Bestäuben:

      1 EL gesiebter Backkakao

Zubereitungszeit: 25 Minuten, ohne Abkühlzeit
Backzeit: etwa 35 Minuten

1. Den Backofen vorheizen.
Ober-/Unterhitze: etwa 180 °C
Heißluft: etwa 160 °C

2. Zum Vorbereiten die Schokolade in kleine Stücke brechen. Zwei Drittel davon mit der Butter in einem Topf im Wasserbad bei schwacher Hitze unter Rühren schmelzen. Den Topf aus dem Wasserbad nehmen und restliche Schokolade darin unter Rühren schmelzen. Die Schoko-Butter-Masse abkühlen lassen.

3. Für den Teig das Eiweiß und Salz mit einem Mixer (Rührstäbe) so steif schlagen, dass ein Messerschnitt sichtbar bleibt.

4. In einer anderen Rührschüssel Eigelb mit Zucker und Vanille-Zucker mit dem Mixer (Rührstäbe) weiß-

schaumig rühren. Die Schoko-Butter-Masse unterrühren. Den Eischnee unterheben. Die Mandeln mit Pudding-Pulver und Backpulver mischen und ebenfalls unterheben.

5. Den Teig in eine Springform (Ø 26 cm, Boden gefettet, mit Backpapier belegt) füllen und glatt streichen. Die Form auf dem Rost (unteres Drittel) in den vorgeheizten Backofen schieben. Die Mousse-au-Chocolat-Tarte **etwa 35 Minuten backen.**

6. Die Mousse-au-Chocolat-Tarte etwa 60 Minuten in der Form abkühlen lassen, dann den Springformrand lösen und entfernen. Die Tarte auf einen Kuchenrost setzen und vollständig erkalten lassen. Vor dem Servieren die Mousse-au-Chocolat-Tarte mit Kakaopulver bestäuben.

Tipps: Die Tarte einen Tag in Alufolie verpackt kalt stellen, so zieht sie besonders gut durch. Sie schmeckt weniger herb, wenn die Hälfte der Zartbitter-Schokolade durch Vollmilch-Schokolade ersetzt wird. Die Tarte nach Belieben mit steif geschlagener Sahne servieren.

Müsli-Whoopies I
Frühstück to go
8–9 Stück

Pro Stück: E: 5 g, F: 23 g, Kh: 33 g,
kJ: 1484, kcal: 345, BE: 2,5

Für den Teig:

125 g	Butter oder Margarine (zimmerwarm)
80 g	Zucker
1 Prise	Salz
2	Eier (Größe M)
100 g	Weizenmehl
½ TL	Dr. Oetker Backin
125 g	Müsli-Mischung (kein Knuspermüsli)

Für die Füllung:

100 g	Mascarpone (ital. Frischkäse)
100 g	Schlagsahne
3 EL	Preiselbeer-Dessert (aus dem Glas)

Zubereitungszeit: 50 Minuten, ohne Kühlzeit
Backzeit: etwa 12 Minuten je Backblech

1. Den Backofen vorheizen.
Ober-/Unterhitze: etwa 180 °C
Heißluft: etwa 160 °C

2. Für den Teig sehr weiche Butter oder Margarine sowie Zucker und Salz mit einem Mixer (Rührstäbe) auf höchster Stufe in etwa 4 Minuten schaumig schlagen. Eier nach und nach unterrühren (jedes Ei etwa ½ Minute).

3. Mehl mit Backpulver und Müsli gut vermischen. Die Mehl-Müsli-Mischung unter die Eier-Fett-Masse heben.

4. Danach den Müsli-Teig mit einem Esslöffel in 16 oder 18 runden, flachen Häufchen (Ø etwa 6 cm) auf 2 Backbleche (gefettet, mit Backpapier belegt) setzen. Dabei genügend Abstand zwischen den Teighäufchen lassen.

5. Die Backbleche nacheinander (bei Heißluft zusammen) in den vorgeheizten Backofen schieben. Die Whoopies **etwa 12 Minuten je Backblech backen.**

6. Die Whoopies mit dem Backpapier von den Backblechen auf Kuchenroste ziehen und erkalten lassen.

7. Für die Füllung Mascarpone und Schlagsahne in eine Schüssel geben und mit dem Mixer (Rührstäbe) auf mittlerer Stufe cremig aufschlagen. Zum Schluss das Preiselbeer-Dessert mit einem Teigschaber kurz unterheben.

8. Die Füllung mit einem Löffel auf die glatte Seite von 8 oder 9 Whoopies geben. Die restlichen Whoopies mit der Wölbung nach oben daraufsetzen und leicht andrücken. Die Whoopies zugedeckt etwa 30 Minuten in den Kühlschrank stellen.

New York Cheesecake | Einfach
16 Stücke

Pro Stück: E: 9 g, F: 30 g, Kh: 20 g,
kJ: 1599, kcal: 382, BE: 1,5

Für den Boden:
- 130 g Butterkekse
- 80 g Butter oder Margarine

Für die Füllung:
- 800 g Doppelrahm-Frischkäse
- 150 g Zucker
- 1 Pck. Dr. Oetker Finesse
   Geriebene Zitronenschale
- 4 Eier (Größe M)
- 150 g Schlagsahne (mind. 30 % Fett)
- 2 gestr. EL Gala Bourbon-Vanille-
   Pudding-Pulver

Für den Guss:
- 250 g Schmand (Sauerrahm)
- 30 g Puderzucker

Zubereitungszeit: 40 Minuten, ohne Kühlzeit
Backzeit: etwa 55 Minuten

1. Für den Boden Butterkekse in einen Gefrierbeutel geben. Den Beutel fest verschließen. Kekse mit einer Teigrolle fein zerbröseln und in eine Rührschüssel geben. Butter oder Margarine zerlassen, zu den Bröseln geben und gut verrühren.

2. Die Bröselmasse in eine Springform (Ø 24 cm, mindestens 7 cm hoch, Boden und Rand gefettet, mit Backpapier ausgelegt) geben. Die Bröselmasse mit der Rückseite eines Esslöffels 1–2 cm hoch an den Springformrand drücken und fest auf dem Boden andrücken. Den Bröselboden mindestens 10 Minuten in den Kühlschrank stellen.

3. Für die Füllung Frischkäse, Zucker und Zitronenschale in einer Rührschüssel mit einem Mixer (Rührstäbe) auf mittlerer Stufe glatt rühren. Eier nach und nach kurz unterrühren.

4. Den Backofen vorheizen.
Ober-/Unterhitze: etwa 180 °C
Heißluft: etwa 160 °C

5. Sahne mit Pudding-Pulver steif schlagen und mit einem Schneebesen unter die Frischkäsemasse heben. Die Creme auf den Bröselboden geben und glatt streichen. Die Form auf dem Rost in den vorgeheizten Backofen (unteres Drittel) schieben. Den Cheesecake **etwa 45 Minuten backen.**

6. Die Form auf einen Kuchenrost stellen. Den Cheesecake etwa 10 Minuten abkühlen lassen.

7. Für den Guss Schmand mit Puderzucker glatt rühren. Die Schmandmasse mit einem Esslöffel vorsichtig auf dem warmen Cheesecake verstreichen. Form wieder auf dem Rost in den heißen Backofen (unteres Drittel) schieben. Cheesecake **bei gleicher Backofentemperatur in etwa 10 Minuten fertig backen.**

8. Die Form auf einen Kuchenrost stellen und den Cheesecake in der Form vollständig erkalten lassen.

9. Den Cheesecake aus der Form lösen, auf eine Platte setzen und mindestens 4 Stunden in den Kühlschrank stellen.

New York Cheesecake Cookies |

Creamy
24 Stück

Pro Stück: E: 2 g, F: 10 g, Kh: 16 g,
kJ: 674, kcal: 161, BE: 1,5

Für den Knetteig:

        200 g Butter (kalt)
        300 g Weizenmehl
   2 gestr. TL Dr. Oetker Backin
        100 g Puderzucker
   1 gestr. TL Salz
       2 Pck. Dr. Oetker Vanillin-Zucker
             1 Eigelb (Größe M)
             1 Ei (Größe M)

Für die Füllung:

        100 g Doppelrahm-Frischkäse
         25 g Puderzucker
         2 EL Schmand (Sauerrahm)
             1 Eigelb (Größe M)
         1 EL Zitronensaft
         1 TL abgeriebene
                Bio-Zitronenschale
                (unbehandelt, ungewachst)

Zubereitungszeit: 35 Minuten, ohne Kühlzeit
Backzeit: 20–25 Minuten je Backblech

1. Für den Knetteig die Butter in Stücke schneiden. Das Mehl mit dem Backpulver in einer Rührschüssel mischen. Butterstücke und die restlichen Zutaten hinzufügen.

2. Die Zutaten mit einem Mixer (Knethaken) zunächst kurz auf niedrigster, danach auf höchster Stufe gut durcharbeiten.

3. Anschließend auf einer leicht bemehlten Arbeitsfläche kurz zu einem Teig verkneten und zu einer Rolle (Ø gut 5 cm) formen. Anschließend die Teigrolle in Frischhaltefolie gewickelt etwa 60 Minuten in den Kühlschrank legen.

4. Für die Füllung alle Zutaten in eine Rührschüssel geben und glatt rühren.

5. Den Backofen vorheizen.
Ober-/Unterhitze: etwa 180 °C
Heißluft: etwa 160 °C

6. Die Teigrolle auf der leicht bemehlten Arbeitsfläche in 7–8 mm dicke Scheiben schneiden. Dabei die Rolle immer wieder drehen, damit die Scheiben gleichmäßig rund abgeschnitten werden.

7. Die Teigscheiben auf Backbleche (gefettet, mit Backpapier belegt) legen.

8. Einen Ausstecher (Ø 6 cm) um einen Teigkreis setzen, dann ein kleines Glas mit dem Boden (Ø kleiner als der Teigkreis) erst in etwas Mehl tauchen, dann so in den Teigkreis drücken, dass eine Mulde entsteht. Auf diese Weise in jeden Teigkreis eine Mulde drücken.

9. Die Frischkäsecreme in den Keksmulden verteilen. Die Backbleche nacheinander (bei Heißluft zusammen) in den vorgeheizten Backofen schieben.

10. Die New York Cheesecake Cookies **20–25 Minuten je Backblech backen.**

Tipp: Sie können den Frischkäse durch Schokoladen-Frischkäse ersetzen. Statt Schmand können Sie für die Füllung auch Crème fraîche oder saure Sahne verwenden. Bestreuen Sie die New York Cheesecake Cookies vor dem Servieren mit Bio-Zitronenzesten (unbehandelt, ungewachst).

Nougat-Spezial-Pops | Für Kinder
8 Stück

Pro Stück: E: 6 g, F: 25 g, Kh: 39 g,
kJ: 1712, kcal: 409, BE: 3,5

Zum Vorbereiten:
>   70 g Butter
>   70 g Nuss-Nougat, klein geschnitten

Für die Cake-Pop-Masse:
>   30 g Hartweizengrieß
>   70 g gem. Haselnusskerne
>   50 g Weizenmehl
>   ½ TL Dr. Oetker Backin
>   50 g Zucker
>   1 Pck. Dr. Oetker Vanillin-Zucker
>   1 Ei (Größe M)
>   1 Eigelb (Größe M)

Zum Garnieren:
>   100 g Zartbitter-Schokolade
>   (etwa 50 % Kakaoanteil)
>   100 g Nuss-Nougat
>   50 g Mini-Marshmallows

Außerdem:
>   8 Lollistiele oder -spatel aus
>   Plastik, Holz oder Papier
>   1 Kucheneisform (mit 8 Mulden)

Zubereitungszeit: 30 Minuten,
ohne Abkühl- und Trockenzeit
Backzeit: 15–20 Minuten

1. Zum Vorbereiten Butter zerlassen. Topf von der Kochstelle nehmen, Nougat hinzugeben. Butter und Nougat zu einer geschmeidigen Masse verrühren und lauwarm abkühlen lassen.

2. Den Backofen vorheizen.
Ober-/Unterhitze: etwa 180 °C
Heißluft: etwa 160 °C

3. Für die Cake-Pop-Masse Grieß mit Nüssen, Mehl und Backpulver mischen. Die restliche Zutaten und Nougatbutter hinzufügen. Die Zutaten mit einem Mixer (Rührstäbe) zunächst kurz auf niedrigster, danach auf höchster Stufe in etwa 2 Minuten zu einem glatten Teig verarbeiten.

4. Den Teig in die Mulden der Kucheneisform (gefettet, bemehlt) geben und glatt streichen. Die Form auf dem Rost in den vorgeheizten Backofen schieben. Kucheneis **15–20 Minuten backen.**

5. Die Form auf einen Kuchenrost stellen. Kucheneis etwa 5 Minuten abkühlen lassen. Anschließend vorsichtig aus den Mulden lösen. Jeweils 1 Lollistiel oder Holzspatel in das Kucheneis stecken. Nougat-Spezial-Pops auf einen Kuchenrost legen und erkalten lassen. Anschließend evtl. überstehende Gebäckkanten mit einer Küchenschere oder einem Messer abschneiden.

6. Zum Garnieren Schokolade in kleine Stücke brechen. Nougat klein schneiden. Zwei Drittel Schokoladen- und Nougatstücke in einem Topf im Wasserbad bei schwacher Hitze unter Rühren schmelzen. Topf aus dem Wasserbad nehmen. Restliche Schokoladen- und Nougatstücke darin unter Rühren schmelzen.

7. Die Cake Pops von beiden Seiten mit dem Guss bestreichen, etwas antrocknen lassen und auf ein Stück Backpapier legen. Die Marshmallows vorsichtig daraufdrücken. Den Guss vollständig trocknen lassen.

Nusskuchen mit Irish Cream I
Mit Alkohol
12 Stücke

Pro Stück: E: 8 g, F: 25 g, Kh: 43 g,
kJ: 1866, kcal: 446, BE: 3,5

Für den Schüttelteig:

        125 g Butter oder Margarine
        300 g Weizenmehl
     1 Pck. Dr. Oetker Backin
        150 g Zucker
     1 Pck. Dr. Oetker Vanillin-Zucker
          4 Eier (Größe M)
etwa 140 ml Irish-Cream-Likör
     3 Tropfen Bittermandel-Aroma
        100 g gem. Haselnusskerne
        100 g Zartbitter-Raspelschokolade

Für den Guss:

        100 g Edelbitter-Schokolade
                  (mind. 60 % Kakaoanteil)
        1 TL Speiseöl

Zum Bestreuen:

         30 g gehobelte Haselnusskerne

Zubereitungszeit: 35 Minuten, ohne Abkühlzeit
Backzeit: etwa 40 Minuten

1. Für den Schüttelteig Butter oder Margarine in einem Topf bei schwacher Hitze zerlassen und abkühlen lassen.

2. Den Backofen vorheizen.
Ober-/Unterhitze: etwa 180 °C
Heißluft: etwa 160 °C

3. Mehl mit Backpulver mischen, in eine verschließbare Schüssel (etwa 3 l) geben und mit Zucker und Vanillin-Zucker mischen. Eier, flüssige Butter oder Margarine, Likör und Aroma hinzufügen. Die Schüssel mit dem Deckel fest verschließen, mehrmals kräftig schütteln (insgesamt 15–30 Sekunden), sodass alle Zutaten gut vermischt sind.

4. Haselnusskerne und Raspelschokolade hinzufügen. Trockene Zutaten mit einem Teigschaber vom Rand lösen. Alles mit einem Schneebesen oder Rührlöffel nochmals sorgfältig durchrühren, damit trockene Zutaten vom Rand mit untergerührt werden.

5. Den Teig in eine Springform (Ø 26 cm, Boden gefettet) geben und glatt streichen. Die Form auf dem Rost in den vorgeheizten Backofen schieben. Den Nusskuchen **etwa 40 Minuten backen.**

6. Die Form auf einen Kuchenrost stellen. Den Kuchen etwa 10 Minuten abkühlen lassen. Mit einem Messer aus der Form lösen, auf einem mit Backpapier belegten Kuchenrost etwa 60 Minuten erkalten lassen.

7. Für den Guss Schokolade in kleine Stücke brechen. Zwei Drittel davon mit dem Speiseöl in einem Topf im Wasserbad bei schwacher Hitze unter Rühren schmelzen. Den Topf aus dem Wasserbad nehmen und die restliche Schokolade darin unter Rühren schmelzen.

8. Die flüssige Schokolade von der Mitte aus auf den Kuchen gießen und mit einem Teigschaber verteilen. Etwas abkühlen lassen.

9. Gehobelte Haselnusskerne auf dem noch feuchten Guss verteilen. Guss fest werden lassen.

Nussküchlein | Mit Alkohol
12 Stück

Pro Stück: E: 5 g, F: 17 g, Kh: 22 g,
kJ: 1075, kcal: 257, BE: 2,0

Für den Rührteig:

60 g	*Butter oder Margarine (zimmerwarm)*
25 g	*Puderzucker*
1 Pck.	*Dr. Oetker Vanillin-Zucker*
2–3 Tropfen	*Rum-Aroma*
1 Pck.	*Dr. Oetker Finesse Weihnachtsaroma*
4	*Eigelb (Größe M)*
150 g	*gem. Haselnusskerne*
25 g	*gehackte Haselnusskerne*
½ gestr. TL	*Dr. Oetker Backin*

Für den Eischnee:

4	*Eiweiß (Größe M)*
1 Prise	*Salz*
30 g	*Puderzucker*

Zum Garnieren und für den Guss:

50 g	*grünes Dekor-Marzipan*
etwa 30 g	*rotes Dekor-Marzipan*
125 g	*Puderzucker*
1 EL	*Rum*
einige Tropfen	*Wasser*

Außerdem:

12	*Mini-Kastenförmchen (je etwa 9 x 5 cm)*
1	*Holzspieß (Schaschlikspieß oder Zahnstocher)*

Zubereitungszeit: 45 Minuten
Backzeit: 20–25 Minuten

1. Den Backofen vorheizen.
Ober-/Unterhitze: etwa 180 °C
Heißluft: etwa 160 °C

2. Für den Teig Butter oder Margarine mit einem Mixer (Rührstäbe) auf höchster Stufe geschmeidig rühren. Nach und nach Puderzucker, Vanillin-Zucker und Aromen unterrühren. So lange rühren, bis eine gebundene Masse entstanden ist. Eigelb nach und nach kurz unterrühren. Gemahlene und gehackte Haselnusskerne mit Backpulver mischen, auf mittlerer Stufe kurz unterrühren.

3. Für den Eischnee Eiweiß und Salz mit dem Mixer (Rührstäbe) sehr steif schlagen. Puderzucker nach und nach hinzugeben. So lange schlagen, bis die Eischneemasse stark glänzt.

4. Eischnee in 2 Portionen vorsichtig mit einem Teigschaber unter den Teig ziehen, dabei auch den am Rand haftenden Teig unterarbeiten.

5. Den Teig in die Kastenförmchen (evtl. gefettet – Silikonförmchen müssen nicht gefettet werden) geben und leicht glatt streichen. Die Form auf dem Rost in den vorgeheizten Backofen schieben. Die Nussküchlein **20–25 Minuten backen.**

6. In der Zwischenzeit zum Garnieren das grüne Marzipan ausrollen und 24 Blätter ausschneiden, mit dem Messerrücken Blattrispen eindrücken. Die Marzipanblätter auf einem Küchenbrett beiseitestellen. Aus dem roten Marzipan zwischen den Handflächen erbsengroße Kügelchen rollen, ebenfalls beiseitestellen.

7. Die gebackenen Küchlein auf einem Kuchenrost erkalten lassen. Anschließend vorsichtig aus den Förmchen lösen und auf den Kuchenrost stellen.

8. Für den Guss Puderzucker und Rum in eine Rührschüssel geben. Nach und nach nur so viel Wasser unterrühren, dass ein dünn- oder zähflüssiger Guss entsteht.

9. Die Nussküchlein mit dem Guss bestreichen, mit den beiseitegestellten Marzipanblättern und -kügelchen garnieren, vorsichtig andrücken. Mit dem Holzspieß in jedes Marzipankügelchen eine Vertiefung eindrücken. Guss und Marzipan trocknen lassen.

Tipp: Essen Kinder mit, ersetzen Sie den Rum durch Butter-Vanille-Aroma.

Nuss-Pflaumen-Cookies I

Einfach
8–9 große Cookies

Pro Stück: E: 4 g, F: 18 g, Kh: 20 g,
kJ: 1085, kcal: 259, BE: 1,5

Zum Vorbereiten:
      100 g getrocknete Soft-Pflaumen

Für den Teig:
      80 g Butter (zimmerwarm)
      80 g brauner Zucker
    1 Prise Salz
        1 Ei (Größe M)
      50 g Dinkelmehl (Type 630)
      50 g gem. Haselnusskerne
      75 g geröstete, gehackte
         Haselnusskerne
    ½ TL gem. Zimt
    1 Msp. Natron

Zubereitungszeit: 35 Minuten
Backzeit: 12–15 Minuten

1. Zum Vorbereiten die Soft-Pflaumen in ½ cm dicke Scheiben schneiden.

2. Den Backofen vorheizen.
Ober-/Unterhitze: etwa 200 °C
Heißluft: etwa 180 °C

3. Für den Teig Butter mit Zucker und Salz in eine Rührschüssel geben. Die Zutaten mit einem Mixer (Rührstäbe) zunächst kurz auf niedrigster, dann auf höchster Stufe schaumig schlagen. Das Ei hinzugeben und etwa 1 Minute unterschlagen. Zum Schluss die vorbereiteten Pflaumen kurz unterrühren.

4. Das Dinkelmehl mit den gemahlenen und gehackten Nusskernen, Zimt sowie dem Natron gut vermischen. Die Mehl-Nuss-Mischung auf die Butter-Ei-Masse geben und mit einem Teigschaber unterheben.

5. Den Cookieteig mit 2 Esslöffeln oder einem Eisportionierer in gleich großen, runden Häufchen auf ein Backblech (gefettet, mit Backpapier belegt) setzen, dabei genügend Abstand zwischen den Teighäufchen lassen. Die Teighäufchen mit einem in Wasser getauchten Löffel zu flachen Cookies verstreichen. Das Backblech in den vorgeheizten Backofen schieben. Die Nuss-Pflaumen-Cookies **12–15 Minuten backen.**

6. Die Nuss-Pflaumen-Cookies mit dem Backpapier auf einen Kuchenrost ziehen und erkalten lassen.

Nuss-Schoko-Cookies I

Schnell gemacht

8–9 große Cookies

Pro Stück: E: 4 g, F: 22 g, Kh: 22 g,
kJ: 1263, kcal: 302, BE: 2,0

Zum Vorbereiten:

70 g	Vollmilch-Schokolade (etwa 50 % Kakaoanteil)
100 g	ungesalzene Macadamia-Nusskerne

Für den Teig:

100 g	Butter (zimmerwarm)
50 g	brauner Zucker
1 Prise	Salz
1 Pck.	Dr. Oetker Bourbon-Vanille-Zucker
1	Ei (Größe S)
125 g	Weizenmehl
1 gestr. TL	Dr. Oetker Backin

Zubereitungszeit: 25 Minuten
Backzeit: etwa 15 Minuten

1. Zum Vorbereiten die Schokolade und die Nusskerne in grobe Stücke hacken (nicht zu fein, kleinere Nusskerne ganz lassen).

2. Den Backofen vorheizen.
Ober-/Unterhitze: etwa 180 °C
Heißluft: etwa 160 °C

3. Für den Teig Butter in eine Rührschüssel geben und mit einem Mixer (Rührstäbe) etwa 2 Minuten schaumig schlagen. Zucker, Salz und Vanille-Zucker unterrühren. Das Ei hinzugeben und etwa 1 Minute unterschlagen.

4. Mehl mit Backpulver gut vermischen. Die Mehlmischung auf die Butter-Ei-Masse geben und mit einem Teigschaber unterheben. Zuletzt die vorbereitete Schokolade und die Nusskerne unterheben.

5. Den Teig mit 2 Esslöffeln oder einem Eisportionierer in gleich großen, runden Häufchen auf ein Backblech

(gefettet, mit Backpapier belegt) setzen, dabei genügend Abstand zwischen den Teighäufchen lassen. Die Teighäufchen mit einem in Wasser getauchten Löffel nur leicht flach drücken.

6. Das Backblech in den vorgeheizten Backofen schieben. Nuss-Schoko-Cookies **etwa 15 Minuten backen.**

7. Die Nuss-Schoko-Cookies mit dem Backpapier von dem Backblech auf einen Kuchenrost ziehen und erkalten lassen.

Tipp: Gesalzene Macadamianüsse können Sie mit warmem Wasser abspülen, mit Küchenpapier trocken tupfen und dann wie angegeben weiterverarbeiten.

Obsttarte I Fruchtig

12 Stücke

Pro Stück: E: 6 g, F: 15 g, Kh: 34 g,
kJ: 1256, kcal: 300, BE: 3,0

Für den Knetteig:

200 g	Weizenmehl
25 g	Zucker
1 Prise	Salz
125 g	Butter oder Margarine (zimmerwarm)
1 EL	kaltes Wasser

Für den Belag:

250 g	abgetropfte Aprikosenhälften (aus der Dose)
2	Birnen (etwa 300 g)
100 g	grüne, kernlose Weintrauben

Für die Mandelmasse:

75 g	Zucker
½ Pck.	Dr. Oetker Finesse Geriebene Zitronenschale
100 g	gem. Mandeln
2 EL	Speisestärke
4	Eier (Größe M)

Zum Aprikotieren:

2 EL	Aprikosenkonfitüre
1 EL	Aprikosensaft (aus der Dose) oder Wasser

Zubereitungszeit: 35 Minuten, ohne Kühlzeit
Backzeit: 30–45 Minuten

1. Für den Teig das Mehl in eine Rührschüssel geben. Zucker, Salz, Butter oder Margarine und Wasser hinzufügen. Die Zutaten mit einem Mixer (Rührstäbe) zunächst kurz auf niedrigster, dann auf höchster Stufe gut durcharbeiten.

2. Anschließend auf einer leicht bemehlten Arbeitsfläche kurz zu einem Teig verkneten. Den Teig in Frischhaltefolie gewickelt etwa 60 Minuten in den Kühlschrank legen.

3. Den Backofen vorheizen.
Ober-/Unterhitze: etwa 200 °C
Heißluft: etwa 180 °C

4. Zwei Drittel des Teiges auf der leicht bemehlten Arbeitsfläche zu einer runden Platte (Ø etwa 26 cm) ausrollen.

5. Den Teig in eine Tarteform (Ø 26–28 cm, gefettet, mit Backpapier belegt) legen, an den Formboden drücken und mit einer Gabel mehrmals einstechen.

6. Die Form auf dem Rost in den vorgeheizten Backofen schieben. Teigboden **10–15 Minuten backen.**

7. Die Form auf einen Kuchenrost stellen. Den Knetteigboden etwas abkühlen lassen.

8. Für den Belag von den Aprikosenhälften den Saft auffangen und beiseitestellen. Birnen schälen, vierteln und die Kerngehäuse entfernen. Birnen achteln. Weintrauben abspülen, gut abtropfen lassen, entstielen und halbieren.

9. Für die Mandelmasse Zucker, Zitronenschale, Mandeln und Speisestärke in eine Rührschüssel geben und gut vermischen. Eier unterrühren.

10. Aus dem restlichen Teig eine lange Rolle formen, auf den vorgebackenen Teigboden legen und an den Tarteformrand drücken. Die Mandelmasse auf dem Boden gleichmäßig verteilen.

11. Das vorbereitete Obst darauf verteilen. Die Form auf dem Rost wieder in den heißen Backofen schieben. Die Obsttarte **bei gleicher Backofentemperatur in 20–30 Minuten fertig backen.** Die Form auf einen Kuchenrost stellen.

12. Zum Aprikotieren die Konfitüre in einem Topf mit 1 Esslöffel von dem aufgefangenen Aprikosensaft oder mit Wasser pürieren und unter Rühren kräftig aufkochen. Die heiße Obsttarte damit bestreichen und erkalten lassen.

13. Die Obsttarte vorsichtig auf eine Tortenplatte setzen und das Backpapier entfernen.

Orangen-Mandel-Kuchen | Fruchtig
60 Stücke

Pro Stück: E: 2 g, F: 5 g, Kh: 12 g,
kJ: 418, kcal: 100, BE: 1,0

Zum Vorbereiten:

3	große Bio-Orangen (unbehandelt, ungewachst, je etwa 360 g)
500 ml	Wasser
300 g	abgezogene, gem. Mandeln

Für den Biskuitteig:

7	Eier (Größe M)
300 g	Zucker
3 EL	Weizenmehl
1 ½	gestr. TL Dr. Oetker Backin
1 Prise	Salz

Für den Guss:

300 g	Puderzucker
80 ml	Zitronensaft
100 g	Butter (zimmerwarm)

Zubereitungszeit: 45 Minuten, ohne Kühlzeit
Backzeit: etwa 60 Minuten

1. Zum Vorbereiten die Orangen heiß abwaschen, abtropfen lassen und in einen großen Topf legen. Wasser hinzugießen und zum Kochen bringen. Orangen zugedeckt etwa 45 Minuten kochen lassen.

2. Mandeln in einer Pfanne ohne Fett unter Wenden goldbraun rösten, herausnehmen und auf einem Teller erkalten lassen.

3. Orangen abgießen und erkalten lassen. Orangen in Stücke schneiden, dabei die Kerne entfernen. Die Orangenstücke in einem Blitzhacker oder mit einem Pürierstab fein pürieren.

4. Den Backofen vorheizen.
Ober-/Unterhitze: etwa 160 °C
Heißluft: etwa 140 °C

5. Für den Teig Eier in einer Rührschüssel mit einem Mixer (Rührstäbe) auf höchster Stufe in etwa 1 Minute schaumig schlagen. Den Zucker in etwa 1 Minute einstreuen, dann noch weitere etwa 2 Minuten weiterschlagen, bis ein elastischer Schaum entstanden ist.

6. Mandeln mit Mehl, Backpulver und Salz mischen, mit dem Orangenpüree unter den Eierschaum heben. Den Teig in einem tiefen Backblech oder einer Fettpfanne (30 x 40 cm, gefettet, mit Backpapier belegt) verteilen und glatt streichen.

7. Das Backblech oder die Fettpfanne in den vorgeheizten Backofen schieben. Den Orangen-Mandel-Kuchen in **etwa 60 Minuten goldbraun backen.**

8. Das Backblech oder die Fettpfanne auf einen Kuchenrost stellen. Den Orangen-Mandel-Kuchen darauf erkalten lassen.

9. Für den Guss den Puderzucker mit Zitronensaft und Butter glatt rühren. Den Guss auf den Orangen-Mandel-Kuchen geben und glatt streichen. Den Orangen-Mandel-Kuchen etwa 60 Minuten in den Kühlschrank stellen.

10. Die Kuchenränder evtl. mit einem Elektromesser gerade schneiden. Den Orangen-Mandel-Kuchen in etwa 3 x 6 cm große Stücke schneiden.

Paranuss-Toffee-Kuchen I

Mit Alkohol
25 Stücke

Pro Stück: E: 4 g, F: 20 g, Kh: 18 g,
kJ: 1149, kcal: 275, BE: 1,5

Für den Teig:

250 g	Paranusskerne
200 g	Butter (zimmerwarm)
140 g	brauner Zucker
1 TL	gem. Zimt
1 Prise	Salz
4	Eier (Größe M)
50 g	Schlagsahne
200 g	Weizenmehl
2 gestr. TL	Dr. Oetker Backin
1 gestr. TL	Natron

Für die Toffeeglasur:

150 g	brauner Zucker
200 g	Schlagsahne
50 ml	Whisky
30 g	Butter
10 g	Zartbitter-Kuvertüre

Zubereitungszeit: 60 Minuten, ohne Abkühlzeit
Backzeit: etwa 30 Minuten

1. Einen Backrahmen (etwa 25 x 25 cm) auf ein Backblech (mit Backpapier belegt) stellen.

2. Den Backofen vorheizen.
Ober-/Unterhitze: etwa 180 °C
Heißluft: etwa 160 °C

3. Für den Teig 150 g Paranusskerne im Blitzhacker fein hacken. Butter, Zucker, Zimt und Salz in einer Rührschüssel mit einem Mixer (Rührstäbe) auf höchster Stufe etwa 2 Minuten schaumig schlagen. Eier nach und nach unterrühren (jedes Ei etwa ½ Minute), Sahne unterrühren.

4. Das Mehl mit Backpulver und Natron mischen, in 2 Portionen mit den klein gehackten Paranusskernen auf mittlerer Stufe kurz unterrühren. Die restlichen Paranusskerne (100 g) grob hacken und unter den

Teig heben. Den Teig im Backrahmen verteilen und glatt streichen. Das Backblech in den vorgeheizten Backofen schieben. Den Kuchen **etwa 30 Minuten goldbraun backen.**

5. Das Backblech auf einen Kuchenrost stellen. Den gebackenen Kuchen etwas abkühlen lassen.

6. In der Zwischenzeit für die Toffeeglasur Zucker, Sahne, Whisky und Butter in einem breiten Topf zum Kochen bringen und bei schwacher bis mittlerer Hitze 10–15 Minuten unter gelegentlichem Rühren dickflüssig einkochen lassen. Zur Probe einen Tropfen der Toffeemasse auf einen kalten Teller geben. Entsteht ein deutlich gewölbter Tropfen, ist die eingekochte Masse fertig. Den Topf sofort von der Kochstelle nehmen und kurz in kaltes Wasser stellen.

7. Etwa ein Drittel der Toffeemasse auf dem Kuchen verteilen. Die Kuvertüre grob hacken und in der restlichen heißen Toffeemasse unter Rühren schmelzen. Die Toffee-Schoko-Masse in Form von Tropfen auf die Toffeemasse geben und mit einer Gabel ein Marmormuster durchziehen. Den Kuchen erkalten lassen.

8. Den Kuchen zum Servieren in etwa 5 cm große Würfel schneiden.

Peanut Butter Cheesecake | Für Gäste

12–14 Stücke

Pro Stück: E: 15 g, F: 27 g, Kh: 44 g,
kJ: 2008, kcal: 482, BE: 3,5

Für den Streuselteig:

> 230 g Weizenmehl
> 120 g Butter oder Margarine
> 80 g Zucker
> 1 Eigelb (Größe M)
> 100 g Peanut Butter, crunchy
> (Erdnussbutter mit Stückchen)

Für die Füllung:

> 200 g Doppelrahm-Frischkäse
> 100 g Peanut Butter, crunchy
> 3 Eigelb (Größe M)
> 500 g Magerquark
> 4 Eiweiß (Größe M)
> 160 g Zucker

Für den Guss:

> 4 Erdnuss-Karamell-Riegel
> (etwa 200 g)
> 50 ml Milch (1,5 % Fett)

Zubereitungszeit: 35 Minuten, ohne Kühlzeit
Backzeit: etwa 35 Minuten

1. Den Backofen vorheizen.
Ober-/Unterhitze: etwa 180 °C
Heißluft: etwa 160 °C

2. Für den Teig das Mehl in eine Rührschüssel geben. Butter oder Margarine, Zucker, Eigelb und Peanut Butter hinzufügen. Die Zutaten mit einem Mixer (Rührstäbe) zunächst kurz auf niedrigster, dann auf höchster Stufe zu Streuseln verarbeiten.

3. Einen Backrahmen (etwa 26 x 32 cm) auf ein Backblech (mit Backpapier belegt) stellen. Die Streusel in dem Backrahmen verteilen. Das Backblech in den vorgeheizten Backofen schieben. Den Boden in **etwa 10 Minuten hellbraun vorbacken.**

4. Das Backblech auf einen Kuchenrost stellen.

5. Für die Füllung Frischkäse, Peanut Butter, Eigelb und Quark in einer Rührschüssel mit einem Schneebesen glatt rühren. Eiweiß mit einem Mixer (Rührstäbe) auf höchster Stufe steif schlagen. Der Schnee muss so fest sein, dass ein Messerschnitt sichtbar bleibt. Nach und nach Zucker einrieseln lassen. Den Eischnee mit einem Schneebesen unter die Quarkmasse heben.

6. Die Quarkmasse gleichmäßig auf den vorgebackenen Streuselboden geben und glatt streichen. Das Backblech wieder in den vorgeheizten Backofen schieben. Cheesecake **bei gleicher Backofentemperatur in etwa 25 Minuten fertig backen.**

7. Das Backblech auf einen Kuchenrost stellen. Den Cheesecake in der Form vollständig erkalten lassen.

8. Für den Guss Erdnussriegel in etwa 1 cm dicke Scheiben schneiden. Milch in einem kleinen Topf kurz aufkochen, Erdnussriegelscheiben hinzugeben und unter Rühren schmelzen lassen. Die Erdnussmasse auf dem Cheesecake verteilen. Peanut Butter Cheesecake etwa 3 Stunden in den Kühlschrank stellen.

9. Den Backrahmen lösen und entfernen. Cheesecake in Stücke schneiden und servieren.

Pecan Pie | Genuss mit Nuss
16 Stücke

Pro Stück: E: 5 g, F: 34 g, Kh: 30 g,
kJ: 1864, kcal: 445, BE: 2,5

Für den Teig:
- 250 g Weizenmehl
- 200 g Butter (kalt)
- 4 EL kaltes Wasser
- ½ gestr. TL Salz

Für die Füllung:
- 120 g Butter (zimmerwarm)
- 120 g Zucker
- 4 Eier (Größe M)
- 180 g Maisstärkesirup oder Zuckerrübensirup (Rübenkraut)
- 1 Pck. Dr. Oetker Bourbon-
  Vanille-Zucker
- 350 g Pekannusskerne

- evtl. 1 EL Puderzucker

Zubereitungszeit: 35 Minuten, ohne Kühlzeit
Backzeit: etwa 50 Minuten

1. Für den Teig Mehl in eine Rührschüssel geben. Butter, Wasser und Salz hinzufügen. Die Zutaten mit einem Mixer (Knethaken) zu einem glatten Teig verkneten. Den Teig in Frischhaltefolie gewickelt etwa 60 Minuten in den Kühlschrank legen.

2. Den Backofen vorheizen.
Ober-/Unterhitze: etwa 200 °C
Heißluft: etwa 180 °C

3. Den Teig mit etwas Mehl bestäuben und auf der leicht bemehlten Arbeitsfläche zu einer runden Platte (Ø etwa 30 cm) ausrollen. Die Teigplatte in eine Tarteform (Ø 28 cm, gefettet) legen und dabei den Rand nach innen klappen. Mit den Fingern Mulden in den Rand drücken.

4. Für die Füllung Butter und Zucker in einer Rührschüssel mit einem Mixer (Rührstäbe) auf höchster Stufe in etwa 4 Minuten weiß-schaumig schlagen. Die Eier nacheinander unterrühren. Sirup und Vanille-Zucker unterschlagen.

5. Etwa 40 Pekannusskerne beiseitelegen. Die restlichen Pekannusskerne unter die Butter-Sirup-Masse heben. Die Masse auf dem Teigboden in der vorbereiteten Tarteform verteilen und die Oberfläche mit den beiseitegelegten Pekannusskernen garnieren.

6. Die Form auf dem Rost in den vorgeheizten Backofen schieben. Die Pie **etwa 5 Minuten backen.**

7. Dann die Backofentemperatur um etwa 10 °C herunterschalten und die Pie **in weiteren etwa 45 Minuten fertig backen.**

8. Die Form auf einen Kuchenrost stellen. Die Pie erkalten lassen und nach Belieben mit Puderzucker bestäubt servieren.

Tipps: Wenn Sie nur gesalzene Pekannusskerne bekommen, diese mit warmem Wasser abspülen und mit Küchenpapier trocken tupfen. Die Pie schmeckt auch gut mit Walnusskernen.

Pfefferminz-Schoko-Pops I

Very british
24 Stück

Pro Stück: E: 2 g, F: 12 g, Kh: 17 g,
kJ: 748, kcal: 178, BE: 1,5

Für die Cake-Pop-Masse:

75 g	klein gehackte Zartbitter-Kuvertüre
100 ml	Milch (1,5 % Fett)
60 g	Butter (zimmerwarm)
60 g	Zucker
1 Prise	Salz
1	Ei (Größe M)
1	Eigelb (Größe M)
100 g	Weizenmehl
10 g	gesiebter Backkakao
1 gestr. TL	Dr. Oetker Backin

75 g	Butter (zimmerwarm)
120 g	klein gehackte Pfefferminztaler

Zum Garnieren:

125 g	klein gehackte dunkle Kuchenglasur
75 g	klein gehackte Zartbitter-Kuvertüre
75 g	fein geschabte Vollmilch-Schokolade
einige	vorbereitete Pfefferminz-blättchen

Außerdem:

24	Lollistiele aus Plastik, Holz oder Papier

Zubereitungszeit: 90 Minuten, ohne Kühlzeit
Backzeit: etwa 20 Minuten

1. Den Backofen vorheizen.
Ober-/Unterhitze: etwa 180 °C
Heißluft: etwa 160 °C

2. Für die Cake-Pop-Masse Kuvertüre mit der Milch unter ständigem Rühren zum Kochen bringen. Den Topf von der Kochstelle nehmen.

3. Butter, Zucker und Salz mit einem Mixer (Rührstäbe) zunächst kurz auf niedrigster, dann auf höchster Stufe in etwa 4 Minuten schaumig schlagen. Ei mit Eigelb unterschlagen.

4. Mehl mit Kakao und Backpulver mischen, daraufsieben, mit einem Schneebesen unterheben. Heiße Kuvertüremilch unterrühren.

5. Den Teig in einer Springform (Ø 26 cm, Boden gefettet, mit Backpapier belegt) glatt streichen.

6. Die Form auf dem Rost in den vorgeheizten Backofen schieben. Kuchen **etwa 20 Minuten backen.**

7. Die Form auf einen Kuchenrost stellen. Den etwas abgekühlten Kuchen aus der Form lösen, auf dem Kuchenrost erkalten lassen, dann in einer Rührschüssel zerbröseln.

8. Butter mit dem Mixer (Rührstäbe) auf mittlerer Stufe schaumig schlagen. Minztaler unterrühren. Die Brösel gut unterrühren, dann zwischen den Handflächen zu Kugeln rollen (je etwa 25 g) und auf ein Backblech (mit Backpapier belegt) legen.

9. Zum Garnieren zwei Drittel Kuchenglasur und Kuvertüre in einem Topf im Wasserbad bei schwacher Hitze unter Rühren schmelzen.

10. Den Topf aus dem Wasserbad nehmen und die restliche Kuchenglasur und Kuvertüre darin unter Rühren schmelzen.

11. Die Lollistiele 2–3 cm tief hineintauchen, dann in die Teigkugeln stecken. Cake Pops etwa 30 Minuten in den Kühlschank legen.

12. Inzwischen die Glasur nochmals im Wasserbad schmelzen. Cake Pops an den Stielen hineintauchen, etwas abtropfen lassen, mit der geschabten Schokolade bestreuen.

13. Die Pfefferminz-Schoko-Pops mit den Stielen nach oben auf ein kleines Stück Backpapier stellen, mit Pfefferminzblättchen garnieren. Glasur trocknen lassen.

Pinienkern-Cookies | Edel

8–9 große Cookies

Pro Stück: E: 6 g, F: 23 g, Kh: 29 g,
kJ: 1440, kcal: 344, BE: 2,5

Zum Vorbereiten:
>   100 g Pinienkerne
>   170 g weiße Schokolade

Für den Teig:
>   100 g Butter (zimmerwarm)
>   40 g Zucker
>   1 Prise Salz
>   1   Ei (Größe M)
>   130 g Weizenmehl
>   1 Msp.   Natron

Zubereitungszeit: 35 Minuten, ohne Abkühlzeit
Backzeit: 15–20 Minuten

1. Zum Vorbereiten Pinienkerne in einer Pfanne ohne
Fett unter Wenden goldbraun rösten und auf einem
Teller erkalten lassen. Schokolade hacken.

2. Den Backofen vorheizen.
Ober-/Unterhitze: etwa 160 °C
Heißluft: etwa 140 °C

3. Für den Teig Butter mit Zucker und Salz in eine
Rührschüssel geben. Die Zutaten mit einem Mixer
(Rührstäbe) zunächst kurz auf niedrigster, dann auf
höchster Stufe schaumig schlagen. Das Ei hinzugeben und etwa 1 Minute unterschlagen.

4. Das Mehl mit Natron gut vermischen. Die Mehlmischung auf die Butter-Ei-Masse geben und mit einem
Teigschaber unterheben. Zuletzt geröstete Pinienkerne
(1–2 Esslöffel beiseitelegen) und gehackte Schokolade
unterheben.

5. Den Teig mit 2 Esslöffeln oder einem Eisportionierer
in gleich großen, runden Häufchen auf ein Backblech
(gefettet, mit Backpapier belegt) setzen, dabei genügend Abstand zwischen den Teighäufchen lassen. Die
Teighäufchen mit einem in Wasser getauchten Löffel
zu flachen Cookies verstreichen.

6. Die Cookies mit den restlichen Pinienkernen
bestreuen, dabei die Kerne evtl. leicht in den Teig
drücken. Das Backblech in den vorgeheizten Backofen
schieben. Die Pinienkern-Cookies **15–20 Minuten
backen.**

7. Die Cookies mit dem Backpapier von dem Backblech auf einen Kuchenrost ziehen und erkalten
lassen.

Polenta-Orangen-Cookies I

Mit Macadamias – glutenfrei

8–9 große Cookies

Pro Stück: E: 2 g, F: 9 g, Kh: 22 g,
kJ: 752, kcal: 180, BE: 2,0

Zum Vorbereiten:

½ Bio-Orange
(unbehandelt, ungewachst)
10 g gesalzene, geröstete
Macadamia-Nusskerne

Für den Teig:

75 g Butter
(zimmerwarm)
75 g brauner Zucker
1 Ei (Größe M)
75 g Polenta (Maisgrieß)
75 g Maismehl

Zubereitungszeit: 40 Minuten
Backzeit: etwa 15 Minuten

1. Zum Vorbereiten die Orange heiß abwaschen und abtrocknen. Die Schale fein abreiben. Die Nusskerne in grobe Stücke hacken.

2. Den Backofen vorheizen.
Ober-/Unterhitze: etwa 200 °C
Heißluft: etwa 180 °C

3. Für den Teig Butter mit Zucker und Orangenschale in eine Rührschüssel geben. Die Zutaten mit einem Mixer (Rührstäbe) zunächst kurz auf niedrigster, dann auf höchster Stufe schaumig schlagen. Das Ei hinzugeben und etwa 1 Minute unterschlagen.

4. Polenta mit Maismehl gut vermischen. Die Polenta-Maismehl-Mischung auf die Butter-Ei-Masse geben und mit einem Teigschaber unterheben. Anschließend die gehackten Nusskerne unterheben.

5. Den Cookieteig mit 2 Esslöffeln oder einem Eisportionierer in gleich großen, runden Häufchen auf ein Backblech (gefettet, mit Backpapier belegt) setzen, dabei genügend Abstand zwischen den Teighäufchen lassen. Die Teighäufchen mit einem in Wasser getauchten Löffel zu flachen Cookies verstreichen.

6. Das Backblech in den vorgeheizten Backofen schieben. Die Cookies **etwa 15 Minuten backen.**

7. Die Polenta-Cookies mit dem Backpapier auf einen Kuchenrost ziehen und erkalten lassen.

Poundcake
(Rosinen-Gewürzkuchen) |
Gut vorzubereiten
60 Stücke

Pro Stück: E: 2 g, F: 11 g, Kh: 14 g,
kJ: 682, kcal: 163, BE: 1,0

Zum Vorbereiten:
200 g Rosinen
200 g Korinthen

Für den Teig:
400 g Butter oder Margarine
          (zimmerwarm)
200 g Zucker
je 1 TL Zimt, Nelken, Kardamom
          (alles gem.)
7 Eier (Größe L)
400 g Weizenmehl
1 gestr. TL Dr. Oetker Backin

Zum Aprikotieren:
300 g Aprikosenkonfitüre

Zubereitungszeit: 40 Minuten, ohne Einweichzeit
Backzeit: etwa 40 Minuten

1. Den Backofen vorheizen.
Ober-/Unterhitze: etwa 180 °C
Heißluft: etwa 160 °C

2. Zum Vorbereiten die Rosinen und Korinthen etwa 20 Minuten in warmem Wasser einweichen. Anschließend in einem Sieb abtropfen lassen.

3. Für den Teig die Butter oder Margarine mit 100 g des Zuckers und den Gewürzen in eine Rührschüssel geben. Die Zutaten mit einem Mixer (Rührstäbe) zunächst kurz auf niedrigster, dann auf höchster Stufe 3–4 Minuten schaumig schlagen. Die Buttermasse in eine große, breite Rührschüssel füllen.

4. Die Rührschüssel und die Rührbesen gründlich reinigen.

5. Die Eier und den restlichen Zucker in die gesäuberte Rührschüssel geben und mit dem Mixer (Rührstäbe) etwa 4 Minuten schaumig schlagen. Mehl und Backpulver mischen.

6. Rosinen, Korinthen und das Mehlgemisch auf die Buttermasse geben. Die Hälfte des Eierschaums hinzugeben. Die Zutaten mit einem Teigschaber zu einer glatten Masse vermischen. Restlichen Eierschaum unterheben. Den Teig auf ein Backblech (30 x 40 cm, gefettet, mit Backpapier belegt) geben und glatt streichen. Das Backblech in den vorgeheizten Backofen schieben. Den Poundcake in **etwa 40 Minuten goldbraun backen.**

7. Das Backblech auf einen Kuchenrost stellen. Konfitüre in einem kleinen Topf unter Rühren bei starker Hitze aufkochen lassen. Den warmen Gewürzkuchen damit bestreichen und erkalten lassen.

8. Den Gewürzkuchen in etwa 3 x 6 cm große Stücke schneiden.

Tipp: Dieser Kuchen kann in Frischhaltefolie gewickelt 1–2 Wochen im Gemüsefach des Kühlschrankes aufbewahrt werden.

Prinzen-Nougat-Würfel I

Schmecken Groß und Klein

70 Stücke

Pro Stück: E: 1 g, F: 6 g, Kh: 10 g,
kJ: 437, kcal: 105, BE: 1,0

Für den Knetteig:

500 g	Weizenmehl
2 gestr. TL	Dr. Oetker Backin
140 g	Zucker
2 TL	gem. Zimt
1/2 TL	ger. Muskatnuss
1 Prise	Salz
2	Eier (Größe M)
360 g	Butter oder Margarine

Außerdem:

400 g	Nuss-Nougat
1 TL	gesiebter Backkakao

Zubereitungszeit: 40 Minuten, ohne Kühlzeit
Backzeit: etwa 35 Minuten

1. Den Backofen vorheizen.
Ober-/Unterhitze: etwa 180 °C
Heißluft: etwa 160 °C

2. Für den Teig Mehl mit Backpulver in einer Rühr-schüssel mischen. Zucker, Zimt, Muskat, Salz, Eier und Butter oder Margarine hinzufügen. Die Zutaten mit einem Mixer (Knethaken) zunächst kurz auf nied-rigster, dann auf höchster Stufe gut durcharbeiten.

3. Anschließend auf einer leicht bemehlten Arbeits-fläche kurz zu einem Teig verkneten. Sollte er kleben, ihn in Frischhaltefolie gewickelt eine Zeit lang in den Kühlschrank legen.

4. Den Teig auf einem Backblech (30 x 40 cm, ge-fettet, mit Backpapier belegt) ausrollen. Das Back-blech in den vorgeheizten Backofen schieben. Die Gebäckplatte in **etwa 35 Minuten goldbraun backen.**

5. Das Backblech auf einen Kuchenrost stellen. Die Gebäckplatte senkrecht halbieren und erkalten lassen.

6. Nuss-Nougat in Stücke schneiden und in einem Topf im heißen Wasserbad bei schwacher Hitze unter Rühren schmelzen.

7. Etwa drei Viertel der Nougatmasse auf einer Ge-bäckhälfte verteilen und glatt streichen. Die zweite Gebäckhälfte darauflegen und andrücken.

8. Die restliche Nougatmasse auf die Gebäckober-fläche träufeln und grob verstreichen. Das Gebäck etwa 60 Minuten kalt stellen.

9. Das Gebäck dünn mit Kakao bestäuben und mit einem angewärmten Messer in etwa 4 cm große Würfel schneiden.

Tipp: Die Prinzen-Nougat-Würfel halten sich in luft-dicht verschlossenen Dosen und kühl gestellt etwa 1 Woche.

Puffreis-Cookies ▌
Für Kinder
8–9 große Cookies

Pro Stück: E: 4 g, F: 14 g, Kh: 21 g,
kJ: 937, kcal: 224, BE: 1,5

Zum Vorbereiten:
>   100 g Schoko-Puffreis-Quadrate

Für den Teig:
>   50 g Butter (zimmerwarm)
>   50 g Zucker
> 1 Prise Salz
>   1 Ei (Größe M)
>   50 g Weizenmehl
>   50 g gem. Mandeln
> 1 Msp. Natron
>   50 g Vollmilch-Raspelschokolade

Zubereitungszeit: 45 Minuten
Backzeit: 12–15 Minuten

1. Zum Vorbereiten Schoko-Puffreis in kleine Stücke brechen und in einem Topf im Wasserbad bei schwacher Hitze unter Rühren schmelzen.

2. Den Backofen vorheizen.
Ober-/Unterhitze: etwa 200 °C
Heißluft: etwa 180 °C

3. Für den Teig Butter mit Zucker und Salz in eine Rührschüssel geben. Die Zutaten mit einem Mixer (Rührstäbe) zunächst kurz auf niedrigster, dann auf höchster Stufe schaumig schlagen. Das Ei hinzugeben und etwa 1 Minute unterschlagen.

4. Die geschmolzene Puffreis-Schokolade mit einem Teigschaber unterrühren.

5. Mehl mit Mandeln, Natron und Raspelschokolade gut vermischen. Die Mehl-Schoko-Mischung auf die Butter-Ei-Masse geben und mit einem Teigschaber unterheben.

6. Den Cookieteig mit 2 Esslöffeln oder einem Eisportionierer in gleich großen, runden Häufchen auf ein

Backblech (gefettet, mit Backpapier belegt) setzen, dabei genügend Abstand zwischen den Teighäufchen lassen. Die Teighäufchen mit einem in Wasser getauchten Löffel zu flachen Cookies verstreichen.

7. Das Backblech in den vorgeheizten Backofen schieben. Die Puffreis-Cookies **12–15 Minuten backen.**

8. Die Puffreis-Cookies mit dem Backpapier von dem Backblech auf einen Kuchenrost ziehen und erkalten lassen.

Tipps: Für Puffreis-Cookies am Stiel den Teig in halb so großen Portionen auf das Backblech geben, wie beschrieben flach verstreichen und in jede Teigportion einen Plastik-Lollistiel drücken. Cookies wie beschrieben backen. Lollistiele gibt es im Internet oder in gut sortierten Haushaltswarengeschäften. Die Stiele sind sehr preisgünstig; es gibt sie auch aus Holz. Übrigens können alle Cookies, die ohne Früchte im Teig zubereitet werden, auch mit Stiel gebacken werden. Bei Rezepten für die typisch amerikanischen, großen Cookies sollten Sie allerdings darauf achten, die Cookies nur etwa halb so groß wie in den Rezepten beschrieben zu portionieren, da die Cookies für den Stiel sonst zu schwer würden und herunterfallen könnten. Zum Verschenken können Sie über jeden Cookie ein Zellophantütchen stülpen und dieses mit einem hübschen Bändchen schließen.

Ricotta-Cheesecakes I

Raffiniert
6 Stück

Pro Stück: E: 6 g, F: 18 g, Kh: 21 g,
kJ: 1133, kcal: 271, BE: 2,0

Für den Bröselboden:

    35 g Butter
    1 Bio-Orange
      (unbehandelt, ungewachst)
    45 g Cantuccini (ital. Mandelgebäck)

Für die Cheesecake-Masse:

    1 Bio-Zitrone
      (unbehandelt, ungewachst)
    225 g Ricotta (ital. Frischkäse)
    100 g Crème fraîche
    30 g Puderzucker
    1 Ei (Größe L)
    1 Eigelb (Größe L)

Für den Belag:

    3 Aprikosen (etwa 100 g)
    ½ Bio-Orange
      (unbehandelt, ungewachst)
    50 g flüssiger Akazienhonig
    1 TL Balsamico-Essig
    1 TL frische Rosmarinnadeln

Außerdem:

    6 Silikon-Muffinförmchen

Zubereitungszeit: 50 Minuten, ohne Abkühlzeit
Backzeit: etwa 40 Minuten

1. Für den Bröselboden die Butter zerlassen. Orange heiß abwaschen, abtrocknen und etwa 1 Teelöffel von der Schale fein abreiben. Cantuccini im Blitzhacker fein zerbröseln, in eine Rührschüssel geben, mit der Orangenschale und der Butter gut vermischen.

2. Den Backofen vorheizen.
Ober-/Unterhitze: etwa 150 °C
Heißluft: etwa 130 °C

3. Die Bröselmischung auf dem Boden von 6 Silikon-Muffinförmchen verteilen und fest andrücken.

4. Für die Cheesecake-Masse Zitrone heiß abwaschen, abtrocknen und etwa 1 Teelöffel von der Schale abreiben. Zitrone halbieren, den Saft auspressen und etwa 2 Esslöffel abmessen.

5. Ricotta mit Crème fraîche, Puderzucker, Zitronenschale, -saft, Ei und Eigelb vermischen. Die Ricottamasse in die Förmchen füllen.

6. Die Förmchen auf dem Rost in den vorgeheizten Backofen (unteres Drittel) schieben. Cheesecakes **etwa 40 Minuten backen.** Dabei die Backofentür nicht öffnen.

7. Die Förmchen aus dem Backofen nehmen und auf einen Kuchenrost stellen. Cheesecakes erkalten lassen, dann vorsichtig aus den Förmchen lösen.

8. Für den Belag Aprikosen abspülen, abtrocknen, halbieren und entsteinen. Die Aprikosenhälften in schmale Spalten schneiden. Orange heiß abwaschen, abtrocknen und von ¼ der Orange feine Zesten abziehen. Orangenhälfte auspressen und 4 Esslöffel Saft abmessen.

9. Honig mit Orangenzesten, -saft, Balsamico und die Rosmarinnadeln in einer Pfanne kurz aufkochen lassen. Die Aprikosenspalten hinzugeben und unter Schwenken nur kurz heiß werden lassen. Die heißen Aprikosenspalten auf den Cheesecakes verteilen und sofort servieren.

Rosa Streifentorte | Mit Orangenrosen

8–10 Stücke

Pro Stück: E: 7 g, F: 29 g, Kh: 88 g,
kJ: 2700, kcal: 646, BE: 7,5

Für den Rührteig:

    300 g Butter oder Margarine
             (zimmerwarm)
    170 g Zucker
    1 Pck. Dr. Oetker Vanillin-Zucker
      7 Eier (Größe M)
    250 g Weizenmehl
    1 Msp. Dr. Oetker Backin

    200 g rotes Johannisbeergelee
    300 g Orangenmarmelade

Für den Guss:

    1 EL Zitronensaft
    30 g rotes Johannisbeergelee
    150 g gesiebter Puderzucker

      Schalenstreifen von etwas
      Orangenmarmelade

Zubereitungszeit: 90 Minuten, ohne Kühlzeit
Backzeit: 8–10 Minuten je Boden

1. Fünf Stücke Backpapier in Größe der Backbleche zurechtschneiden. Insgesamt 9 Kreise (Ø etwa 18 cm) darauf zeichnen.

2. Den Backofen vorheizen.
Ober-/Unterhitze: etwa 180 °C
Heißluft: etwa 160 °C

3. Für den Teig die Butter oder Margarine mit einem Mixer (Rührstäbe) auf höchster Stufe geschmeidig rühren. Nach und nach Zucker und Vanillin-Zucker unterrühren. So lange rühren, bis eine gebundene Masse entstanden ist. Eier nach und nach unterrühren (jedes Ei etwa ½ Minute). Mehl mit Backpulver mischen, in 2 Portionen auf mittlerer Stufe kurz unterrühren.

4. Ein Backpapierstück umgedreht auf ein Backblech legen. In jedem Kreis 1 Portion Teig (110 g) glatt strei-

chen. Das Backblech in den vorgeheizten Backofen (unteres Drittel) schieben. Die Böden **8–10 Minuten backen** (bei Heißluft 2–3 Backbleche auf einmal in den Backofen schieben).

5. Das Backblech auf einen Kuchenrost stellen. Tortenböden darauf erkalten lassen, dann vom Backpapier lösen. Aus dem restlichen Teig wie beschrieben 8 weitere Böden backen.

6. Gelee und Marmelade jeweils glatt rühren. Jeweils 4 Tortenböden mit Gelee und 4 mit Marmelade bestreichen, dann im Wechsel aufeinanderlegen. Den letzten Boden darauflegen und leicht andrücken. Den Tortenrand gerade schneiden. Die Torte zugedeckt mindestens 12 Stunden in den Kühlschrank stellen.

7. Für den Guss Zitronensaft durch ein Sieb in einen Topf gießen, mit dem Gelee erwärmen und glatt rühren. Das Saftgemisch nach und nach mit dem Puderzucker zu einem glatten Guss verrühren. Die Torte rundherum damit einstreichen. Sofort unterschiedlich große runde Ausstecher auf der Tortenoberfläche platzieren und so 7 Kreise markieren. Den noch weichen Guss aus der Mitte der Kreise mit einem Teelöffel entfernen. Die Orangenschalenstreifen blütenförmig in diese Kreise legen. Den Guss fest werden lassen.

Rumkugelkuchen | Mit Alkohol

12 Stücke (3 Kuchenwürfel)

Pro Würfel: E: 7 g, F: 26 g, Kh: 42 g,
kJ: 2378, kcal: 454, BE: 3,5

Für den Rührteig:

>   250 g Butter (zimmerwarm)
>   150 g Zucker
>   1 Pck. Dr. Oetker Vanillin-Zucker
>   1 Prise Salz
>   4 Eier (Größe M)
>   270 g Weizenmehl
>   10 g gesiebter Backkakao
> 4 gestr. TL Dr. Oetker Backin
>   50 g abgezogene, gem. Mandeln
>   50 ml Rum

Für die Füllung:

>   1 Pck. Backfeste Puddingcreme
>   250 ml Milch (1,5 % Fett)

Für die Rumkugeln:

> etwa 50 ml Rum
>   etwa 50 g Raspelschokolade

Für den Guss:

>   100 g weiße Schokolade
>   1 EL Speiseöl

Zubereitungszeit: 60 Minuten, ohne Kühlzeit
Backzeit: etwa 60 Minuten

1. Den Backofen vorheizen.
Ober-/Unterhitze: etwa 180 °C
Heißluft: etwa 160 °C

2. Für den Teig Butter mit einem Mixer (Rührstäbe) auf höchster Stufe geschmeidig rühren. Nach und nach Zucker, Vanillin-Zucker und Salz unterrühren. So lange rühren, bis eine gebundene Masse entstanden ist.

3. Die Eier nach und nach unterrühren (jedes Ei etwa ½ Minute). Mehl mit Kakao, Backpulver und Mandeln mischen und portionsweise auf mittlerer Stufe abwechselnd mit dem Rum kurz unterrühren.

4. Den Teig in eine Kastenform (25 x 11 cm, gefettet, gemehlt) geben und glatt streichen. Die Form auf dem Rost in den vorgeheizten Backofen schieben. Den Kuchen **etwa 60 Minuten backen.**

5. Den Form auf einen Kuchenrost stellen. Den Kuchen etwa 10 Minuten in der Form abkühlen lassen, dann aus der Form lösen, auf den Kuchenrost stürzen und erkalten lassen.

6. Das nach oben Aufgebrochene sowie die Seiten des Kuchens gerade schneiden. Den Kastenkuchen in 3 gleich große Würfel schneiden. Jeden Würfel von unten mit einem Teelöffel etwa in „Tischtennisballgröße" aushöhlen. Die Reste in einer Schüssel zerbröseln.

7. Für die Füllung Puddingcreme nach Packungsanleitung mit Milch zubereiten. Die ausgehöhlten Kuchenwürfel bis ½ cm unter den Rand mit etwa der Hälfte der Puddingcreme füllen und mit reichlich Kuchenbrösel wieder gut verschließen. Die Würfel umdrehen.

8. Für die Rumkugeln die restlichen Brösel mit Rum und der restlichen Puddingcreme vermengen. Daraus etwa haselnussgroße Kugeln formen und in Raspelschokolade wälzen.

9. Für den Guss Schokolade in grobe Stücke brechen. Zwei Drittel davon mit dem Speiseöl in einem Topf im Wasserbad bei schwacher Hitze unter Rühren schmelzen.

10. Den Topf aus dem Wasserbad nehmen und die restliche Schokolade darin unter Rühren schmelzen. Die Kuchenwürfel damit überziehen.

11. Bevor die Schokolade fest wird, einige Rumkugeln auf die Würfel setzen. Die restlichen Rumkugeln dekorativ darumlegen.

Tipps: Besonders saftig werden die Rumkugeln, wenn Sie statt der angegebenen Füllung 500 g Sahnepudding (aus dem Kühlregal) verwenden. Der Rumkugelkuchen kann bereits am Vortag gebacken werden.

Rum-Pflaumen-Brownies mit Pinienkernen | Mit Alkohol

24 Stücke

Pro Stück: E: 3 g, F: 10 g, Kh: 18 g,
kJ: 749, kcal: 179, BE: 1,5

Zum Vorbereiten:

200 g getrocknete Pflaumen
3 EL Rum

Für den Rührteig:

200 g Zartbitter-Schokolade
(etwa 50 % Kakaoanteil)
125 ml Speiseöl, z. B. Sonnenblumenöl
125 g Zucker
1 Pck. Dr. Oetker Bourbon-
Vanille-Zucker
1 Msp. Salz
3 Eier (Größe M)
150 g Weizenmehl
2 gestr. TL Dr. Oetker Backin
60 g Pinienkerne

Für den Guss:

30 g Puderzucker
1–2 EL Rum

Zubereitungszeit: 30 Minuten,
ohne Durchzieh- und Abkühlzeit
Backzeit: etwa 25 Minuten

1. Zum Vorbereiten Pflaumen in kleine Stücke schneiden, in eine Schüssel geben und mit Rum beträufeln.
Die Pflaumenstückchen etwa 60 Minuten durchziehen
lassen.

2. Den Backofen vorheizen.
Ober-/Unterhitze: etwa 180 °C
Heißluft: etwa 160 °C

3. Für den Teig Schokolade in kleine Stücke brechen,
in einem Topf im Wasserbad bei schwacher Hitze unter Rühren schmelzen.

4. Schokoladenmasse in eine Rührschüssel geben.
Speiseöl, Zucker, Vanille-Zucker, Salz und Eier hin-

zufügen. Die Zutaten mit einem Mixer (Rührstäbe)
zunächst kurz auf niedrigster, dann auf höchster Stufe
geschmeidig rühren.

5. Mehl mit Backpulver mischen und auf mittlerer
Stufe kurz unterrühren. Zuletzt Pflaumenstückchen
und Pinienkerne auf niedrigster Stufe kurz unterrühren.

6. Den Teig auf die hintere Hälfte eines Backblechs
(15 x 40 cm, gefettet) geben und glatt streichen. Vor
den Teig einen mehrfach geknickten Streifen Alufolie
legen.

7. Das Backblech in den vorgeheizten Backofen
schieben und die Gebäckplätte **etwa 25 Minuten
backen.**

8. Das Backblech auf einen Kuchenrost stellen. Die
Gebäckplatte erkalten lassen.

9. Für den Guss Puderzucker mit so viel Rum verrühren, dass eine dickflüssige Masse entsteht. Den
Guss in einen Gefrierbeutel geben und eine kleine
Ecke abschneiden. Die Gebäckplatte mit dem Guss
besprenkeln. Guss trocknen lassen.

10. Gebäckplatte vor dem Servieren in 24 Quadrate
(etwa 5 x 5 cm) schneiden.

Tipps: Sie können die Trockenpflaumen auch über
Nacht einlegen. Statt Rum schmeckt auch Apfelsaft.
Servieren Sie die Brownies noch warm zusammen mit
einer Bourbon-Vanille-Sauce (aus dem Kühlregal) als
Dessert.

Salzig-süße Macadamia-Cookies I
Schnell gemacht
8–9 große Cookies

Pro Stück: E: 4 g, F: 16 g, Kh: 24 g,
kJ: 1088, kcal: 260, BE: 2,0

Zum Vorbereiten:

75 g	*Zartbitter-Schokolade*
	(etwa 50 % Kakaoanteil)
50 g	*gesalzene, geröstete*
	Macadamia-Nusskerne

Für den Teig:

80 g	*Butter (zimmerwarm)*
75 g	*Zucker*
1 Pck.	*Dr. Oetker Vanillin-Zucker*
1	*Ei (Größe S)*
125 g	*Weizenmehl*
1 gestr. TL	*Dr. Oetker Backin*
20 g	*Speisestärke*
10 g	*gesiebter Backkakao*

Zum Bestreuen:

etwas	*grobes Salz,*
	z. B. Fleur de Sel

Zubereitungszeit: 25 Minuten
Backzeit: 12–15 Minuten

1. Zum Vorbereiten die Schokolade und Macadamia-Nusskerne in gröbere Stücke hacken.

2. Den Backofen vorheizen.
Ober-/Unterhitze: etwa 180 °C
Heißluft: etwa 160 °C

3. Für den Teig Butter mit Zucker und Vanillin-Zucker in eine Rührschüssel geben. Die Zutaten mit einem Mixer (Rührstäbe) zunächst kurz auf niedrigster, dann auf höchster Stufe schaumig schlagen. Das Ei hinzugeben und etwa 1 Minute unterschlagen. Mehl mit Backpulver, Speisestärke und Kakao gut vermischen. Mehl-Kakao-Mischung auf die Butter-Ei-Masse geben und mit einem Teigschaber unterheben. Zuletzt Schokolade und Nusskerne unterheben.

4. Den Teig mit 2 Esslöffeln oder einem Eisportionierer in gleich großen, runden Häufchen auf ein Backblech (gefettet, mit Backpapier belegt) setzen, dabei genügend Abstand zwischen den Teighäufchen lassen. Die Teighäufchen mit einem in Wasser getauchten Löffel zu flachen Cookies verstreichen. Die Cookies mit etwas Salz bestreuen. Das Backblech in den vorgeheizten Backofen schieben. Die Macadamia-Cookies **12–15 Minuten backen.**

5. Das Backblech auf einen Kuchenrost stellen. Die Macadamia-Cookies darauf erkalten lassen.

Sandwich-Minz-Cookies I

Zum Afternoon Tea
8–9 große Cookies

Pro Stück: E: 4 g, F: 26 g, Kh: 43 g,
kJ: 1760, kcal: 421, BE: 3,5

Für den Teig:

125 g	Butter (zimmerwarm)
125 g	Zucker
1 Prise	Salz
1	Ei (Größe M)
50 g	Weizenmehl
50 g	gesiebter Backkakao
1 Msp.	Hirschhornsalz
75 g	klein gehackte Zartbitter-Kuvertüre

Für die Füllung:

100 g	Pfefferminztaler (Fertigprodukt)
75 g	Butter (zimmerwarm)
1 EL	Puderzucker

Zum Garnieren:

75 g	Puderzucker
1–2 TL	Wasser
etwas	grüne Speisefarbe
evtl. 2–3	Tropfen Minzöl

Zubereitungszeit: 50 Minuten, ohne Abkühlzeit
Backzeit: etwa 12 Minuten je Backblech

1. Den Backofen vorheizen.
Ober-/Unterhitze: etwa 200 °C
Heißluft: etwa 180 °C

2. Für den Teig Butter mit Zucker und Salz in eine Rührschüssel geben. Die Zutaten mit einem Mixer (Rührstäbe) zunächst kurz auf niedrigster, dann auf höchster Stufe schaumig schlagen. Das Ei hinzugeben und etwa 1 Minute unterschlagen.

3. Das Mehl mit Kakao und Hirschhornsalz mischen, daraufsieben und mit einem Teigschaber unterheben. Kuvertürestückchen ebenfalls unterheben.

4. Den Cookieteig mit 2 Esslöffeln oder einem Eisportionierer in 16–18 gleich großen, runden Häufchen auf Backbleche (gefettet, mit Backpapier belegt) setzen, dabei genügend Abstand zwischen den Teighäufchen lassen. Die Teighäufchen mit einem in Wasser getauchten Löffel zu flachen Cookies verstreichen. Die Backbleche nacheinander (bei Heißluft zusammen) in den vorgeheizten Backofen schieben. Die Cookies **etwa 12 Minuten je Backblech backen.**

5. Die Cookies mit dem Backpapier von den Backblechen auf Kuchenroste ziehen und erkalten lassen.

6. Für die Füllung die Pfefferminztaler in kleine Stücke schneiden. Die Pfefferminzstückchen mit der Butter und dem Puderzucker in einer Rührschüssel mit dem Mixer (Rührstäbe) zunächst kurz auf niedrigster, dann auf höchster Stufe schaumig schlagen. Die Hälfte der Cookies auf der Rückseite mit der Creme bestreichen. Jeweils einen zweiten Cookie daraufsetzen und leicht andrücken.

7. Zum Garnieren Puderzucker mit dem Wasser glatt rühren und mit Speisefarbe zartgrün einfärben. Nach Belieben etwas Minzöl unterrühren. Den Zuckerguss auf die Cookies sprenkeln. Guss trocknen lassen.

Sauerkirsch-Pie I

Für Gäste – fruchtig

12 Stücke

Pro Stück: E: 4 g, F: 17 g, Kh: 28 g,
kJ: 1190, kcal: 284, BE: 2,0

Für den Knetteig:

> 250 g Weizenmehl
> 1 Prise Salz
> 1 gestr. EL Zucker
> 1 Pck. Dr. Oetker Vanillin-Zucker
> 2 EL kaltes Wasser
> 175 g Butter oder Margarine

Für die Füllung:

> 75 g Löffelbiskuits
> 75 g abgezogene, gem. Mandeln
> 500 g Sauerkirschen

Zum Bestreichen und Bestreuen:

> 2 EL Wasser
> 2 EL Zimt-Zucker

Zubereitungszeit: 50 Minuten, ohne Kühlzeit
Backzeit: etwa 45 Minuten

1. Für den Teig Mehl mit Salz in einer Rührschüssel mischen. Zucker, Vanillin-Zucker, Wasser und Butter oder Margarine hinzufügen.

2. Die Zutaten mit einem Mixer (Knethaken) zunächst kurz auf niedrigster, danach auf höchster Stufe gut durcharbeiten.

3. Anschließend auf einer leicht bemehlten Arbeitsfläche kurz zu einem Teig verkneten. Den Teig in Frischhaltefolie gewickelt etwa 60 Minuten in den Kühlschrank legen.

4. Für die Füllung Löffelbiskuits in einen Gefrierbeutel geben. Den Beutel fest verschließen. Löffelbiskuits mit einer Teigrolle fein zerbröseln. Biskuitbrösel mit den Mandeln vermischen.

5. Die Sauerkirschen abspülen, abtropfen lassen, entstielen und entsteinen.

6. Den Backofen vorheizen.
Ober-/Unterhitze: etwa 200 °C
Heißluft: etwa 180 °C

7. Zwei Drittel des Teiges auf der leicht bemehlten Arbeitsfläche zu einer runden Platte (Ø etwa 32 cm) ausrollen. Die Teigplatte in eine Pie- oder Tarteform (Ø 28 cm, Boden gefettet) legen. Den Teig am Rand leicht andrücken. Den Teigboden mit einer Gabel mehrmals einstechen.

8. Das Brösel-Mandel-Gemisch auf den Teigboden geben und glatt streichen. Sauerkirschen darauf verteilen. Überstehenden Teigrand auf die Füllung legen und mit Wasser bestreichen.

9. Restlichen Teig auf der leicht bemehlten Arbeitsfläche zu einer runden Platte in Größe der Form ausrollen. Mit einer Ausstechform in der Mitte ein Loch (Ø etwa 2 cm) ausstechen, damit beim Backen entstehender Dampf entweichen kann. Die Teigplatte auf die Füllung legen und am Rand andrücken.

10. Zum Bestreichen und Bestreuen die Teigplatte mit Wasser bestreichen und mehrmals mit einer Gabel einstechen, mit Zimt-Zucker bestreuen. Die Form auf dem Rost in den vorgeheizten Backofen schieben. Die Pie **etwa 45 Minuten backen.**

11. Die Form auf einen Kuchenrost stellen. Die Pie in der Form erkalten lassen.

Tipp: Anstelle der frischen Sauerkirschen können Sie auch 350–400 g gut abgetropfte Sauerkirschen (aus dem Glas) verwenden.

Schoko-Apfel-Pops | Statt Blumen
24 Stück

Pro Stück: E: 3 g, F: 18 g, Kh: 26 g,
kJ: 1155, kcal: 276, BE: 2,0

Für die Cake-Pop-Masse:

150 g	Butter (zimmerwarm)
120 g	Zucker
1 Prise	Salz
3	Eier (Größe M)
200 g	kleine Apfelstückchen (geschält)
120 g	Weizenmehl
50 g	gem. Mandeln
1 gestr. TL	Dr. Oetker Backin
1 Msp.	gem. Zimt

½ Pck.	Dr. Oetker Pudding-Pulver Vanille-Geschmack (20 g)
1 gestr. EL	Zucker
200 ml	Apfelsaft
100 g	Butter (zimmerwarm)
1 EL	Puderzucker

Zum Garnieren:

400 g	gehackte, weiße Kuvertüre
30 g	Pflanzenfett (zum Braten, Frittieren und Kochen), in Stücke geschnitten
2 EL	Speiseöl, z. B. Sonnenblumenöl
5 EL	rosa Zuckerkristalle
24	Esspapierblüten

Außerdem:

24	Lollistiele aus Plastik, Holz oder Papier
1 Stück	Styropor

Zubereitungszeit: 90 Minuten, ohne Kühlzeit
Backzeit: etwa 20 Minuten

1. Den Backofen vorheizen.
Ober-/Unterhitze: etwa 200 °C
Heißluft: etwa 180 °C

2. Für die Cake-Pop-Masse Butter, Zucker und Salz mit einem Mixer (Rührstäbe) erst kurz auf niedrigster, dann auf höchster Stufe etwa 5 Minuten schlagen. Nach und nach die Eier unterrühren (jedes Ei etwa ½ Minute). Die Apfelstückchen unterheben.

3. Mehl mit Mandeln, Backpulver und Zimt mischen, unter die Eier-Fett-Masse heben. Den Teig in einer Springform (Ø 26 cm, Boden gefettet, mit Backpapier belegt) glatt streichen. Die Form auf dem Rost in den vorgeheizten Backofen schieben. Den Kuchen **etwa 20 Minuten backen.** Die Form auf einen Kuchenrost stellen. Den Apfelkuchen erkalten lassen.

4. Inzwischen aus Pudding-Pulver, Zucker und Saft einen Pudding nach Packungsanleitung, aber mit den hier angegebenen Zutaten und Mengen, zubereiten und in eine Schüssel geben. Sofort Frischhaltefolie auf die Puddingoberfläche legen, so bildet sich keine Haut. Pudding auf Zimmertemperatur abkühlen lassen.

5. Butter mit Puderzucker cremig aufschlagen. Den vorbereiteten Pudding esslöffelweise unterrühren, dabei darauf achten, dass Butter und Pudding Zimmertemperatur haben, da die Creme sonst gerinnt.

6. Kuchen mit den Händen in eine Rührschüssel bröseln. Buttercreme mit dem Mixer (Knethaken) auf niedrigster Stufe so lange unterkneten, bis alles gut verbunden ist. Aus der Cake-Pop-Masse zwischen den Handflächen Kugeln rollen (je etwa 40 g) und auf ein Backblech (mit Backpapier belegt) legen.

7. Zum Garnieren zwei Drittel Kuvertüre mit dem Pflanzenfett und Öl in einem Topf im Wasserbad unter Rühren schmelzen. Den Topf aus dem Wasserbad nehmen und die restliche Kuvertüre darin unter Rühren schmelzen. Die Lollistiele 3–4 cm tief in den Guss tauchen, dann in die Teigkugeln stecken. Cake Pops etwa 30 Minuten in den Kühlschank legen.

8. Den Guss nochmals im warmen Wasserbad schmelzen. Cake Pops an den Stielen hineintauchen, etwas abtropfen lassen, mit Zuckerkristallen bestreuen. Dann mit den Stielen in das Stück Styropor stecken. Je 1 Esspapierblüte vorsichtig in den fast getrockneten Guss drücken. Den Guss trocknen lassen.

Tipp: Cake Pops mit Raspelschokolade bestreuen.

Schoko-Bananen-Kuchen I
Für Kinder
12 Stücke

Pro Stück: E: 5 g, F: 16 g, Kh: 35 g,
kJ: 1286, kcal: 308, BE: 3,0

Zum Vorbereiten:
100 g Zartbitter-Schokolade
        (etwa 50 % Kakaoanteil)
150 g Butter oder Margarine

Für den Teig:
250 g Weizenmehl
2 gestr. TL Dr. Oetker Backin
100 g Zucker
1 Pck. Dr. Oetker Vanillin-Zucker
3 Eier (Größe M)
1 EL Zitronensaft
125 ml Bananen-Fruchtnektar
2 große Bananen
        (etwa 250 g Bananen-
        fruchtfleisch)

Zum Bestreuen:
etwa 30 g Zartbitter-Schokolade
        (etwa 50 % Kakaoanteil)

Zubereitungszeit: 30 Minuten, ohne Abkühlzeit
Backzeit: etwa 50 Minuten

1. Zum Vorbereiten die Schokolade in kleine Stücke brechen und mit Butter oder Margarine in einem Topf im Wasserbad bei schwacher Hitze unter Rühren schmelzen. Den Topf aus dem Wasserbad nehmen. Die Schokoladenmasse erkalten lassen (nicht in den Kühlschrank stellen).

2. Den Backofen vorheizen.
Ober-/Unterhitze: etwa 180 °C
Heißluft: etwa 160 °C

3. Für den Teig das Mehl mit Backpulver mischen, in eine verschließbare Schüssel (etwa 3 l) geben, mit Zucker und Vanillin-Zucker mischen. Eier, Zitronensaft, Fruchtnektar und die flüssige Schokoladenmasse hinzufügen.

4. Die Schüssel mit dem Deckel fest verschließen. Schüssel mehrmals (insgesamt 15–30 Sekunden) kräftig schütteln, sodass alle Zutaten gut vermischt sind.

5. Alles mit einem Schneebesen oder Rührlöffel nochmals sorgfältig durchrühren, damit trockene Zutaten vom Deckel und Rand mit untergerührt werden.

6. Bananen schälen, in kleine Würfel schneiden und unter den Teig heben. Den Teig in eine Kastenform (25 x 11 cm, gefettet, bemehlt) geben und glatt streichen.

7. Die Form auf dem Rost in den vorgeheizten Backofen schieben. und den Kuchen **etwa 50 Minuten backen.**

8. In der Zwischenzeit zum Bestreuen die Schokolade in sehr kleine Stücke schneiden.

9. Die Form auf einen Kuchenrost stellen. Den Kuchen etwa 10 Minuten in der Form stehen lassen, dann aus der Form lösen und auf einen mit Backpapier belegten Kuchenrost stürzen und sofort wieder umdrehen.

10. Schokoladenstücke vorsichtig auf die Kuchenoberfläche streuen, dabei etwas andrücken. Den Kuchen erkalten lassen.

Tipp: Überziehen Sie den erkalteten Kuchen mit einem Guss aus 150 g Zartbitter-Schokolade (etwa 50 % Kakaoanteil) und 1 Esslöffel Speiseöl. Den Kuchen dann nicht mit Schokoladenstücken bestreuen.

Schoko-Brownies I

Fruchtig
28 Stück

Pro Stück: E: 2 g, F: 11 g, Kh: 20 g,
kJ: 773, kcal: 184, BE: 1,5

Zum Vorbereiten:

  50 g getrocknete Soft-Aprikosen
  100 g Walnusskerne
  50 g vegane Schokolade (erhältlich
       im Reformhaus, Naturkostladen
       oder Online-Versand)

Für den Teig:

  100 g Weizenmehl (Type 1050)
  50 g Dinkelmehl (Type 1050)
  2 EL Johannisbrotkernmehl oder
       Pfeilwurzelmehl
       (etwa 20 g)
  4 EL Carobpulver
       (erhältlich im Reformhaus
       oder Naturkostladen)
       oder Backkakao
  1 Prise Salz
  1/2 TL Natron
  1 Vanilleschote
  75 g Voll-Rohrzucker
  250 ml Agavendicksaft
  100 ml Speiseöl, z. B. Sonnenblumen-
       oder Rapsöl
  1 EL Zitronensaft
  50 g getrocknete Cranberrys

Für den Guss:

  200 g vegane Schokolade
       (erhältlich im Reformhaus,
       Naturkostladen oder
       Online-Versand)
  100 g Sojasahne

Zubereitungszeit: 40 Minuten, ohne Abkühlzeit
Backzeit: etwa 25 Minuten

1. Zum Vorbereiten die Aprikosen in kleine Würfel schneiden. Die Walnusskerne und die Schokolade fein hacken.

2. Den Backofen vorheizen.
Ober-/Unterhitze: etwa 180 °C
Heißluft: etwa 160 °C

3. Für den Teig das Weizenmehl mit Dinkelmehl, Johannisbrotkern- oder Pfeilwurzelmehl, Carob- oder Kakaopulver, Salz und Natron in einer Rührschüssel mischen. Vanilleschote der Länge nach aufschneiden und mit dem Messerrücken das Mark herausschaben. Vanillemark mit Zucker, Agavendicksaft, Speiseöl und Zitronensaft zu der Mehlmischung geben.

4. Die Zutaten mit einem Mixer (Rührstäbe) zunächst kurz auf niedrigster, dann auf höchster Stufe in etwa 1 Minute zu einem glatten Teig verarbeiten. Apriko- senwürfel, gehackte Walnüsse und Schokolade sowie die Cranberrys kurz unterheben.

5. Den Teig in eine rechteckige Auflaufform (etwa 14 x 26 cm, gefettet, mit Backpapier ausgelegt) ge- ben und glatt streichen.

6. Die Auflaufform auf dem Rost in den vorgeheizten Backofen schieben und den Brownie-Kuchen **etwa 25 Minuten backen.**

7. Die Auflaufform auf einen Kuchenrost stellen. Den Brownie-Kuchen erkalten lassen.

8. Für den Guss Schokolade in kleine Stücke brechen. Zwei Drittel davon mit der Sojasahne in einem Topf im Wasserbad bei schwacher Hitze unter Rühren schmel- zen. Den Topf aus dem Wasserbad nehmen und die restliche Schokolade darin unter Rühren schmelzen. So lange rühren, bis eine geschmeidige Masse ent- standen ist.

9. Den Guss mit einem Teigschaber oder einem Esslöffel auf dem Kuchen verteilen und trocknen las- sen. Den Brownie-Kuchen in Würfel (etwa 4 x 4 cm) schneiden.

Tipps: Bestreuen Sie den noch feuchten Guss mit klein geschnittenen Trockenfrüchten. Die Brownies schmecken auch mit anderen getrockneten Früchten wie zum Beispiel Äpfeln, Ananas, Ingwer oder Rosinen sehr lecker.

Schokokräcker mit Nusskernen I

Schoko-Nuss-Genuss
45 Stück

Pro Stück: E: 1 g, F: 4 g, Kh: 5 g,
kJ: 261, kcal: 63, BE: 0,5

Für den Sirup:

100 g Zucker
1 Pck. Dr. Oetker Vanillin-Zucker
30 g flüssiger Honig
4 EL Schlagsahne
70 g Butter

Für den Teig:

200 g gemischte Nusskerne
1 Eigelb (Größe M)
50 g Weizenmehl
30 g Speisestärke
½ gestr. TL Dr. Oetker Backin
10 g gesiebter Backkakao

Zubereitungszeit: 40 Minuten, ohne Abkühlzeit
Backzeit: 15–18 Minuten je Backblech

1. Für den Sirup Zucker, Vanillin-Zucker, Honig, Sahne und Butter in einem Topf unter gelegentlichem Rühren bei mittlerer Hitze zum Kochen bringen. Den Topf von der Kochstelle nehmen, den Sirup abkühlen lassen.

2. Den Backofen vorheizen.
Ober-/Unterhitze: etwa 180 °C
Heißluft: etwa 160 °C

3. Für den Teig gemischte Nusskerne und Eigelb unter den abgekühlten Sirup rühren.

4. Mehl mit Speisestärke, Backpulver und Kakao mischen, auf die Nuss-Sirup-Masse sieben und unterrühren.

5. Den Teig mit 2 Teelöffeln in gleich großen, runden Häufchen auf Backbleche (mit Backpapier belegt) setzen, dabei genügend Abstand zwischen den Teighäufchen lassen (der Teig läuft beim Backen noch auseinander).

6. Die Backbleche nacheinander (bei Heißluft zusammen) in den heißen Backofen schieben. Die Schokokräcker **15–18 Minuten je Backblech backen.**

7. Die Backbleche auf Kuchenroste stellen. Die Schokokräcker auf den Backblechen erkalten lassen. (Erst beim Abkühlen wird das Gebäck fest.)

Tipps: Als Nusskerne eignen sich Pinienkerne, abgezogene, gestiftelte Mandeln, halbierte Cashewkerne (möglichst ohne Salz) und grob gehackte Macadamia-Nusskerne (möglichst ohne Salz). Die Schokokräcker sind in gut schließenden Dosen etwa 2 Wochen haltbar. Garnieren Sie die Schokokräcker mit einem Schokoladenguss. Dafür 50 g Zartbitter- oder Vollmilch-Schokolade in kleine Stücke hacken. Zwei Drittel davon mit ½ Teelöffel Speiseöl (z. B. Sonnenblumenöl) in einem kleinen Topf im Wasserbad bei schwacher Hitze unter Rühren schmelzen. Den Topf aus dem Wasserbad nehmen und die restliche Schokolade darin unter Rühren schmelzen. Jeweils 1 Klecks von dem Guss auf einen Schokokräcker geben und mit gehackten Nusskernen bestreuen. Den Guss trocknen lassen. Sie können auf diese Weise auch einen Guss aus weißer Kuvertüre zubereiten, diesen in einen Gefrierbeutel geben, den Beutel fest verschließen, eine kleine Ecke abschneiden und die Schokokräcker damit besprenkeln.

Schokoküchlein
mit Karamellkern | Gut vorzubereiten
12 Gläser

Pro Glas: E: 5 g, F: 16 g, Kh: 31 g,
kJ: 1225, kcal: 292, BE: 2,5

Für die Füllung:

    170 g gezuckerte Kondensmilch
     50 g Schlagsahne

Für den Rührteig:

    125 g Butter oder Margarine
           (zimmerwarm)
    100 g Zucker
      1 Prise Salz
        1 Ei (Größe M)
        1 Eiweiß (Größe M)
    140 g Weizenmehl
     20 g gesiebter Backkakao
1 gestr. TL Dr. Oetker Backin
     50 ml Milch (3,5 % Fett)
     50 g Zartbitter-Raspelschokolade

      1 Eigelb (Größe M)

Außerdem:

    12 Sturz-Form-Gläser mit Deckeln
       (je 160 ml Inhalt)
    12 passende Gummiringe
    48 passende Klammern

Zubereitungszeit: 35 Minuten, ohne Abkühlzeit
Backzeit: etwa 20 Minuten

1. Für die Füllung Kondensmilch und Sahne in einem kleinen Topf verrühren, zum Kochen bringen und etwa 4 Minuten bei mittlerer Hitze unter Rühren einkochen, bis die Masse dicklich wird. Dann die Masse in einer Schüssel erkalten lassen.

2. Den Backofen vorheizen.
Ober-/Unterhitze: etwa 180 °C
Heißluft: etwa 160 °C

3. Für den Teig Butter oder Margarine mit einem Mixer (Rührstäbe) auf höchster Stufe geschmeidig

rühren. Nach und nach Zucker und Salz unterrühren. So lange rühren, bis eine gebundene Masse entstanden ist. Zunächst das Ei etwa ½ Minute, dann das Eiweiß kurz unterrühren.

4. Mehl mit Kakao und Backpulver mischen, mit der Milch auf mittlerer Stufe kurz unterrühren. Raspelschokolade unterheben.

5. Das Eigelb unter die eingekochte Kondensmilch rühren.

6. Den Teig in den Sturz-Form-Gläsern (bis etwa 2 cm unter den Rand gefettet und bemehlt) verteilen, sodass die Gläser bis maximal zu zwei Dritteln gefüllt sind. Mit einem Teelöffel in die Mitte eine kraterförmige Vertiefung drücken. Die Milchmasse mit einem Teelöffel in die Vertiefungen geben. Die Glasränder säubern.

7. Einen Kuchenrost im unteren Drittel in den vorgeheizten Backofen schieben. Die Gläser auf den Rost stellen. Die Kuchen **etwa 20 Minuten backen.**

8. In der Zwischenzeit die Gummiringe in einer Schüssel mit kaltem Wasser einweichen.

9. Nach dem Backen ein Glas mit Topflappen aus dem Backofen nehmen und verschließen. Dazu einen vorbereiteten, feuchten Gummiring auf die Innenseite eines Glasdeckels legen. Das Glas sofort mit Deckel und 4 Klammern verschließen. Restliche Gläser auf die gleiche Weise verschließen. Nach jedem Glas, das aus dem Backofen genommen wird, den Backofen wieder schließen.

10. Die Gläser auf einem Kuchenrost vollständig erkalten lassen (am besten über Nacht), danach die Klammern vorsichtig lösen und die Gläser kühl aufbewahren.

Tipps: Die Kuchen schmecken auch lauwarm als Dessert sehr gut. Dazu passt z.B. eine Kugel Schokoladeneis. Anstelle der Sturz-Form-Gläser können Sie auch 12 ofenfeste, hohe Teegläser verwenden. Im verschlossenen Glas sind die Kuchen etwa 1 Monat haltbar.

Schokoladen-Brownies **I** Für Kinder
48 Stücke

Pro Stück: E: 2 g, F: 14 g, Kh: 12 g,
kJ: 758, kcal: 181, BE: 1,0

Für den Teig:

250 g	Butter oder Margarine
200 g	Zartbitter-Schokolade
	(etwa 50 % Kakaoanteil)
150 g	Weizenmehl
2 gestr. TL	Dr. Oetker Backin
100 g	gehackte Mandeln
150 g	brauner Zucker
2 Pck.	Dr. Oetker Vanillin-Zucker
1 Prise	Salz
30 g	gesiebter Backkakao
4	Eier (Größe M)
4 EL	Milch (3,5 % Fett)

Für die Creme:

300 g	weiße Kuvertüre
250 g	Crème fraîche
1 Pck.	Dr. Oetker Vanillin-Zucker
20 g	Speisestärke
125 ml	Milch (3,5 % Fett)
120 g	Butter

Zum Bestäuben:

evtl. gesiebter Backkakao

Zubereitungszeit: 60 Minuten, ohne Kühlzeit
Backzeit: 15–20 Minuten

1. Den Backofen vorheizen.
Ober-/Unterhitze: etwa 180 °C
Heißluft: etwa 160 °C

2. Für den Teig die Butter oder Margarine in einem Topf zerlassen. Den Topf von der Kochstelle nehmen. Schokolade in kleine Stücke hacken, zu der Butter oder Margarine in den Topf geben und unter Rühren darin schmelzen, etwas abkühlen lassen.

3. Mehl mit Backpulver mischen und in eine Rührschüssel geben. Mandeln, braunen Zucker, Vanillin-Zucker, Salz und Kakao hinzugeben. Die Zutaten mit

einem Schneebesen verrühren. Eier, Schoko-Butter-Masse und Milch hinzufügen. Die Zutaten mit einem Mixer (Rührstäbe) verrühren, bis ein glatter Teig entstanden ist.

4. Den Teig auf ein Backblech (30 x 40 cm, gefettet) geben und glatt streichen. Das Backblech in den vorgeheizten Backofen schieben. Die Gebäckplatte **15–20 Minuten backen.**

5. Das Backblech auf einen Kuchenrost stellen. Die Gebäckplatte erkalten lassen.

6. Für die Creme die Kuvertüre in Stücke hacken. Crème fraîche mit Vanillin-Zucker und Speisestärke verrühren. Milch und Butter in einem Topf zum Kochen bringen. Crème-fraîche-Masse einrühren und unter Rühren aufkochen lassen. Den Topf von der Kochstelle nehmen. Die Kuvertürestücke mit einem Schneebesen unterrühren und etwa 5 Minuten stehen lassen. Die Masse dann zu einer geschmeidigen Creme verrühren.

7. Die Creme auf den Gebäckboden geben, glatt streichen und mindestens 2 Stunden in den Kühlschrank stellen, bis die Creme fest ist.

8. Das Gebäck mit Kakao bestäuben und in Quadrate (etwa 5 x 5 cm) schneiden.

Schokoladenkuchen, gekocht I

Mal anders – einfach
15 Stücke

Pro Stück: E: 4 g, F: 20 g, Kh: 31 g,
kJ: 1336, kcal: 319, BE: 2,5

Zum Vorbereiten:

    25 g gesiebter Backkakao
    200 g Zucker
    100 ml Wasser
    200 g Butter

Für den Teig:

    4 Eier (Größe M)
    1 Pck. Dr. Oetker Bourbon-
            Vanille-Zucker
    250 g Weizenmehl
    3 gestr. TL Dr. Oetker Backin
    100 g weiße Schokolade

Für den Guss:

    15 g Zucker
    1 gestr. TL Backkakao
    2 EL Wasser
    75 g Butter

Zum Bestreuen:

    evtl. weiße und dunkle Schokoperlen

Zubereitungszeit: 35 Minuten, ohne Abkühlzeit
Backzeit: etwa 60 Minuten

1. Zum Vorbereiten Kakao, Zucker und Wasser in einem kleinen Topf verrühren. Butter hinzugeben. Die Zutaten zum Kochen bringen, dabei zwischendurch 1–2-mal umrühren. Die Kakaomasse in eine Rührschüssel geben und erkalten lassen.

2. Den Backofen vorheizen.
Ober-/Unterhitze: etwa 180 °C
Heißluft: etwa 160 °C

3. Für den Teig Eier und Vanille-Zucker unter die erkaltete Kakaomasse rühren. Mehl mit Backpulver mischen und unterrühren. Weiße Schokolade in etwa ½ cm große Stücke schneiden und unter den Teig

heben. Den Teig in eine Kastenform (25 x 11 cm, mit Backpapier ausgelegt) geben und glatt streichen. Die Form auf dem Rost in den vorgeheizten Backofen schieben. Den Kuchen **etwa 60 Minuten backen.**

4. Den Kuchen mit dem Backpapier aus der Form heben und auf einen Kuchenrost setzen. Kuchen erkalten lassen.

5. Für den Guss Zucker, Kakao und Wasser in einem kleinen Topf verrühren. Butter hinzufügen. Die Zutaten unter Rühren einmal aufkochen lassen. Den Topf von der Kochstelle nehmen. Den Guss erkalten lassen (er muss aber dickflüssig bleiben).

6. Von dem Kuchen das Backpapier entfernen. Den Kuchen auf eine Tortenplatte setzen und mit dem Guss bestreichen. Nach Belieben Schokoperlen auf den Guss streuen. Guss fest werden lassen.

Schokoladen-Nuss-Tarte | Kernig
14–16 Stücke

Pro Stück: E: 6 g, F: 25 g, Kh: 32 g,
kJ: 1607, kcal: 385, BE: 2,5

Für den Knetteig:

50 g	Marzipan-Rohmasse
1	Eigelb (Größe M)
175 g	Weizenmehl
50 g	Puderzucker
1 Prise	Salz
1 Pck.	Dr. Oetker Vanillin-Zucker
125 g	Butter

Zum Blindbacken:

500 g	Hülsenfrüchte, z. B. Linsen, Erbsen

Für den Belag:

100 g	Vollmilch-Schokolade mit ganzen Nüssen
100 g	Zartbitter-Schokolade mit ganzen Nüssen
100 g	Butter
4	Eier (Größe M)
1	Eiweiß (Größe M)
75 g	Zucker
125 g	Crème double
100 g	Löffelbiskuits

Zum Bestäuben:

etwa 1 EL Puderzucker

Zubereitungszeit: 40 Minuten, ohne Abkühlzeit
Backzeit: 60–65 Minuten

1. Den Backofen vorheizen.
Ober-/Unterhitze: etwa 180 °C
Heißluft: etwa 160 °C

2. Für den Teig das Marzipan in sehr kleine Stücke schneiden, mit dem Eigelb in einer Rührschüssel mit einem Mixer (Rührstäbe) glatt rühren. Mehl mit Puderzucker mischen und zu der Marzipanmasse geben. Salz, Vanillin-Zucker und Butter in Stückchen hinzufügen. Zutaten mit dem Mixer (Knethaken) zunächst

kurz auf niedrigster, dann auf höchster Stufe gut durcharbeiten.

3. Anschließend auf einer leicht bemehlten Arbeitsfläche kurz zu einem Teig verkneten. Sollte er kleben, ihn in Frischhaltefolie gewickelt eine Zeit lang in den Kühlschrank stellen.

4. Den Teig auf der leicht bemehlten Arbeitsfläche zu einer runden Platte (Ø etwa 32 cm) ausrollen und in eine Tarteform (Ø 28 cm, gefettet, bemehlt) legen. Teig in der Form andrücken. Den Teigboden mehrmals mit einer Gabel einstechen und mit Backpapier belegen. Die Hülsenfrüchte darauf verteilen. Die Form auf dem Rost (unteres Drittel) in den vorgeheizten Backofen schieben. Den Boden **etwa 20 Minuten vorbacken.**

5. Nach etwa 15 Minuten Backzeit die Hülsenfrüchte mit dem Backpapier entfernen. Den Boden **weitere etwa 5 Minuten vorbacken.**

6. Die Form auf einen Kuchenrost stellen. Den Boden abkühlen lassen.

7. Für den Belag beide Schokoladensorten in kleine Stücke brechen. Die Nüsse darin mit einem Messer in grobe Stücke hacken. Nuss-Schokostücke mit Butter in einem Topf im Wasserbad bei schwacher Hitze unter Rühren schmelzen, etwas abkühlen lassen.

8. Eier und Eiweiß mit einem Mixer (Rührstäbe) in gut 1 Minute schaumig schlagen. Zucker in etwa 1 Minute einstreuen, dann noch etwa 2 Minuten schlagen. Die flüssige Nussschokolade und Crème double kurz unterrühren.

9. Die Löffelbiskuits in Stücke brechen und unter die Schokoladenmasse heben. Die Schokoladen-Biskuit-Masse auf dem vorgebackenen Boden verteilen. Die Form auf dem Rost in den heißen Backofen (unteres Drittel) schieben. Tarte **bei gleicher Backofentemperatur in 35–40 Minuten fertig backen.**

10. Die Form auf einen Kuchenrost stellen. Die Tarte in der Form erkalten lassen. Die Tarte vor dem Servieren mit Puderzucker bestäuben.

Schokoladen-Tarte I

Edel

16–18 Stücke

Pro Stück: E: 4 g, F: 24 g, Kh: 26 g,
kJ: 1408, kcal: 337, BE: 2,0

Für den Knetteig:

200 g	Weizenmehl
80 g	Zucker
1 Prise	Salz
1	Eigelb (Größe M)
150 g	Butter (zimmerwarm)

Für den Belag:

400 g	Schlagsahne (mind. 30 % Fett)
300 g	Zartbitter-Kuvertüre
1 Prise	gem. Zimt
1 Pck.	Dr. Oetker Bourbon-Vanille-Zucker
50 g	Zucker
50 g	Butter
1	Ei (Größe M)
1	Eiweiß (Größe M)

Zum Bestäuben:

1 EL	gesiebter Backkakao

Zubereitungszeit: 50 Minuten, ohne Abkühlzeit
Backzeit: 50–52 Minuten

1. Für den Teig Mehl in eine Rührschüssel geben. Zucker, Salz, Eigelb und Butter hinzufügen. Die Zutaten mit einem Mixer (Knethaken) zunächst kurz auf niedrigster, dann auf höchster Stufe gut durcharbeiten. Anschließend auf einer leicht bemehlten Arbeitsfläche kurz zu einem Teig verkneten. Sollte er kleben, ihn in Frischhaltefolie gewickelt eine Zeit lang in den Kühlschrank legen.

2. Den Backofen vorheizen.
Ober-/Unterhitze: etwa 180 °C
Heißluft: etwa 160 °C

3. Zwei Drittel des Teiges auf dem Boden einer Springform (Ø 26 cm, gefettet, mit Backpapier belegt) ausrollen. Einen Springformrand darumstellen. Die

Form auf dem Rost in den vorgeheizten Backofen schieben. Teigboden **10–12 Minuten vorbacken.**

4. Die Form auf einen Kuchenrost stellen. Den Boden etwas abkühlen lassen.

5. Restlichen Teig zu einer langen Rolle formen, auf den vorgebackenen Boden legen und so an die Form drücken, dass ein etwa 2 cm hoher Rand entsteht.

6. Für den Belag die Sahne in einem Topf erhitzen. Die Kuvertüre in Stücke hacken, in die heiße Sahne geben, mit einem Schneebesen unterrühren und unter Rühren schmelzen. Den Topf von der Kochstelle nehmen. Zimt, Vanille-Zucker, Zucker und Butter unter die Schokoladencreme rühren.

7. Ei und Eiweiß hinzugeben und ebenfalls mit dem Schneebesen unter die Creme rühren. Die Schokoladencreme auf den vorgebackenen Boden in die Springform geben. Die Form auf dem Rost in den heißen Backofen schieben. Die Tarte **bei gleicher Backofentemperatur etwa 40 Minuten backen.**

8. Die Form auf einen Kuchenrost stellen. Die Schokoladen-Tarte erkalten lassen. Anschließend aus der Form lösen und auf eine Tortenplatte setzen. Die Tarte kurz vor dem Servieren mit Kakao bestäuben.

Schoko-Orangen-Cookies I

Wunderbar aromatisch

8–9 große Cookies

Pro Stück: E: 3 g, F: 16 g, Kh: 30 g,
kJ: 1166, kcal: 279, BE: 2,5

Zum Vorbereiten:

½	*Bio-Orange*
	(unbehandelt, ungewachst)
100 g	*weiße Schokolade*

Für den Teig:

100 g	*Butter (zimmerwarm)*
75 g	*brauner Zucker*
1 Prise	*Salz*
1	*Ei (Größe M)*
120 g	*Weizenmehl*
1 Msp.	*Natron*
1 gestr. TL	*gem. Kardamom*

Zum Garnieren:

50 g	*weiße Schokolade*

Zubereitungszeit: 35 Minuten, ohne Abkühlzeit
Backzeit: 12–15 Minuten

1. Zum Vorbereiten die halbe Orange heiß abwaschen und abtrocknen. Dann die Schale fein abreiben. Weiße Schokolade in kleine Stückchen hacken.

2. Den Backofen vorheizen.
Ober-/Unterhitze: etwa 200 °C
Heißluft: etwa 180 °C

3. Für den Teig Butter mit Zucker, Salz und Orangenschale in eine Rührschüssel geben. Die Zutaten mit einem Mixer (Rührstäbe) zunächst kurz auf niedrigster, dann auf höchster Stufe schaumig schlagen. Das Ei hinzugeben und etwa 1 Minute unterschlagen.

4. Mehl mit Natron und Kardamom gut vermischen, auf die Butter-Ei-Masse geben und mit einem Teigschaber unterheben. Schokostückchen unterheben.

5. Den Teig mit 2 Esslöffeln oder einem Eisportionierer in gleich großen, runden Häufchen auf ein Backblech

(gefettet, mit Backpapier belegt) setzen, dabei genügend Abstand lassen. Die Teighäufchen mit einem in Wasser getauchten Löffel zu flachen Cookies verstreichen. Das Backblech in den vorgeheizten Backofen schieben. Die Cookies **12–15 Minuten backen.**

6. Die Cookies mit dem Backpapier von dem Backblech auf einen Kuchenrost ziehen und erkalten lassen.

7. Zum Garnieren Schokolade in kleine Stückchen brechen. Zwei Drittel davon in einem Topf im Wasserbad bei schwacher Hitze unter Rühren schmelzen. Den Topf aus dem Wasserbad nehmen und die restliche Schokolade darin unter Rühren schmelzen.

8. Die flüssige Schokolade in einen Einwegspritzbeutel oder Gefrierbeutel geben und eine kleine Ecke abschneiden. Schokolade als Gitter auf die Cookies spritzen. Schokolade trocknen lassen.

Schoko-Pannacotta-Schnitten I

Edel – für Gäste

12 Stücke

Pro Stück: E: 10 g, F: 42 g, Kh: 47 g,
kJ: 2563, kcal: 612, BE: 4,0

Für den Rührteig:

150 g	Butter oder Margarine (zimmerwarm)
100 g	Zucker
4	Eier (Größe M)
250 g	Weizenmehl
2 gestr. TL	Dr. Oetker Backin
50 g	abgezogene, gem. Mandeln
150 g	Sahne-Pudding Bourbon-Vanille (aus dem Kühlregal)

Für die Creme:

7 Blatt	weiße Gelatine
100 ml	Milch (3,5 % Fett)
75 g	Zucker
25 g	gesiebter Backkakao
500 g	Schlagsahne
200 g	Zartbitter-Schokolade (mind. 50 % Kakaoanteil)
2 EL	Zitronensaft
200 g	Mascarpone (ital. Frischkäse)

Für den Belag:

1/2	große, reife, geschälte Ananas (ohne Mittelstrunk)
25 g	brauner Zucker

Zubereitungszeit: 40 Minuten, ohne Kühlzeit
Backzeit: etwa 20 Minuten

1. Den Backofen vorheizen.
Ober-/Unterhitze: etwa 180 °C
Heißluft: etwa 160 °C

2. Für den Teig Butter oder Margarine mit einem Mixer (Rührstäbe) auf höchster Stufe geschmeidig rühren. Nach und nach Zucker unterrühren. So lange rühren, bis eine gebundene Masse entstanden ist. Die Eier nach und nach unterrühren (jedes Ei etwa 1/2 Minute). Mehl mit Backpulver mischen und in

2 Portionen mit den Mandeln auf mittlerer Stufe kurz unterrühren. Sahne-Pudding unterrühren.

3. Den Teig auf ein Backblech (30 x 40 cm, gefettet, mit Backpapier belegt) geben und glatt streichen. Einen Backrahmen darumstellen. Das Backblech in den vorgeheizten Backofen schieben. Die Gebäckplatte **etwa 20 Minuten backen.**

4. Das Backblech auf einen Kuchenrost stellen. Die Gebäckplatte erkalten lassen.

5. Für die Creme Gelatine nach Packungsanleitung einweichen. Milch in einen Topf geben, mit Zucker und Kakao verrühren. Sahne hinzugießen, bei mittlerer Hitze zum Kochen bringen. Den Topf von der Kochstelle nehmen. Schokolade in kleine Stücke hacken. Eingeweichte, leicht ausgedrückte Gelatine und Schokolade in der Sahnemilch unter Rühren auflösen, dann unter Rühren erkalten lassen.

6. Nach und nach Zitronensaft und Mascarpone unter die erkaltete Schokoladen-Sahne-Masse (muss noch flüssig sein) rühren, evtl. nochmals kalt stellen, bis die Schokoladen-Sahne-Masse anfängt zu gelieren. Dann die Schokoladen-Sahne-Masse vorsichtig auf die Gebäckplatte geben. Das Backblech etwa 3 Stunden in den Kühlschrank stellen.

7. Den Backrahmen lösen und entfernen. Den Backofengrill vorheizen.

8. Für den Belag Ananas in 12 sehr dünne Scheiben schneiden. Die Ananasscheiben dicht nebeneinander auf 2 Backbleche legen und mit etwas Zucker bestreuen. Die Backbleche nacheinander unter den vorgeheizten Grill schieben. Ananasscheiben jeweils 6–8 Minuten grillen, bis sie leicht gebräunt sind. Ananasscheiben erkalten lassen.

9. Den Pannacotta-Kuchen in 12 Schnitten teilen und mit je 1 Ananasscheibe belegen.

Tipp: Sollte kein Grill vorhanden sein, die mit Zucker bestreuten Ananasscheiben im vorgeheizten Backofen (Ober-/Unterhitze: etwa 240 °C, oberste Schiene) 12–15 Minuten bräunen lassen.

Schokotorte | Für Gäste

16 Stücke

Pro Stück: E: 5 g, F: 18 g, Kh: 44 g,
kJ: 1492, kcal: 356, BE: 3,5

Zum Vorbereiten:

140 g abgetropfte Ananasscheiben
(aus der Dose)
100 g Zartbitter-Schokolade
(etwa 50 % Kakaoanteil)
100 ml Olivenöl

Für den Teig:

3 Eier (Größe M)
200 g Zucker
1 Pck. Dr. Oetker Bourbon-
Vanille-Zucker
1 Prise Salz
275 g Weizenmehl
25 g gesiebter Backkakao
3 gestr. TL Dr. Oetker Backin
75 g saure Sahne

Für den Guss:

200 g Zartbitter-Schokolade
(etwa 50 % Kakaoanteil)
50 g Butter
125 g saure Sahne
125 g Puderzucker

Zubereitungszeit: 40 Minuten, ohne Kühlzeit
Backzeit: etwa 40 Minuten

1. Zum Vorbereiten Ananasscheiben in sehr kleine Stücke schneiden. Schokolade in Stücke brechen, mit 50 ml Olivenöl in einem kleinen Topf im Wasserbad bei schwacher Hitze unter Rühren schmelzen. Den Topf aus dem Wasserbad nehmen. Restliches Olivenöl gut unterrühren.

2. Den Backofen vorheizen.
Ober-/Unterhitze: etwa 180 °C
Heißluft: etwa 160 °C

3. Für den Teig Eier mit Zucker und Vanille-Zucker in einer Rührschüssel mit einem Mixer (Rührstäbe) in

etwa 2 Minuten schaumig schlagen. Geschmolzene Schokoladen-Olivenöl-Masse und Salz vorsichtig unterrühren.

4. Das Mehl mit Kakao und Backpulver mischen, in 2 Portionen auf mittlerer Stufe kurz unterrühren. Saure Sahne und Ananasstücke unterheben.

5. Den Teig in eine Springform (Ø 26 cm, Boden mit Backpapier belegt) geben und glatt streichen.

6. Die Form auf dem Rost in den vorgeheizten Backofen schieben. Die Schokotorte **etwa 40 Minuten backen.**

7. Die Form auf einen Kuchenrost stellen. Die Torte etwa 10 Minuten in der Form abkühlen lassen, dann aus der Form lösen und mit dem Backpapier auf dem Kuchenrost erkalten lassen. Anschließend mitgebackenes Backpapier abziehen.

8. Für den Guss Schokolade in kleine Stücke brechen. Zwei Drittel davon in einem Topf im Wasserbad bei schwacher Hitze unter Rühren schmelzen.

9. Den Topf aus dem Wasserbad nehmen und zunächst die restliche Zartbitter-Schokolade darin unter Rühren schmelzen.

10. Dann die Butter und zuletzt die saure Sahne unter die Schokolade rühren, sodass eine glatte Masse entsteht.

11. Die Schokolade evtl. in eine Rührschüssel füllen. Nach und nach Puderzucker mit dem Mixer (Rührstäbe) unterschlagen, bis eine streichfähige Masse entstanden ist.

12. Die Torte sofort vollständig mit dem Guss überziehen. Die Torte etwa 30 Minuten in den Kühlschrank stellen, bis der Guss schnittfest ist.

Tipps: Sie können die Schokotorte bereits am Vortag zubereiten und zugedeckt im Kühlschrank aufbewahren, denn gut durchgezogen schmeckt sie noch einmal so gut. Hübsch sieht es aus, wenn Sie die Torte vor dem Servieren dick mit Kakao bestäuben.

Schoko-Whoopies mit Erdnusscreme I
Energiehäppchen
30 Stück

Pro Stück: E: 3 g, F: 13 g, Kh: 16 g,
kJ: 790, kcal: 189, BE: 1,5

Für den Teig:

125 g	Butter oder Margarine (zimmerwarm)
150 g	brauner Zucker
1 Pck.	Dr. Oetker-Vanillin-Zucker
1 Prise	Salz
1	Ei (Größe L)
150 g	Weizenmehl
50 g	Speisestärke
2 geh. EL	gesiebter Backkakao (etwa 40 g)
1 gestr. TL	Dr. Oetker Backin
150 ml	Milch (1,5 % Fett)

Für die Füllung:

50 g	Butter (zimmerwarm)
200 g	Erdnusscreme, creamy
50 g	Puderzucker

Zum Garnieren:

125 g	helle Kuchenglasur
2–3 EL	ungesalzene, geröstete Erdnusskerne
2–3 EL	gehobelte Mandeln
einige	Schokoperlen
einige	Schokostreusel

Zubereitungszeit: 75 Minuten, ohne Kühlzeit
Backzeit: etwa 13 Minuten je Backblech

1. Den Backofen vorheizen.
Ober-/Unterhitze: etwa 200 °C
Heißluft: etwa 180 °C

2. Für den Teig Butter oder Margarine mit einem Mixer (Rührstäbe) auf höchster Stufe geschmeidig rühren. Nach und nach Zucker, Vanillin-Zucker und Salz unterrühren. So lange rühren, bis eine gebundene Masse entstanden ist.

3. Das Ei etwa ½ Minute unterrühren. Das Mehl mit Stärke, Kakao und Backpulver mischen, in 2 Portionen auf mittlerer Stufe kurz unterrühren. Zuletzt Milch unterrühren.

4. Den Teig in einen Spritzbeutel mit großer Lochtülle (Ø 1 ½ cm) geben. 60 kleine Häufchen auf 3 Backbleche (gefettet, mit Backpapier belegt) spritzen, mit einem Messer sorgfältig zu Kreisen (Ø etwa 4 cm) verstreichen.

5. Die Backbleche nacheinander (bei Heißluft 2 Backbleche zusammen) in den vorgeheizten Backofen schieben. Die Whoopies **etwa 13 Minuten je Backblech backen.**

6. Die Whoopies mit dem Backpapier von den Backblechen auf Kuchenroste ziehen und erkalten lassen.

7. Für die Füllung Butter und Erdnusscreme mit dem Mixer (Rührstäbe) auf höchster Stufe geschmeidig rühren. Nach und nach Puderzucker unterrühren.

8. Jeweils etwa 1 Teelöffel Creme auf die glatte Seite von 30 Whoopies streichen. Die restlichen Whoopies daraufsetzen.

9. Die Whoopies einige Minuten in den Kühlschrank stellen. Füllung fest werden lassen.

10. Die Glasur nach Packungsanleitung schmelzen. Whoopies damit bestreichen, mit Erdnusskernen, Mandeln, Schokoperlen und -streuseln belegen. Den Guss trocknen lassen.

Schwedischer Mandelkuchen I

Klassiker

16 Stücke

Pro Stück: E: 7 g, F: 24 g, Kh: 13 g,
kJ: 1240, kcal: 296, BE: 1,0

Zum Vorbereiten:

200 g *nicht abgezogene, gem.*
         Mandeln
80 g *gehobelte Mandeln*

Für den Teig:

5 *Eiweiß (Größe M)*
1 Prise *Salz*
60 g *Puderzucker*
1 EL *Speisestärke*
2 gestr. TL *Dr. Oetker Backin*

Für die Mandelcreme:

100 g *Zucker*
125 g *Schlagsahne*
         (mind. 30 % Fett)
1 Pck. *Dr. Oetker Bourbon-*
         Vanille-Zucker
5 *Eigelb (Größe M)*
150 g *Butter (zimmerwarm)*
50 g *Mandelmus*
         (aus dem Glas)

Zum Bestäuben:

1 EL *Puderzucker*

Zubereitungszeit: 45 Minuten, ohne Kühlzeit
Backzeit: 25–30 Minuten

1. Zum Vorbereiten zunächst die gemahlenen Mandeln in einer Pfanne ohne Fett unter Wenden kurz rösten, danach auf einen Teller geben und erkalten lassen.

2. Die gehobelten Mandeln ebenso rösten und auf einem Teller erkalten lassen.

3. Den Backofen vorheizen.
Ober-/Unterhitze: etwa 170 °C
Heißluft: etwa 150 °C

4. Für den Teig Eiweiß und Salz mit einem Mixer (Rührstäbe) auf höchster Stufe steif schlagen und dabei den Puderzucker einrieseln lassen.

5. Die gerösteten, gemahlenen Mandeln mit Speisestärke und Backpulver mischen. Die Mandel-Stärke-Mischung unter den Eischnee heben.

6. Den Teig in eine Springform (Ø 26 cm, Boden gefettet) geben und glatt streichen. Die Form auf dem Rost in den vorgeheizten Backofen schieben und den Mandelkuchen **25–30 Minuten backen.**

7. In der Zwischenzeit für die Mandelcreme Zucker, Sahne und Vanille-Zucker in einen Topf geben. Die Zutaten kurz aufkochen lassen, anschließend in eine Edelstahlschüssel geben und das Eigelb unterrühren.

8. Die Edelstahlschüssel über einen Topf mit wenig kochendem Wasser hängen. Die Sahne-Eigelb-Masse über dem Wasserdampf so lange mit einem Schneebesen kräftig schlagen, bis sie dicklich wird. Die Schüssel beiseitestellen, die Masse erkalten lassen.

9. Die Springform auf einen Kuchenrost stellen. Den Mandelkuchen darin erkalten lassen. Anschließend den Kuchen aus der Form lösen.

10. Den Mandelkuchen einmal waagerecht durchschneiden. Den unteren Boden auf eine Tortenplatte legen.

11. Die Butter mit dem Mixer (Rührstäbe) cremig rühren. Mandelmus und Eigelbcreme unterrühren. Die Hälfte der Mandelcreme auf den unteren Mandelboden geben und glatt streichen.

12. Den oberen Mandelboden darauflegen, leicht andrücken und mit der restlichen Mandelcreme bestreichen.

13. Den Mandelkuchen mit den gerösteten, gehobelten Mandeln bestreuen. Den Mandelkuchen etwa 60 Minuten in den Kühlschrank stellen.

Tipp: Bestreuen Sie den Mandelkuchen zusätzlich mit etwas Haselnuss-Krokant.

Sesam-Ananas-Cookies I

Fruchtig – einfach

8–9 große Cookies

Pro Stück: E: 4 g, F: 12 g, Kh: 27 g,
kJ: 964, kcal: 231, BE: 2,0

Zum Vorbereiten:

>   100 g getrocknete, gesüßte
>   Ananasstücke

Für den Teig:

>   80 g Butter (zimmerwarm)
>   80 g Zucker
> 1 Prise Salz
>   1 Ei (Größe M)
>   110 g Dinkelmehl (Type 630)
> 1 Msp. Natron
>   4 EL Sesamsamen, geschält

Zubereitungszeit: 35 Minuten
Backzeit: 12–15 Minuten

1. Zum Vorbereiten Ananasstücke in noch kleinere, etwa 8 mm dicke Stücke schneiden.

2. Den Backofen vorheizen.
Ober-/Unterhitze: etwa 200 °C
Heißluft: etwa 180 °C

3. Für den Teig Butter mit Zucker und Salz in eine Rührschüssel geben. Die Zutaten mit einem Mixer (Rührstäbe) zunächst kurz auf niedrigster, dann auf höchster Stufe schaumig schlagen. Das Ei hinzugeben und etwa 1 Minute unterschlagen.

4. Das Dinkelmehl mit Natron und 3 Esslöffeln von dem Sesamsamen gut vermischen. Die Mehl-Sesam-Mischung auf die Butter-Ei-Masse geben und mit einem Teigschaber unterheben. Dann die Ananasstücke unterheben.

5. Den Cookieteig mit 2 Esslöffeln oder einem Eisportionierer in gleich großen, runden Häufchen auf ein Backblech (gefettet, mit Backpapier belegt) setzen, dabei genügend Abstand zwischen den Teighäufchen lassen.

6. Die Teighäufchen mit einem in Wasser getauchten Löffel zu flachen Cookies verstreichen. Die Cookies mit dem restlichen Sesamsamen bestreuen.

7. Das Backblech in den vorgeheizten Backofen schieben. Sesam-Ananas-Cookies **12–15 Minuten backen.**

8. Die Sesam-Ananas-Cookies mit dem Backpapier von dem Backblech auf einen Kuchenrost ziehen. Sesam-Ananas-Cookies erkalten lassen.

Tipps: In gut schließenden Dosen, kühl und trocken gestellt, sind die Sesam-Ananas-Cookies 1–2 Wochen haltbar. Ersetzen Sie die Sesamsamen durch die gleiche Menge Kokosraspel. Besonders intensiv schmecken diese, wenn Sie sie vorher in einer Pfanne ohne Fett bei mittlerer Hitze unter Wenden goldbraun rösten und anschließend auf einem Teller erkalten lassen. Sie können die Cookies zusätzlich mit etwas Zuckerguss besprenkeln.

Rezeptvarianten: Für **orientalische Dattel-Mandel-Cookies** ersetzen Sie die Ananasstücke durch die gleiche Menge getrocknete Soft-Datteln und den Sesamsamen durch gehackte Mandeln. Würzen Sie den Teig zusätzlich mit 1–2 Prisen gemahlenem Kardamom. Für **Cranberry- oder Kirsch-Mohn-Cookies** nehmen Sie statt Ananas getrocknete Cranberrys oder Kirschen und statt Sesam gemahlenen Mohn.

Sesam-Quittengelee-Mini-Gugelhupfe I

Für den Standmixer
12 Stück

Pro Stück: E: 5 g, F: 23 g, Kh: 26 g,
kJ: 1377, kcal: 329, BE: 2,0

Zum Vorbereiten:

80 g Sesamsamen, geschält
100 g Schlagsahne
100 ml Milch (1,5 % Fett)
½ Vanilleschote

Für den Teig:

110 g Dinkelmehl
5 g Johannisbrotkernmehl
(erhältlich im Bioladen oder
Reformhaus)
2 gestr. TL Dr. Oetker Backin
110 g brauner Rohrzucker
3 Eier (Größe M)
150 ml Sonnenblumenöl

Zum Garnieren:

150 g Quittengelee
1 EL Puderzucker

Außerdem:

2 Petit-Four-Gugelhupfformen
(Silikon-Mini-Gugelhupfformen
für je 6 Mini-Gugelhupfe,
Ø 7 ½ cm) oder 1 Muffinform
für 12 Muffins
20–30 g Butter (zimmerwarm)
zum Ausstreichen
20 g Sesamsamen, geschält
zum Ausstreuen

Zubereitungszeit: 30 Minuten, ohne Abkühlzeit
Backzeit: etwa 18 Minuten

1. Zum Vorbereiten den Sesamsamen in einer großen Pfanne unter Wenden hellbraun rösten. Sahne und Milch hinzugießen. Die Vanilleschote längs aufschneiden, zugeben und das Ganze etwa 1 Minute köcheln lassen, dabei gelegentlich umrühren.

2. Die Pfanne von der Kochstelle nehmen. Sesammilch etwa 20 Minuten auf Zimmertemperatur abkühlen lassen.

3. In der Zwischenzeit die Mulden der Form oder Formen mit Butter ausstreichen, mit Sesamsamen ausstreuen. Die Silikon-Formen auf ein Backblech stellen.

4. Den Backofen vorheizen.
Ober-/Unterhitze: etwa 180 °C
Heißluft: etwa 160 °C

5. Für den Teig Dinkelmehl mit Johannisbrotkernmehl und Backpulver in einer Schüssel vermischen.

6. Die Sesammilch in den Mixbecher gießen. Zucker und Eier zugeben. Den Becher verschließen und die Zutaten auf hoher Stufe etwa 1 Minute schaumig mixen. Sonnenblumenöl hinzugießen und im verschlossenen Becher kurz untermixen.

7. Die Mehlmischung hinzugeben und im verschlossenen Becher kurz auf niedriger Stufe oder mit der „Pulse-Stufe" untermixen. Den Teig mit einem Teigschaber glatt rühren.

8. Den Teig in der Form oder den Formen verteilen. Das Backblech mit den Silikonformen oder das Muffinblech auf dem Rost in den vorgeheizten Backofen schieben. Die Gugelhupfe oder Muffins **etwa 18 Minuten backen.**

9. Die Form oder Formen auf einen Kuchenrost stellen. Die Gugelhupfe oder Muffins etwas abkühlen lassen, dann aus den Formen lösen und auf dem Kuchenrost erkalten lassen.

10. Das Quittengelee in einem Topf kurz unter Rühren leicht erwärmen. Die Gugelhupfe oder Muffins mit Puderzucker bestäuben. Quittengelee in der Mitte der Gugelhupfe oder Muffins verteilen.

Tipp: Nach Belieben kurz vor dem Servieren 1 Bio-Orange (unbehandelt, ungewachst) heiß abwaschen, abtrocknen und die Schale abreiben. Die Gugelhupfe damit bestreuen.

Shortbread | Klassiker
20 Stück

Pro Stück: E: 1 g, F: 5 g, Kh: 10 g,
kJ: 381, kcal: 91, BE: 0,2

Für den Teig:
> 180 g Weizenmehl
> 40 g feiner Zucker
> 125 g Butter (kalt)

Zum Bestreuen:
> 1 Prise Salz

Zubereitungszeit: 25 Minuten
Backzeit: etwa 10 Minuten je Backblech

1. Den Backofen vorheizen.
Ober-/Unterhitze: etwa 180 °C
Heißluft: etwa 160 °C

2. Für den Teig Mehl und Zucker in eine Rührschüssel
geben. Die kalte Butter in dünne Scheiben schneiden
und hinzugeben. Die Zutaten mit den Händen zu
einem festen Teig verkneten.

3. Den Teig auf einer leicht bemehlten Arbeitsfläche
zu einem Rechteck (etwa 18 x 20 cm) ausrollen. Das
Teigrechteck mit 1 Prise Salz bestreuen und etwas
andrücken. Das Teigrechteck so halbieren, dass
2 Rechtecke (etwa 9 x 20 cm) entstehen. Die Teigrechtecke in 9 x 2 cm große Streifen schneiden. In jeden Streifen mit einer Gabel ein Muster einstechen.

4. Die Teigstreifen nicht zu dicht nebeneinander
auf Backbleche (mit Backpapier belegt) legen. Die
Backbleche nacheinander (bei Heißluft zusammen) in
den vorgeheizten Backofen schieben. Die Shortbread-
Sticks **etwa 10 Minuten je Backblech backen.**

5. Die Shortbread-Sticks mit dem Backpapier von
den Backblechen auf Kuchenroste ziehen. Shortbread-
Sticks erkalten lassen.

Tipp: Servieren Sie die Shortbread-Sticks mit einer
Vanilleschokolade. Für 6 Gläser 700 ml Milch (3,5 %
Fett) in einem Topf erhitzen. 1 Vanilleschote längs
aufschneiden und das Mark mit einem Messerrücken
herausschaben. Vanillemark und -schote in die heiße
Milch geben und etwa 10 Minuten ziehen lassen. Die
Vanilleschote entfernen. Die Vanillemilch bis kurz vor
dem Siedepunkt erhitzen (nicht kochen, sonst wird
der Schaum nicht fest), mit einem Schneebesen oder
einem Milchaufschäumer schaumig aufschlagen.
Etwa 6 Esslöffel Schaum abnehmen und in eine vorgewärmte Tasse geben. 150 g Zartbitter-Kuvertüre in
kleine Stücke hacken und in der heißen Vanillemilch
unter Rühren schmelzen. Die Vanilleschokolade in
6 hitzebeständige Gläser füllen und den abgenomme-
nen, heißen Schaum darauf verteilen.

Sirup-Nuss-Cookies | Kernig

8–9 große Cookies

Pro Stück: E: 4 g, F: 12 g, Kh: 19 g,
kJ: 842, kcal: 201, BE: 1,5

Zum Vorbereiten:
100 g gem. Haselnusskerne

Für den Biskuitteig:
1 Ei (Größe M)
1 Eigelb (Größe M)
90 g Zucker
1 Pck. Dr. Oetker Vanillin-Zucker
1 Prise Salz
30 g Zuckerrübensirup
(Rübenkraut)
50 g Weizenmehl
1 gestr. TL Dr. Oetker Backin

Zum Bestreuen:
etwa 40 g gehobelte Haselnusskerne

Zubereitungszeit: 40 Minuten, ohne Abkühlzeit
Backzeit: etwa 20 Minuten

1. Zum Vorbereiten Haselnusskerne in einer Pfanne ohne Fett unter Wenden hellbraun rösten und auf einem Teller erkalten lassen.

2. Den Backofen vorheizen.
Ober-/Unterhitze: etwa 160 °C
Heißluft: etwa 140 °C

3. Für den Teig Ei und Eigelb mit einem Mixer (Rührstäbe) auf höchster Stufe in etwa 1 Minute schaumig schlagen. Den Zucker mit Vanillin-Zucker und Salz mischen, in etwa 1 Minute unter Rühren einstreuen. Den Sirup hinzufügen und dann noch etwa 2 Minuten schlagen.

4. Mehl mit Backpulver gut vermischen. Die Mehlmischung auf die Eimasse geben und kurz auf niedrigster Stufe unterrühren. Zuletzt die vorbereiteten Haselnusskerne mit einem Teigschaber unterheben.

5. Den Teig mit 2 Esslöffeln oder einem Eisportionierer in gleich großen, runden Häufchen auf ein Backblech (gefettet, mit Backpapier belegt) setzen, dabei genügend Abstand zwischen den Teighäufchen lassen. Die Teighäufchen mit einem in Wasser getauchten Löffel zu flachen Cookies verstreichen. Die Cookies mit den Haselnusskernen bestreuen. Das Backblech in den vorgeheizten Backofen schieben. Die Sirup-Nuss-Cookies **etwa 20 Minuten backen.**

6. Die Cookies mit dem Backpapier von dem Backblech auf einen Kuchenrost ziehen und erkalten lassen.

Sky High Chocolate Cake I
Für Gäste
16 Stücke

Pro Stück: E: 13 g, F: 41 g, Kh: 55 g,
kJ: 2675, kcal: 640, BE: 4,5

Für die Schokoladencreme:

      300 g Schlagsahne (mind. 30 % Fett)
      300 g Zartbitter-Kuvertüre

Für den Teig:

      300 g Zartbitter-Kuvertüre
      150 g Butter
      150 g Löffelbiskuits
       12 Eigelb (Größe M)
   2 Pck. Dr. Oetker Bourbon-
           Vanille-Zucker
      250 g abgezogene, gem. Mandeln
       12 Eiweiß (Größe M)
      200 g Zucker

Zum Bestreichen:

      350 g Aprikosenkonfitüre

Zum Bestreuen und Bestäuben:

       25 g Vollmilch-Kuvertüre
       20 g Puderzucker

Zubereitungszeit: 50 Minuten, ohne Kühlzeit
Backzeit: etwa 90 Minuten

1. Für die Creme Sahne in einem Topf erwärmen (nicht zu heiß). Kuvertüre in Stücke hacken. Den Topf von der Kochstelle nehmen. Kuvertüre unter Rühren in der Sahne schmelzen, dann abkühlen lassen und zugedeckt etwa 2 Stunden in den Kühlschrank stellen.

2. Einen Tortenring (Ø 22 cm, 10 cm hoch) auf ein Backblech (mit Backpapier belegt) stellen. Das Backpapier am äußeren Rand hochziehen, die Ecken zusammendrehen und mit einem Bindfaden festbinden, damit der Teig später nicht herauslaufen kann.

3. Den Backofen vorheizen.
Ober-/Unterhitze: etwa 180 °C
Heißluft: etwa 160 °C

4. Für den Teig Kuvertüre in Stücke hacken, in einer großen Edelstahlschüssel im Wasserbad bei schwacher Hitze unter Rühren schmelzen. Die Butter unter Rühren darin schmelzen.

5. Die Löffelbiskuits im Blitzhacker fein mahlen.

6. Eigelb unter Rühren zur Schokoladenbutter geben und mit einem Schneebesen glatt rühren. Vanille-Zucker unterrühren. Keksbrösel und Mandeln hinzugeben (noch nicht verrühren).

7. Eiweiß mit einem Mixer (Rührstäbe) steif schlagen. Den Zucker nach und nach unterschlagen, bis der Eischnee stark glänzt.

8. Eischnee portionsweise mit einem Teigschaber unter die Schokoladen-Mandel-Masse heben.

9. Den Teig in dem Tortenring glatt streichen. Das Backblech in den vorgeheizten Backofen (unterste Schiene) schieben. Den Tortenboden **etwa 90 Minuten backen.**

10. Das Backblech auf einen Kuchenrost stellen. Den Tortenboden erkalten lassen. Tortenring lösen und entfernen.

11. Die Schokoladensahne mit dem Mixer (Rührstäbe) zu einer Creme aufschlagen.

12. Den Tortenboden in 6–8 dünne Böden schneiden. Die einzelnen Böden dünn mit glatt gerührter Aprikosenkonfitüre und 2–3 Esslöffeln Schokoladencreme bestreichen.

13. Die bestrichenen Böden zu einer Torte zusammensetzen. Restliche Schokoladencreme auf dem oberen Boden verteilen.

14. Zum Bestreuen und Bestäuben von der Kuvertüre mit einem Messer oder Sparschäler Raspel abschaben und auf die Tortenoberfläche streuen, mit Puderzucker bestäuben.

Tipp: Den Boden am Vortag backen, dann lässt er sich einfacher in dünne Böden schneiden.

Soft Fruit Cookies I
Richtig schön „chewy"
12–14 Stück

Pro Stück: E: 3 g, F: 8 g, Kh: 34 g,
kJ: 957, kcal: 229, BE: 3,0

Zum Vorbereiten:

      50 g getrocknete Datteln
      80 g getrocknete Soft-Aprikosen
      50 g getrocknete Soft-Pflaumen
      50 g getrocknete Cranberrys

Für den Teig:

    100 g Butter
          (zimmerwarm)
    100 g brauner Zucker
    1 Prise Salz
      1 Ei (Größe M)
    50 g Weizenmehl
    150 g kernige Haferflocken
    1 Msp. Natron

Außerdem:

      6 EL Pflaumenmus

Zubereitungszeit: 40 Minuten
Backzeit: etwa 20 Minuten je Backblech

1. Zum Vorbereiten die getrockneten Früchte in kleine Stückchen hacken.

2. Den Backofen vorheizen.
Ober-/Unterhitze: etwa 180 °C
Heißluft: etwa 160 °C

3. Für den Teig Butter in eine Rührschüssel geben. Zucker und Salz hinzufügen.

4. Die Zutaten mit einem Mixer (Rührstäbe) zunächst kurz auf niedrigster, dann auf höchster Stufe schaumig schlagen. Das Ei etwa 1 Minute unterrühren.

5. Mehl mit Haferflocken und Natron mischen. Die Mehl-Haferfocken-Mischung mit einem Teigschaber unter die Butter-Ei-Masse heben. Zuletzt die gehackten Früchte unterheben.

6. Den Teig mit 2 Esslöffeln oder einem Eisportionierer in gleich großen, runden Häufchen auf Backbleche (gefettet, mit Backpapier belegt) setzen, dabei genügend Abstand zwischen den Teighäufchen lassen.

7. Die Teighäufchen mit einem in Wasser getauchten Löffel leicht flach drücken und die Mitte jeweils eine kleine Mulde drücken. Die Mulden mit dem Pflaumenmus füllen.

8. Die Backbleche nacheinander (bei Heißluft zusammen) in den vorgeheizten Backofen schieben. Die Cookies **etwa 20 Minuten je Backblech backen.**

9. Die Cookies mit dem Backpapier von dem Backblech auf Kuchenroste ziehen und erkalten lassen.

Tipps: Seien Sie bei der Wahl der Trockenfrüchte kreativ und mixen Sie je nach Ihrer persönlichen Vorliebe. Mittlerweile gibt es in gut sortierten Supermärkten eine sehr vielfältige Auswahl. Wie wäre es beispielsweise mit Soft-Feigen, kandierten Ananasstücken, Apfelringen, blauen Weinbeeren, Physalis (Kapstachelbeeren) oder Mangostücken? Sie können dabei mehrere Sorten mischen oder auch nur eine Obstsorte verwenden. Alternativ können Sie auf einen bereits fertigen Trockenfrüchte-Mix zurückgreifen, zum Beispiel mit Apfelstücken, Birnen, Pfirsichen, Ananasstücken und Pflaumen. Je nach Trockenobstsorte füllen Sie dann die Cookies statt mit Pflaumenmus mit anderen Konfitüren oder Fruchtaufstrichen, wie etwa mit den Geschmacksrichtungen Apfel, Holunder oder Birne-Mango.

Stachelbeer-Pie | Für Gäste

12 Stücke

Pro Stück: E: 5 g, F: 21 g, Kh: 45 g,
kJ: 1661, kcal: 397, BE: 4,0

Für den Knetteig:

      350 g Weizenmehl
      1 Prise Salz
      50 g Zucker
      3 EL kaltes Wasser
      180 g Butter oder Margarine

Für die Füllung:

      780 g abgetropfte Stachelbeeren
                (aus Gläsern)

Für die Mandel-Zucker-Masse:

      50 g Butter
      30 g Zucker
      100 g gehobelte Mandeln

      250 ml Stachelbeersaft
                (aus den Gläsern)
      20 g Speisestärke

Zum Bestreichen und Bestreuen:

      1 EL Wasser
      1 EL Zucker

Zubereitungszeit: 50 Minuten, ohne Kühlzeit
Backzeit: 30–40 Minuten

1. Für den Teig Mehl mit Salz in einer Rührschüssel mischen. Zucker, Wasser und Butter oder Margarine hinzufügen. Die Zutaten mit einem Mixer (Knethaken) zunächst kurz auf niedrigster, dann auf höchster Stufe gut durcharbeiten.

2. Anschließend auf einer leicht bemehlten Arbeitsfläche kurz zu einem Teig verkneten. Den Teig in 3 gleich große Portionen teilen. Die Teigportionen jeweils in Frischhaltefolie gewickelt etwa 60 Minuten in den Kühlschrank legen.

3. Für die Füllung von den Stachelbeeren den Saft auffangen und 250 ml davon abmessen.

4. Für die Mandel-Zucker-Masse die Butter in einer Pfanne zerlassen. Zucker und Mandeln hinzufügen, unter Rühren goldbraun rösten, herausnehmen und erkalten lassen.

5. Den Backofen vorheizen.
Ober-/Unterhitze: etwa 200 °C
Heißluft: etwa 180 °C

6. Eine Teigportion auf der leicht bemehlten Arbeitsfläche zu einer runden Platte (Ø etwa 28 cm) ausrollen und in eine Pie- oder Tarteform (Ø 28 cm, gefettet) legen.

7. Die zweite Teigportion ebenfalls auf der leicht bemehlten Arbeitsfläche zu einer Rolle (etwa 80 cm lang) formen. Die Teigrolle auf den Teigboden legen und an den Rand der Form drücken. Den Teig etwa ½ cm überstehen lassen.

8. Die Mandel-Zucker-Masse auf dem Teigboden verteilen.

9. Drei Esslöffel des aufgefangenen Stachelbeersaftes mit Speisestärke anrühren. Restlichen Saft in einem Topf aufkochen. Die angerührte Speisestärke in den von der Kochstelle genommenen Saft rühren und unter Rühren aufkochen lassen. Den Topf von der Kochstelle nehmen. Stachelbeeren unterheben.

10. Die Stachelbeermasse auf der Mandel-Zucker-Masse verteilen und glatt streichen. Überstehenden Teigrand auf die Stachelbeermasse legen.

11. Restlichen Teig auf der leicht bemehlten Arbeitsfläche zu einer runden Platte (Ø etwa 28 cm) ausrollen und auf die Stachelbeermasse legen. Den Teig am Rand andrücken. Die Teigplatte mehrmals mit einer Gabel einstechen, mit Wasser bestreichen und mit Zucker bestreuen. Die Form auf dem Rost in den vorgeheizten Backofen schieben. Die Pie **30–40 Minuten backen.**

12. Die Form auf einen Kuchenrost stellen. Die Pie etwas abkühlen lassen. Warm oder kalt servieren.

Tipp: Dazu passt halbsteif geschlagene Schlagsahne.

Süßkartoffel-Bienenstich I

Originell
16 Stücke

Pro Stück: E: 4 g, F: 22 g, Kh: 29 g,
kJ: 1399, kcal: 334, BE: 2,5

Für den Belag:

      50 g Butter
      50 g brauner Zucker
      75 g Schlagsahne
      50 g gehobelte Mandeln
      50 g gehobelte Haselnusskerne

Zum Vorbereiten für den Teig:

       1 mittelgroße Süßkartoffel
          (etwa 250 g)
      30 g Butter
      50 g brauner Zucker
      75 ml Orangensaft
  ½ Pck. Dr. Oetker Finesse
          Orangenschalen-Aroma

Für den Rührteig:

     125 g Butter oder Margarine
          (zimmerwarm)
     100 g brauner Zucker
   1 Pck. Dr. Oetker Vanillin-Zucker
       2 Eier (Größe M)
     200 g Weizenmehl
  2 gestr. TL Dr. Oetker Backin

Für die Füllung:

     200 g Schmand (Sauerrahm)
     125 g Schlagsahne
      30 g gesiebter Puderzucker
   1 Pck. Dr. Oetker Vanillin-Zucker
   1 Pck. Sahnesteif

Zubereitungszeit: 40 Minuten, ohne Kühlzeit
Backzeit: etwa 35 Minuten

1. Für den Belag Butter, Zucker und Sahne in einem Topf bei mittlerer Hitze zerlassen. Mandeln und Haselnusskerne hinzugeben. So lange rühren, bis eine gebundene Masse entstanden ist. Mandel-Nuss-Masse erkalten lassen (nicht in den Kühlschrank stellen).

2. Zum Vorbereiten für den Teig die Süßkartoffel waschen, schälen, abspülen, abtrocknen und grob raspeln. Butter mit Zucker in einem Topf zerlassen. Kartoffelraspel hinzugeben, mit dem Orangensaft etwa 5 Minuten unter Rühren dünsten. Orangenschale unterrühren. Die Masse erkalten lassen.

3. Den Backofen vorheizen.
Ober-/Unterhitze: etwa 180 °C
Heißluft: etwa 160 °C

4. Für den Teig Butter oder Margarine in einer Rührschüssel mit einem Mixer (Rührstäbe) geschmeidig rühren. Nach und nach Zucker und Vanillin-Zucker unterrühren. So lange rühren, bis eine gebundene Masse entstanden ist.

5. Die Eier nach und nach unterrühren (jedes Ei etwa ½ Minute). Mehl mit Backpulver mischen, in 2 Portionen auf mittlerer Stufe kurz unterrühren. Süßkartoffelmasse unterheben. Den Teig in eine Springform (Ø 26 cm, Boden mit Backpapier belegt) geben und glatt streichen. Die erkaltete Mandel-Nuss-Masse vorsichtig darauf verteilen.

6. Form auf dem Rost in den vorgeheizten Backofen schieben. Tortenboden **etwa 35 Minuten backen.** Evtl. etwa 5 Minuten vor Ende der Backzeit den Tortenboden mit Backpapier belegen.

7. Den Tortenboden aus der Form lösen und auf einem Kuchenrost erkalten lassen. Mitgebackenes Backpapier entfernen.

8. Für die Füllung Schmand und Sahne in einer Rührschüssel vorsichtig mit dem Mixer (Rührstäbe) verrühren. Den Puderzucker mit Vanillin-Zucker und Sahnesteif mischen, zu der Schmand-Sahne-Masse geben und steif schlagen.

9. Den Tortenboden einmal waagerecht durchschneiden. Den unteren Boden auf eine Tortenplatte legen. Den oberen Boden in 12 Tortenstücke teilen.

10. Schmand-Sahne auf den unteren Boden geben, glatt streichen und mit den Tortenstücken belegen. Die Torte etwa 60 Minuten in den Kühlschrank stellen.

Süßkartoffelkuchen
mit Avocado | Exotisch
24 Stücke

Pro Stück: E: 3 g, F: 11 g, Kh: 25 g,
kJ: 862, kcal: 206, BE: 2,0

Zum Vorbereiten:
> 100 g Avocado-Fruchtfleisch
> (von etwa ½ Avocado)
> 1 EL Limettensaft

Für den Rührteig:
> 125 g Butter oder Margarine
> (zimmerwarm)
> 150 g brauner Zucker
> 1 Pck. Dr. Oetker Bourbon-
> Vanille-Zucker
> 1 Msp. gem. Zimt
> 2 Eier (Größe M)
> 325 g Weizenmehl
> 2 gestr. TL Dr. Oetker Backin
> 200 g grob geraspelte Süßkartoffeln
> 75 g gehackte, getrocknete Datteln
> 75 g gehackte Walnusskerne

Zum Bestreichen und für den Belag:
> etwa 3 EL Limettengelee
> einige Datteln
> evtl. einige Walnusskerne

Für die Avocadosahne:
> 75 g Avocado-Fruchtfleisch
> 1 EL Limettensaft
> 125 g Schlagsahne (mind. 30 % Fett)
> 1 Pck. Dr. Oetker Bourbon-
> Vanille-Zucker

Zubereitungszeit: 50 Minuten, ohne Abkühlzeit
Backzeit: etwa 40 Minuten

1. Den Backofen vorheizen.
Ober-/Unterhitze: etwa 180 °C
Heißluft: etwa 160 °C

2. Zum Vorbereiten die Avocado-Fruchtfleisch mit Limettensaft pürieren.

3. Für den Teig Butter oder Margarine mit einem Mixer (Rührstäbe) auf höchster Stufe geschmeidig rühren. Nach und nach Zucker, Vanille-Zucker und Zimt unterrühren, bis eine gebundene Masse entstanden ist. Avocadopüree hinzugeben.

4. Eier nach und nach unterrühren (jedes Ei etwa ½ Minute). Mehl mit Backpulver mischen und in 2 Portionen auf mittlerer Stufe kurz unterrühren. Die Süßkartoffelraspel, Datteln und Walnusskerne unter den Teig heben. Den Teig in eine rechteckige Tarteform (21 x 28 cm, gefettet) geben und glatt streichen. Die Form auf dem Rost in den vorgeheizten Backofen schieben. Den Kuchen **etwa 40 Minuten backen.**

5. Den Kuchen aus der Form lösen und auf einen mit Backpapier belegten Kuchenrost legen.

6. Zum Bestreichen und für den Belag Gelee verrühren. Den heißen Kuchen damit bestreichen, mit Dattelstücken und nach Belieben mit Walnusskernen belegen. Kuchen erkalten lassen.

7. Für die Avocadosahne das Avocado-Fruchtfleisch mit Limettensaft pürieren. Sahne mit Vanille-Zucker steif schlagen. Avocadopüree unterrühren. Die Avocadosahne zu dem Kuchen reichen.

Tipps: Der Kuchen kann auch auf einem Backblech mit Backrahmen (25 x 25 cm, gefettet) oder in einer runden Tarteform (Ø 28 cm, gefettet) gebacken werden. Den Kuchen zusätzlich mit Süßkartoffelstreifen garnieren. Dafür 100 g geschälte Süßkartoffelstreifen in 2 Esslöffeln Limettengelee kurz dünsten und erkalten lassen. Kuchenoberfläche damit garnieren (Foto).

Tassenkuchen mit Likör I

Partytauglich – mit Alkohol
12 Stück

Pro Stück: E: 5 g, F: 12 g, Kh: 43 g,
kJ: 1317, kcal: 315, BE: 3,5

Für den Teig:

        150 g *Weizenmehl*
          5 g *frische Hefe*
       125 ml *lauwarme Milch (3,5 % Fett)*
         60 g *Zucker*
            4 *Eier (Größe L)*
         80 g *Butter (zimmerwarm)*
         50 g *Schlagahne*
       100 ml *Cream-Likör, z. B. Irish-Cream-*
               Likör oder Schoko-Creme-Likör,
               maximal 20 Vol.-%
        100 g *Weizenmehl*

Für den Sirup:

            1 *Vanilleschote*
       300 ml *Wasser*
        130 g *Zucker*
     1 Stange *Zimt*

Zum Garnieren:

        500 g *Erdbeeren*
         30 g *Zucker*
         2 EL *Puderzucker*

Außerdem:

           12 *hitzebeständige Tassen*
               (je etwa 200 ml Inhalt)
         2 EL *Butter (zimmerwarm) zum*
               Ausstreichen der Tassen
         2 EL *Zucker zum Ausstreuen*
               der Tassen

Zubereitungszeit: 50 Minuten,
ohne Teiggeh-, Abkühl- und Ziehzeit
Backzeit: etwa 25 Minuten

1. Für den Teig Mehl in eine Rührschüssel geben und in die Mitte eine Vertiefung drücken. Hefe hineinbröckeln, die lauwarme Milch und 1 Prise vom Zucker hinzugeben und mit einem Schneebesen verrühren.

2. Restlichen Zucker, Eier, Butter, Schlagsahne und Likör auf den Hefeansatz geben. Das Mehl daraufgeben. Die Rührschüssel zudecken. Den Vorteig etwa 60 Minuten bei Zimmertemperatur gehen lassen (bis im aufgeschütteten Mehl deutliche Risse zu sehen sind).

3. Den Backofen vorheizen.
Ober-/Unterhitze: etwa 50 °C

4. Die Tassen mit Butter ausstreichen, mit Zucker ausstreuen und mit etwas Abstand auf ein Backblech stellen.

5. Den Vorteig mit einem Mixer (Knethaken) zunächst kurz auf niedrigster, dann auf höchster Stufe zu einem weichen Teig verarbeiten. Die vorbereiteten Tassen jeweils zur Hälfte mit dem Teig füllen. Das Backblech in den vorgeheizten Backofen schieben. Die Backofentür schließen und den Backofen ausschalten. Den Teig im Ofen etwa 60 Minuten gehen lassen.

6. Hat sich das Teigvolumen in etwa verdoppelt, den Backofen auf Ober-/Unterhitze: etwa 160 °C, Heißluft: etwa 140 °C heraufschalten. Sobald der Backofen die angegebene Backtemperatur erreicht hat, die Tassenkuchen **etwa 25 Minuten backen.**

7. Anschließend das Backblech mit den Tassen aus dem Backofen nehmen und auf einen Kuchenrost stellen. Die Tassenkuchen abkühlen lassen.

8. Für den Sirup in der Zwischenzeit die Vanilleschote längs aufschneiden und das Mark herauskratzen. Das Vanillemark mit Wasser, Zucker und Zimtstange in einen Topf geben. Alles einmal aufkochen lassen und bei schwacher Hitze etwa 30 Minuten ziehen lassen. Die Tassenkuchen mit dem Gewürzsirup tränken.

9. Zum Garnieren die Erdbeeren abspülen, gut abtropfen lassen, putzen und halbieren. 12 Erdbeerhälften beiseitestellen. Die restlichen Erdbeeren mit Zucker in einen Rührbecher füllen und pürieren.

10. Das Erdbeerpüree kurz vor dem Servieren auf den Tassenkuchen verteilen. Jeden Kuchen mit 1 Erdbeerhälfte garnieren und mit Puderzucker bestäuben.

Toffee Cheesecake I

Kernig

16 Stücke

Pro Stück: E: 7 g, F: 27 g, Kh: 28 g,
kJ: 1612, kcal: 387, BE: 2,5

Für den Knetteig:

        100 g Weizenmehl
        100 g gem. Haselnusskerne
         60 g Zucker
        1 Prise Salz
        120 g Butter oder Margarine

Für die Füllung:

          1 EL Zuckerrübensirup (Rübenkraut)
        150 g gezuckerte Kondensmilch
         50 g Zucker
        200 g Crème fraîche
          3 Eier (Größe M)
        400 g Doppelrahm-Frischkäse

Zum Bestreuen und für den Guss:

         50 g ganze Haselnusskerne
        200 g gezuckerte Kondensmilch
         50 g Zuckerrübensirup (Rübenkraut)
         20 g Butter

Zubereitungszeit: 50 Minuten, ohne Kühlzeit
Backzeit: etwa 45 Minuten

1. Für den Teig Mehl mit Haselnusskernen in einer Rührschüssel mischen. Zucker, Salz und Butter oder Margarine hinzufügen. Die Zutaten mit einem Mixer (Knethaken) zunächst kurz auf niedrigster, dann auf höchster Stufe gut durcharbeiten. Anschließend auf einer leicht bemehlten Arbeitsfläche kurz zu einem Teig verkneten. Den Teig in Frischhaltefolie gewickelt etwa 60 Minuten in den Kühlschrank legen.

2. Den Backofen vorheizen.
Ober-/Unterhitze: etwa 180 °C
Heißluft: etwa 160 °C

3. Zwei Drittel des Teiges auf dem Boden einer Springform (Ø 26 cm, gefettet, bemehlt) ausrollen. Den Springformrand darumstellen. Die Form auf

dem Rost in den vorgeheizten Backofen schieben. Den Knetteigboden in **etwa 10 Minuten hellbraun vorbacken.**

4. Die Form auf einen Kuchenrost stellen. Den Boden etwas abkühlen lassen.

5. Restlichen Teig zu einer langen Rolle formen, auf den vorgebackenen Boden legen und so an die Form drücken, dass ein etwa 4 cm hoher Rand entsteht.

6. Für die Füllung Zuckerrübensirup, Kondensmilch und Zucker in einem Topf unter Rühren zum Kochen bringen und unter ständigem Rühren bei schwacher Hitze etwa 3 Minuten kochen lassen. Crème fraîche unterrühren.

7. Eier und Frischkäse in einer Rührschüssel mit dem Mixer (Rührstäbe) auf mittlerer Stufe glatt rühren. Die Crème-fraîche-Masse unterrühren.

8. Die Frischkäse-Crème-fraîche-Masse auf dem vorgebackenen Boden in der Form verteilen. Die Form wieder auf dem Rost in den heißen Backofen schieben. Cheesecake **bei gleicher Backofentemperatur in etwa 35 Minuten fertig backen.**

9. Die Form auf einen Kuchenrost stellen. Den Cheesecake in der Form etwas abkühlen lassen.

10. Zum Bestreuen Haselnusskerne in einer Pfanne ohne Fett unter Wenden etwas anrösten. Haselnusskerne herausnehmen, auf ein Geschirrtuch geben und die Schale mit dem Tuch abreiben. Haselnusskerne grob hacken.

11. Für den Guss Kondensmilch, Zuckerrübensirup und Butter in einem Topf unter Rühren zum Kochen bringen und unter ständigem Rühren etwa 3 Minuten bei schwacher Hitze kochen lassen.

12. Toffeemasse heiß auf dem Cheesecake verteilen und mit den gerösteten Haselnusskernen bestreuen.

13. Toffee Cheesecake mindestens 4 Stunden in den Kühlschrank stellen, dann vorsichtig aus der Form lösen, auf eine Tortenplatte setzen und servieren.

Toffee Coffee Cookies |

Wachmacher

8–9 große Cookies

Pro Stück: E: 3 g, F: 12 g, Kh: 29 g,
kJ: 1005, kcal: 241, BE: 2,5

Zum Vorbereiten:

100 g *Milchschokoladenpralinen*
mit feiner Toffeefüllung

Für den Teig:

80 g *Butter (zimmerwarm)*
2 TL *Instant-Kaffeepulver*
80 g *brauner Zucker*
1 Prise *Salz*
1 *Ei (Größe M)*
150 g *Weizenmehl*
2 Msp. *Natron*

Zum Bestreuen:

evtl. 1 EL geröstete Kaffeebohnen

Zubereitungszeit: 40 Minuten
Backzeit: etwa 15 Minuten

1. Zum Vorbereiten die Pralinen vierteln.

2. Den Backofen vorheizen.
Ober-/Unterhitze: etwa 200 °C
Heißluft: etwa 180 °C

3. Für den Teig Butter mit Kaffeepulver, Zucker und Salz in eine Rührschüssel geben. Die Zutaten mit einem Mixer (Rührstäbe) zunächst kurz auf niedrigster, dann auf höchster Stufe schaumig schlagen. Das Ei hinzugeben und etwa 1 Minute unterschlagen.

4. Das Mehl mit dem Natron gut vermischen. Die Mehlmischung auf die Butter-Ei-Masse geben und mit einem Teigschaber unterheben. Anschließend die vorbereiteten Pralinenviertel unterheben.

5. Den Cookieteig mit 2 Esslöffeln oder einem Eisportionierer in gleich großen, runden Häufchen auf ein Backblech (gefettet, mit Backpapier belegt) setzen, dabei genügend Abstand zwischen den Teighäufchen

lassen. Die Teighäufchen mit einem in Wasser getauchten Löffel zu flachen Cookies verstreichen.

6. Nach Belieben die Kaffeebohnen grob hacken, die Cookies damit bestreuen und leicht in den Teig drücken.

7. Das Backblech in den vorgeheizten Backofen schieben. Die Toffee Coffee Cookies **etwa 15 Minuten backen.**

8. Die Cookies mit dem Backpapier von dem Backblech auf einen Kuchenrost ziehen und erkalten lassen.

Tipps: Statt Weizenmehl können Sie für den Teig auch die gleiche Menge Dinkelmehl (Type 630) verwenden. Ist Ihnen der Geschmack gerösteter Kaffeebohnen zu intensiv, nehmen Sie stattdessen einige mit Zartbitter-Schokolade überzogene feine Mokkabohnen. Diese haben nur eine leichte Kaffeenote. In gut schließenden Dosen, kühl und trocken gestellt, sind die Cookies 1–2 Wochen haltbar. Frisch schmecken sie allerdings am besten. Sind Ihnen die Cookies zu groß, können Sie sie auch nur halb so groß auf 2 Backblechen backen. Die Backtemperatur bleibt dabei gleich, die Backzeit reduziert sich jedoch um einige Minuten. Am besten Sie beobachten die Cookies während des Backens. Für die optimale Konsistenz sollten sie auf keinen Fall zu lange im Ofen bleiben.

Triple Chocolate Cake I

Braucht etwas Zeit – mit Alkohol
14 Stücke

Pro Stück: E: 6 g, F: 29 g, Kh: 43 g,
kJ: 1933, kcal: 463, BE: 3,5

Für den Knetteig:

125 g	Vollkorn-Kekse, im Blitzhacker fein zerbröselt
60 g	Weizenmehl
1 gestr. TL	gesiebter Backkakao
1 Pck.	Dr. Oetker Vanillin-Zucker
1	Ei (Größe M)
75 g	Butter oder Margarine

Für die weiße Schicht:

200 g	weiße klein gehackte Kuvertüre
100 g	Crème fraîche
50 g	getrocknete Beerenmischung, ungeschwefelt, z. B. Cranberrys, Heidelbeeren, Sauerkirschen

Für den Keksboden:

60 g	Vollkorn-Butterkekse
1–2 EL	brauner Rum oder Amaretto

Für die Vollmilch-Schicht:

200 g	klein gehackte Vollmilch-Kuvertüre
75 g	Crème fraîche
25 g	Schlagsahne
150 g	Orangen-Fruchtaufstrich

Für die Zartbitter-Schicht:

100 g	Schlagsahne
200 g	klein gehackte Zartbitter-Kuvertüre
1 EL	brauner Rum oder Amaretto

Zum Bestäuben:

1 EL	gesiebter Backkakao

Zubereitungszeit: 50 Minuten, ohne Kühlzeit
Backzeit: 10–12 Minuten je Backblech

1. Für den Teig alle Zutaten mit einem Mixer (Knethaken) zunächst kurz auf niedrigster, dann auf höchster Stufe kurz durcharbeiten und auf einer leicht bemehlten Arbeitsfläche zu einem glatten Teig verkneten. Den Teig in Frischhaltefolie gewickelt etwa 60 Minuten in den Kühlschrank legen.

2. Den Backofen vorheizen.
Ober-/Unterhitze: etwa 180 °C
Heißluft: etwa 160 °C

3. Den Teig in 3 gleich große Portionen teilen. Auf der bemehlten Arbeitsfläche 3 Tortenböden (Ø je 18 cm) ausrollen. Diese auf 2 Backbleche (mit Backpapier belegt) legen, mit einer Gabel mehrmals einstechen.

4. Die Backbleche nacheinander (bei Heißluft zusammen) in den vorgeheizten Backofen schieben. Die Tortenböden **10–12 Minuten je Backblech backen.**

5. Die Tortenböden mit dem Backpapier von den Backblechen auf Kuchenroste ziehen und erkalten lassen. Dann mit einem Sägemesser gleichmäßig rund schneiden.

6. Für die weiße Schicht Kuvertüre mit Crème fraîche in einem Topf unter Rühren bei schwacher Hitze erwärmen, bis die Kuvertüre geschmolzen und eine glatte Masse entstanden ist. Die Beeren hacken und unterheben.

7. Einen Tortenboden auf eine Platte legen. Einen Tortenring darumstellen. Die weiße Schokomasse auf dem Tortenboden verstreichen.

8. Für den Keksboden Kekse auf die weiße Schicht legen, leicht andrücken. Einige Kekse mit einem Sägemesser in die passende Größe schneiden. Rum oder Amaretto mit einem Pinsel auf die Kekse streichen. Die Torte zugedeckt etwa 2 Stunden in den Kühlschrank stellen.

9. Für die Vollmilch-Schicht die Kuvertüre mit Crème fraîche und Sahne wie unter Punkt 6 schmelzen. Dann auf dem Keksboden im Tortenring glatt streichen. Die Torte zugedeckt etwa 45 Minuten in den Kühlschrank stellen.

10. Den Tortenring vorsichtig öffnen, den zweiten Tortenboden auf die Vollmilch-Schicht legen und andrücken.

11. Den Fruchtaufstrich 1–2 Minuten in einem Topf kochen, dann etwas abkühlen lassen und auf den Tortenboden in den geöffneten Tortenring streichen.

12. Den dritten Tortenboden darauflegen und leicht andrücken. Den Tortenring wieder zusammenziehen. Die Torte zugedeckt mindestens 2 Stunden in den Kühlschrank stellen.

13. Für die Zartbitter-Schicht die Sahne aufkochen. Den Topf von der Kochstelle nehmen. Kuvertüre unter Rühren in der heißen Sahne schmelzen und mit Rum oder Likör abschmecken. Evtl. kurz kalt stellen, bis die Masse streichfähig ist.

14. Die Torte mit einem Messer aus dem Tortenring lösen, auf eine Platte setzen. Die Hälfte der Kuvertüre-Masse wellenartig auf die Torte streichen. Restliche Masse an den Tortenrand streichen. Die Torte mindestens 2 Stunden in den Kühlschrank stellen. Die Tortenoberfläche mit Kakao bestäuben.

Triple Chocolate Cheesecake I
Schokowucht
28 Stücke

Pro Stück: E: 5 g, F: 12 g, Kh: 19 g,
kJ: 845, kcal: 202, BE: 1,5

Für den Gebäckboden:
    400 g rechteckige Schoko-Cookies

Für den Belag:
    200 g weiße Schokolade
    500 g Frischkäse (5 % Fett)
    125 g Crème fraîche
     50 g Zucker
           abgeriebene Schale von
     ½ Bio-Zitrone
           (unbehandelt, ungewachst)
     1 EL Zitronensaft
      2 Eier (Größe M)
      1 Eigelb (Größe M)

Für die Canache:
    200 g Zartbitter-Kuvertüre oder
           -Schokolade
           (mind. 55 % Kakaoanteil)
     75 g Crème fraîche

Zubereitungszeit: 30 Minuten, ohne Kühlzeit
Backzeit: etwa 45 Minuten

1. Den Backofen vorheizen.
Ober-/Unterhitze: etwa 160 °C
Heißluft: etwa 140 °C

2. Für den Gebäckboden einen Backrahmen (etwa
20 x 28 cm) auf ein Backblech (mit Backpapier belegt) stellen. Die Cookies so in dem Backrahmen verteilen, dass ein Boden entsteht.

3. Für den Belag Schokolade in kleine Stücke brechen. Zwei Drittel davon in einem Topf im Wasserbad
bei schwacher Hitze unter Rühren schmelzen. Den
Topf aus dem Wasserbad nehmen.

4. Frischkäse mit Crème fraîche, Zucker, Zitronenschale, -saft, Eiern und Eigelb in einer Rührschüssel

gut verrühren. Die geschmolzene Schokolade hinzu-
geben und gut unterrühren. Schokoladen-Frischkäse-
Masse auf die Cookies geben und glatt streichen. Das
Backblech in den vorgeheizten Backofen schieben.
Den Cheesecake **etwa 45 Minuten backen.**

5. Das Backblech auf einen Kuchenrost stellen. Den
Kuchen etwa 30 Minuten abkühlen lassen, dann in
den Kühlschrank stellen und erkalten lassen. Den
Backrahmen lösen und entfernen.

6. Für die Canache die Kuvertüre in kleine Stücke hacken oder Schokolade in kleine Stücke brechen. Zwei
Drittel davon mit Crème fraîche in einem Topf im Wasserbad bei schwacher Hitze unter Rühren schmelzen.
Den Topf aus dem Wasserbad nehmen und die restliche Kuvertüre oder Schokolade darin unter Rühren
schmelzen. Die Masse nochmals gut durchrühren und
auf dem Käsekuchen verteilen. Nach Belieben mit
einem Esslöffel ein Muster durch die Masse ziehen.
Den Cheesecake wieder etwa 30 Minuten in den
Kühlschrank stellen.

7. Das mitgebackene Backpapier lösen und entfernen.
Den Cheesecake in kleine Rechtecke schneiden.

Triple Chocolate Cookies I

Die volle Schokowucht

8–9 große Cookies

Pro Stück: E: 4 g, F: 19 g, Kh: 34 g,
kJ: 1362, kcal: 326, BE: 3,0

Zum Vorbereiten:

    100 g *Zartbitter-Kuvertüre*
    75 g *Vollmilch-Kuvertüre*
    75 g *weiße Kuvertüre*

Für den Teig:

    75 g *Butter (zimmerwarm)*
    50 g *brauner Zucker*
  1 Prise *Salz*
      1 *Ei (Größe M)*
    50 g *Haselnuss-Krokant*
    90 g *Weizenmehl*
  1 Msp. *Natron*
    1 EL *gesiebter Backkakao*

Zubereitungszeit: 35 Minuten
Backzeit: 12–15 Minuten

1. Zum Vorbereiten die Zartbitter-Kuvertüre in kleine Stücke hacken und in einem Topf im Wasserbad bei schwacher Hitze unter Rühren schmelzen. Vollmilch- und weiße Kuvertüre in kleine Stücke hacken und beiseitestellen.

2. Den Backofen vorheizen.
Ober-/Unterhitze: etwa 200 °C
Heißluft: etwa 180 °C

3. Für den Teig die Butter mit braunem Zucker, Salz und geschmolzener Zartbitter-Kuvertüre in eine Rührschüssel geben. Die Zutaten mit einem Mixer (Rührstäbe) zunächst kurz auf niedrigster, dann auf höchster Stufe schaumig schlagen. Das Ei hinzugeben und etwa 1 Minute unterschlagen. Vollmilch-, weiße Kuvertürestückchen und die Hälfte von dem Haselnuss-Krokant mit einem Teigschaber unterheben.

4. Mehl mit Natron und Kakao gut vermischen. Die Mehl-Kakao-Mischung auf die Butter-Ei-Masse geben und mit dem Teigschaber unterheben.

5. Den Cookieteig mit 2 Esslöffeln oder einem Eisportionierer in gleich großen, runden Häufchen auf ein Backblech (gefettet, mit Backpapier belegt) setzen, dabei genügend Abstand zwischen den Teighäufchen lassen. Die Teighäufchen mit einem in Wasser getauchten Löffel zu flachen Cookies verstreichen. Die Cookies mit dem restlichen Haselnuss-Krokant bestreuen. Das Backblech in den vorgeheizten Backofen schieben. Die Triple Chocolate Cookies **12–15 Minuten backen.**

6. Cookies mit dem Backpapier auf einen Kuchenrost ziehen und erkalten lassen.

Waldbeerentorte I
Für Gäste
10 Stücke

Pro Stück: E: 5 g, F: 32 g, Kh: 75 g,
kJ: 2552, kcal: 609, BE: 6,5

Zum Vorbereiten:
40 g Leinsamen
200 ml Mandeldrink

Für den Teig:
150 g vegane Margarine
(zimmerwarm)
150 g Voll-Rohrzucker
1 Prise Salz
220 g Weizenmehl
3 TL Dr. Oetker Backin
1 geh. EL gesiebter Backkakao
50 g gem. Mandeln
50 g Zartbitter-Raspelschokolade

Für die Beerencreme:
300 g TK-Beerenmischung
160 g Extra Gelierzucker (2:1)
160 g vegane Margarine

Zum Garnieren:
300 g Rollfondant, weiß
etwas Puderzucker
etwa 100 g frische Beeren

Zubereitungszeit: 2 Stunden,
ohne Ruhe- und Kühlzeit
Backzeit: etwa 30 Minuten

1. Zum Vorbereiten Leinsamen im Blitzhacker fein
hacken, dann mit dem Mandeldrink verrühren. Die
Mischung etwa 30 Minuten ruhen lassen.

2. Den Backofen vorheizen.
Ober-/Unterhitze: etwa 180 °C
Heißluft: etwa 160 °C

3. Für den Teig Margarine, Zucker und Salz in einer
Rührschüssel mit dem Mixer (Rührstäbe) zunächst
kurz auf niedrigster, dann auf höchster Stufe in etwa

3 Minuten schaumig schlagen. Nach und nach die
Leinsamenmischung unter Rühren vorsichtig hinzugeben und gut verrühren.

4. Das Mehl mit Backpulver und Kakao in einer Rührschüssel mischen. Mandeln und Raspelschokolade
hinzufügen und untermischen. Die Mehlmischung
auf mittlerer Stufe kurz unter die Fett-Leinsamen-
Mischung rühren.

5. Den Teig gleichmäßig in 2 Springformen (Ø 20 cm,
Böden mit veganer Margarine gefettet) verteilen und
glatt streichen. Formen auf dem Rost in den Backofen
schieben. Die Tortenböden **etwa 30 Minuten backen.**

6. Die Formen auf einen Kuchenrost stellen. Die Tortenböden darin erkalten lassen.

7. Für die Creme die Beeren in einem Topf mit dem
Gelierzucker verrühren und langsam unter Rühren
zum Kochen bringen. Die Beeren etwa 3 Minuten kochen lassen, anschließend noch heiß durch ein Sieb
in eine Schüssel streichen. Das Beerenpüree erkalten
lassen.

8. Die Margarine in eine Rührschüssel geben. 220 g
Beerenpüree abwiegen und dazugeben. Die Zutaten
mit dem Mixer (Rührstäbe) zunächst kurz auf niedrigster, dann auf höchster Stufe in 3–4 Minuten
schaumig schlagen.

9. Die Tortenböden aus den Springformen lösen.
Einen Tortenboden (den evtl. höheren) einmal waagerecht durchschneiden. Den unteren (durchgeschnit-
tenen) Tortenboden auf eine Tortenplatte legen, mit
2 Esslöffeln von dem Beerenpüree bestreichen und
mit der oberen Hälfte belegen. Darauf 200 g von der
Waldbeerencreme glatt streichen.

10. Mit einem Teelöffel kleine Vertiefungen eindrücken, diese mit dem restlichen Beerenpüree füllen.
Dann den ganzen Tortenboden darauflegen. Die Torte
etwa 30 Minuten in den Kühlschrank stellen.

11. Die Torte rundherum dünn mit etwas von der restlichen Beerencreme bestreichen, dann erneut für etwa
60 Minuten in den Kühlschrank stellen.

12. Zum Garnieren Fondant durchkneten und zu einer Kugel formen. Diese auf einer mit Puderzucker bestreuten Arbeitsfläche etwa 4 mm dick zu einem Kreis (Ø 27 cm) ausrollen. Fondant auf die Torte legen und glatt andrücken (mit den Händen oder einer Teigkarte). Überstehenden Fondant abschneiden.

Restliche Creme in einen Spritzbeutel mit Lochtülle (Ø etwa 7 mm) geben. Die Torte mit der Creme und mit verlesenen, entstielten, abgespülten und trocken getupften Beeren garnieren.

Tipp: Im Kühlschrank hält die Torte etwa 3 Tage.

Walnuss-Schoko-Taler | Für Gäste
80 Stück

Pro Stück: E: 1 g, F: 3 g, Kh: 4 g,
kJ: 165, kcal: 39, BE: 0,3

Für den Knetteig:

> 100 g weiße Schokolade
> 100 g Walnusskerne
> 150 g Weizenmehl
> ½ TL Dr. Oetker Backin
> 50 g gesiebter Puderzucker
> 1 Prise Salz
> 1 Pck. Dr. Oetker Bourbon-
> Vanille-Zucker
> 1 Eigelb (Größe M)
> 100 g Butter oder Margarine
> 2 EL kaltes Wasser

Zum Garnieren:

> 50 g Zartbitter-Schokolade
> (etwa 50 % Kakaoanteil)
> bunte Zuckerblumen

Zubereitungszeit: 30 Minuten, ohne Kühlzeit
Backzeit: etwa 12 Minuten je Backblech

1. Für den Teig die Schokolade und Walnusskerne fein hacken. Mehl mit Backpulver und Puderzucker in einer Rührschüssel mischen. Restliche Zutaten, gehackte Schokolade und Walnusskerne hinzufügen. Die Zutaten mit einem Mixer (Knethaken) zunächst kurz auf niedrigster, dann auf höchster Stufe gut durcharbeiten.

2. Anschließend auf einer leicht bemehlten Arbeitsfläche kurz zu einem Teig verkneten. Den Teig halbieren. Jede Teighälfte zu einer etwa 20 cm langen Rolle formen. Die Rollen in Frischhaltefolie gewickelt etwa 2 Stunden in den Kühlschrank legen.

3. Den Backofen vorheizen.
Ober-/Unterhitze: etwa 180 °C
Heißluft: etwa 160 °C

4. Die Teigrollen mit einem Sägemesser in gut ½ cm dicke Scheiben schneiden. Dabei die Rollen immer wieder drehen, damit die Scheiben gleichmäßig abgeschnitten werden. Die Teigscheiben auf Backbleche (mit Backpapier belegt) legen.

5. Die Backbleche nacheinander (bei Heißluft zusammen) in den vorgeheizten Backofen schieben. Walnuss-Schoko-Taler **etwa 12 Minuten je Backblech backen.**

6. Das Backpapier mit den Walnuss-Schoko-Taler von den Backblechen auf Kuchenroste ziehen und erkalten lassen.

7. Zum Garnieren die Schokolade in kleine Stücke brechen und in einem kleinen Topf im Wasserbad bei schwacher Hitze unter Rühren schmelzen. Die Schokolade in einen Gefrierbeutel füllen, eine kleine Ecke abschneiden. Die Schokolade dünn über die Taler sprenkeln und sofort mit den Zuckerblumen bestreuen. Die Schokolade fest werden lassen.

Tipp: In gut schließenden Dosen sind die Walnuss-Schoko-Taler 3–4 Wochen haltbar.

White Chocolate Cake I

Warm oder kalt genießen

16 Stücke

Pro Stück: E: 8 g, F: 25 g, Kh: 16 g,
kJ: 1352, kcal: 323, BE: 1,5

Zum Vorbereiten:

250 g weiße Kuvertüre
150 g Butter

Für den Teig:

5 Eier (Größe M)
100 g Zucker
250 g abgezogene, gem.
    Mandeln

Zubereitungszeit: 25 Minuten, ohne Abkühlzeit
Backzeit: etwa 20 Minuten

1. Zum Vorbereiten Kuvertüre in kleine Stücke hacken, in einen Topf geben und mit der Butter unter Rühren schmelzen. Die Kuvertüre-Fett-Masse auf Zimmertemperatur abkühlen lassen.

2. Den Backofen vorheizen.
Ober-/Unterhitze: etwa 180 °C
Heißluft: etwa 160 °C

3. Für den Teig Eier und Zucker in eine Rührschüssel geben. Die Zutaten mit einem Mixer (Rührstäbe) auf höchster Stufe dick-schaumig schlagen. Zunächst die Kuvertüre-Fett-Masse unterrühren, dann die Mandeln unterheben.

4. Den Teig in eine Springform (Ø 26 cm, Boden mit Backpapier belegt) geben und glatt streichen. Da evtl. Fett aus der Form laufen kann, die Form auf einen Bogen Backpapier auf dem Rost in den vorgeheizten Backofen schieben. Den White Chocolate Cake **etwa 20 Minuten backen.**

Tipp: Den White Chocolate Cake mit einer dunklen Schokoladensauce servieren.

White Chocolate Cheesecake I

Ohne zu backen – gut vorzubereiten

16 Stücke

Pro Stück: E: 5 g, F: 30 g, Kh: 25 g,
kJ: 166, kcal: 388, BE: 2,0

Für den Boden:

     200 g Amarettini
             (ital. Mandelmakronen)
     125 g Butter

Für die Füllung:

     250 g weiße Kuvertüre
      50 g Pflanzenfett
     125 g Crème fraîche
     600 g Doppelrahm-Frischkäse
     1 Pck. Dr. Oetker Finesse
             Orangenschalen-Aroma

      50 g weiße Kuvertüre
      50 g Amarettinibrösel

Zubereitungszeit: 45 Minuten, ohne Kühlzeit

1. Für den Boden Amarettini in einen Gefrierbeutel geben. Den Beutel fest verschließen. Amarettini mit einer Teigrolle fein zerbröseln. Keksbrösel in eine Rührschüssel geben. Butter zerlassen, zu den Keksbröseln geben und gut verrühren.

2. Einen Springformrand (Ø 24 cm) auf eine mit Tortenspitze oder Backpapier belegte Tortenplatte legen. Die Bröselmasse gleichmäßig darin verteilen und mit einem Löffel gut zu einem Boden andrücken. Den Bröselboden in den Kühlschrank stellen.

3. Für die Füllung Kuvertüre in kleine Stücke hacken. Zwei Drittel davon mit dem Pflanzenfett in einem Topf im Wasserbad bei schwacher Hitze unter Rühren schmelzen. Den Topf aus dem Wasserbad nehmen. Restliche Kuvertüre darin unter Rühren schmelzen. Crème fraîche unter die Kuvertüre rühren.

4. Frischkäse mit Orangenschalen-Aroma verrühren. Die Kuvertüremasse mit einem Mixer (Rührstäbe) unter Rühren hinzugeben. Die Frischkäse-Kuvertüre-Masse auf höchster Stufe zu einer glatten Creme verrühren. Die Frischkäse-Schokoladen-Creme auf den Bröselboden in den Springformrand geben und glatt streichen. Den Cheesecake etwa 5 Stunden in den Kühlschrank stellen. Den Springformrand lösen und entfernen.

5. Die Cheesecake-Oberfläche mit geschabter Kuvertüre garnieren und den Cheesecakerand mit Amarettinibröseln bestreuen. Cheesecake in kleine Stücke schneiden.

Tipp: Dazu einen frischen, säuerlichen Obstsalat servieren.

White Chocolate Cookies | Einfach
8–9 große Cookies

Pro Stück: E: 3 g, F: 16 g, Kh: 35 g,
kJ: 1260, kcal: 301, BE: 3,0

Zum Vorbereiten:
> 200 g weiße Schokolade

Für den Teig:
> 75 g Butter (zimmerwarm)
> 40 g weißer Zucker
> 40 g brauner Zucker
> 1 Pck. Dr. Oetker Bourbon-
>   Vanille-Zucker
> 1 Prise Salz
> 1 Ei (Größe M)
> 100 g Weizenmehl
> 1 gestr. TL Dr. Oetker Backin

Für den Guss:
> 25 g Edelbitter-Schokolade
>   (etwa 60 % Kakaoanteil)
> einige
> Tropfen Speiseöl

Zubereitungszeit: 50 Minuten, ohne Abkühlzeit
Backzeit: etwa 15 Minuten

1. Zum Vorbereiten die weiße Schokolade in kleine Stückchen hacken.

2. Für den Teig die Butter mit beiden Zuckersorten, Vanille-Zucker und Salz in eine Rührschüssel geben. Die Zutaten mit einem Mixer (Rührstäbe) zunächst kurz auf niedrigster, dann auf höchster Stufe schaumig schlagen. Das Ei hinzugeben und etwa 1 Minute unterschlagen.

3. Mehl mit Backpulver gut vermischen. Die Mehlmischung auf die Butter-Ei-Masse geben und mit einem Teigschaber unterheben. Zuletzt die vorbereiteten Schokoladenstückchen unterheben.

4. Den Backofen vorheizen.
Ober-/Unterhitze: etwa 180 °C
Heißluft: etwa 160 °C

5. Den Teig mit 2 Esslöffeln oder einem Eisportionierer in gleich großen, runden Häufchen auf ein Backblech (gefettet, mit Backpapier belegt) setzen, dabei genügend Abstand zwischen den Teighäufchen lassen. Die Teighäufchen mit einem in Wasser getauchten Löffel nur etwas flach drücken (der Teig läuft beim Backen noch etwas auseinander).

6. Das Backblech in den vorgeheizten Backofen schieben. Die Cookies **etwa 15 Minuten backen.**

7. Cookies mit dem Backpapier von dem Backblech auf einen Kuchenrost ziehen und erkalten lassen.

8. Für den Guss die Schokolade in kleine Stücke brechen. Zwei Drittel davon mit dem Speiseöl in einem Topf im Wasserbad bei schwacher Hitze unter Rühren schmelzen. Den Topf aus dem Wasserbad nehmen und die restliche Schokolade darin unter Rühren schmelzen.

9. Die Schokolade in einen kleinen Gefrierbeutel füllen, den Beutel fest verschließen und eine kleine Ecke abschneiden. Die Cookies mit der Schokolade besprenkeln. Die Schokolade trocknen lassen.

Zarte Spitzen-Whoopies I

Fruchtig

10 Stück

Pro Stück: E: 5 g, F: 8 g, Kh: 22 g,
kJ: 781, kcal: 187, BE: 2,0

Für den Biskuitteig:

          3 Eiweiß (Größe M)
    1 Prise Salz
        75 g Zucker
          3 Eigelb (Größe M)
        50 g Weizenmehl
        25 g Speisestärke

Für die Füllung:

          3 Maracujas (Passionsfrüchte,
            je etwa 50 g)
      150 g Magerquark
        50 g Zucker
    1 Pck. Sahnesteif
      200 g Schlagsahne
            (mind. 30 % Fett)

Zum Bestäuben:

      1 EL Puderzucker

Außerdem:

      1 Tortenspitze

Zubereitungszeit: 45 Minuten, ohne Abkühlzeit
Backzeit: etwa 12 Minuten je Backblech

1. Den Backofen vorheizen.
Ober-/Unterhitze: etwa 180 °C
Heißluft: etwa 160 °C

2. Für den Teig das Eiweiß und Salz mit einem Mixer (Rührstäbe) auf höchster Stufe steif schlagen, dabei den Zucker einrieseln lassen. Eigelb unterschlagen. Mehl mit Stärke mischen, daraufsieben und mit einem Schneebesen unterheben.

3. Teig in einen Spritzbeutel mit Lochtülle (Ø etwa 1 ½ cm) geben. 20 runde Kleckse (Ø etwa 7 cm) mit genügend Abstand auf Backbleche (gefettet, mit Backpapier belegt) spritzen.

4. Die Backbleche nacheinander (bei Heißluft zusammen) in den vorgeheizten Backofen schieben. Die Whoopies **etwa 12 Minuten je Backblech backen.**

5. Die Whoopies mit dem Backpapier von den Backblechen auf Kuchenroste ziehen und erkalten lassen.

6. Für die Füllung Maracujas halbieren. Das Fruchtmark herauslösen, in einer Schüssel mit dem Quark glatt rühren.

7. Zucker mit Sahnesteif mischen. Sahne steif schlagen und dabei die Zuckermischung einrieseln lassen. Die Sahne unter die Quarkmasse heben.

8. Die Quarkcreme in den Spritzbeutel mit Lochtülle (Ø etwa 1 ½ cm) geben, in Tupfen auf die glatte Seite von 10 Whoopies spritzen.

9. Restliche Whoopies mit der Wölbung nach oben daraufsetzen und leicht andrücken.

10. Die Tortenspitze auf die Whoopies legen. Den Puderzucker darübersieben. Tortenspitze vorsichtig abnehmen.

Tipps: Für gleichmäßig große Whoopies auf jeden Bogen Backpapier mit einem Bleistift Kreise aufzeichnen, dabei einen etwa gleich großen, ausreichenden Abstand einhalten. Die gefetteten Backbleche mit dem Backpapier belegen, dabei die unbemalte Seite nach oben legen. Für gleichmäßig gebräunte Whoopies das Backblech nach der Hälfte der Backzeit einmal umdrehen.

Zebrakuchen, doppelter I

Braucht etwas Zeit – mit Alkohol

12 Stücke

Pro Stück: E: 13 g, F: 43 g, Kh: 103 g, kJ: 3629, kcal: 868, BE: 8,5

> 120 g Zartbitter-Kuvertüre

Für den Teig:

> 370 g Butter (zimmerwarm)
> 1 Prise Salz
> 150 g Zucker
> 150 g Puderzucker
> 8 Eier (Größe M)
> 600 g Weizenmehl
> 4 gestr. TL Dr. Oetker Backin
> 50 g Schlagsahne
> 30 g Kokosraspel
> 10 ml Rum
> 50 g abgezogene, gem. Mandeln
> 10 g gesiebter Backkakao
> 50 g Zartbitter-Raspelschokolade
> 20 ml Rum

Für die Aprikosenglasur:

> 200 g Aprikosenkonfitüre
> 2 EL Zucker
> 2 EL Wasser

Für die Schokoladenglasur:

> 150 g Zartbitter-Kuvertüre
> 100 ml Wasser
> 180 g Zucker
> 1 TL Glukosesirup (Feinkostabteilung)

Zubereitungszeit: 80 Minuten, ohne Abkühlzeit
Backzeit: etwa 2 Stunden

1. Einen Bogen Alufolie in eine Tarteform legen. Einen flexiblen Tortenring (Ø 18 cm, 9 cm hoch) in die mit Alufolie belegte Form stellen. Die überstehende Folie zum Ring hin einrollen und andrücken.

2. Den Backofen vorheizen.
Ober-/Unterhitze: etwa 160 °C
Heißluft: etwa 140 °C

3. Kuvertüre in kleine Stücke hacken. Zwei Drittel davon in einem Topf im Wasserbad bei schwacher Hitze unter Rühren schmelzen. Den Topf aus dem Wasserbad nehmen und die restliche Kuvertüre darin unter Rühren schmelzen. Kuvertüre abkühlen lassen.

4. Für den Teig Butter und Salz in einer Rührschüssel mit einem Mixer (Rührstäbe) etwa 3 Minuten schaumig schlagen. Nach und nach den Zucker und Puderzucker unterrühren. So lange rühren, bis eine gebundene Masse entstanden ist.

5. Die Eier nach und nach unterrühren (jedes Ei etwa ½ Minute). Mehl mit Backpulver mischen, abwechselnd mit der Sahne in 2–3 Portionen auf mittlerer Stufe kurz unterrühren.

6. Ein Drittel des Teiges (etwa 550 g) abnehmen und in eine zweite Rührschüssel geben. Kokosraspel und Rum unterrühren. Den restlichen Teig mit Mandeln, der geschmolzenen Kuvertüre, Kakao, Raspelschokolade und Rum verrühren.

7. Etwas von dem hellen Teig als dünne Schicht an die Innenseite des Tortenrings streichen. Etwas von dem dunklen Teig esslöffelweise darauf verteilen und glatt daran hochstreichen. Wieder etwas von dem hellen Teig daran hochstreichen. So weiter verfahren, bis beide Teige aufgebraucht sind. Die Teigoberfläche glatt streichen.

8. Die Form auf dem Rost in den vorgeheizten Backofen schieben. Den Kuchen **etwa 2 Stunden backen.** Die Form auf einen Kuchenrost stellen, den Kuchen in dem Tortenring erkalten lassen. Dann den Tortenring lösen und entfernen. Die Oberfläche evtl. gerade schneiden.

9. Für die Aprikosenglasur Konfitüre mit Zucker und Wasser in einem Topf unter Rühren zum Kochen bringen. 1–2 Minuten kochen lassen, anschließend durch ein Sieb streichen. Den Kuchen mit der heißen Glasur bestreichen, Glasur antrocknen lassen.

10. Für die Schokoladenglasur Kuvertüre fein hacken. Wasser, Zucker und Glukosesirup in einem Topf unter Rühren aufkochen lassen, so lange rühren, bis der

Zucker aufgelöst ist. Den Topf von der Kochstelle nehmen. Klein gehackte Kuvertüre in das Zuckerwasser
geben und unter Rühren schmelzen lassen. Die Glasur
dickflüssig abkühlen lassen. Den Zebrakuchen mit der
Schokoladenglasur überziehen. Glasur fest werden
lassen.

Zebra-Orangen-Torte | Erfrischend

8–10 Stücke

Pro Stück: E: 9 g, F: 36 g, Kh: 47 g,
kJ: 2301, kcal: 550, BE: 4,0

Für den Rührteig:

170 g	Butter oder Margarine (zimmerwarm)
130 g	Zucker
5	Eier (Größe M)
200 g	Weizenmehl
1 gestr. TL	Dr. Oetker Backin
3 EL	Milch
10 g	gesiebter Backkakao

Für die Füllung:

4 Blatt	weiße Gelatine
1 Pck.	Dr. Oetker Pudding-Pulver Vanille-Geschmack
50 g	Zucker
330 ml	Blutorangensaft
1–2 EL	Zitronensaft
250 g	Schlagsahne (mind. 30 % Fett)

Zum Garnieren:

150 g	Schlagsahne (mind. 30 % Fett)
40 g	Zartbitter-Schokolade (etwa 50 % Kakaoanteil)
1 TL	Speiseöl, z. B. Sonnenblumenöl

Zubereitungszeit: 40 Minuten, ohne Kühlzeit
Backzeit: etwa 20 Minuten je Boden

1. Den Backofen vorheizen.
Ober-/Unterhitze: etwa 180 °C
Heißluft: etwa 160 °C

2. Für den Teig die Butter oder Margarine mit einem Mixer (Rührstäbe) auf höchster Stufe geschmeidig rühren. Nach und nach Zucker unterrühren, bis eine gebundene Masse entstanden ist.

3. Die Eier nach und nach unterrühren (jedes Ei etwa ½ Minute). Mehl mit Backpulver mischen und auf mittlerer Stufe kurz unterrühren. 2 Esslöffel Milch unterrühren. Unter die Hälfte des Teiges Kakao und restliche Milch rühren. Den hellen Teig in einer Springform (Ø 18 cm, Boden gefettet) glatt streichen.

4. Die Form auf dem Rost in den vorgeheizten Backofen schieben. Den Tortenboden **etwa 20 Minuten backen.**

5. Den Tortenboden auf einen mit Backpapier belegten Kuchenrost stürzen und erkalten lassen.

6. Inzwischen den dunklen Teig in der Springform (Boden gefettet) glatt streichen.

7. Für die Füllung Gelatine nach Packungsanleitung einweichen. Aus Pudding-Pulver, Zucker und Säften einen Pudding nach Packungsanleitung, aber mit den hier angegebenen Zutaten und Mengen, zubereiten. Gelatine ausdrücken und in dem heißen Pudding unter Rühren auflösen. Frischhaltefolie direkt auf den Pudding legen. Pudding erkalten lassen.

8. Sahne steif schlagen und unter den Pudding heben. Puddingcreme zugedeckt in den Kühlschrank stellen.

9. Die beiden Tortenböden einmal waagerecht durchschneiden. Einen dunklen Boden auf eine Tortenplatte legen und mit einem Drittel der Puddingcreme bestreichen. Einen hellen Boden darauflegen, mit der Hälfte der restlichen Creme bestreichen, wieder einen dunklen Boden darauflegen und mit der restlichen Creme bestreichen, mit dem letzten hellen Boden belegen. Die Torte zugedeckt 1–2 Stunden in den Kühlschrank stellen.

10. Zum Garnieren Sahne steif schlagen. Die Torte rundherum damit einstreichen.

11. Die Schokolade in kleine Stücke brechen und mit dem Speiseöl in einem Topf im Wasserbad bei schwacher Hitze unter Rühren schmelzen. Geschmolzene Schokolade in einen Gefrierbeutel füllen und eine kleine Ecke abschneiden. Die Torte mit der Schokolade im Zebramuster besprenkeln. Schokolade trocknen lassen.

Zitronen-Blaubeer-Tarte | Erfrischend
12 Stücke

Pro Stück: E: 3 g, F: 7 g, Kh: 17 g,
kJ: 586, kcal: 140, BE: 1,5

Zum Vorbereiten:
> 2 Bio-Zitronen
> (unbehandelt, ungewachst)

Für den Knetteig:
> 40 g Roggen-Vollkornmehl
> 30 g Weizenmehl
> 1 Msp. Dr. Oetker Backin
> 40 g brauner Zucker
> 50 g Joghurt-Butter
> (65 % Fett, zimmerwarm)
> 1 EL kaltes Wasser

Für den Zitronenpudding:
> 250 ml Mineralwasser
> (ohne Kohlensäure)
> 40 g Zucker
> 1 Ei (Größe M)
> 30 g Speisestärke

Für den Belag:
> 200 g Blaubeeren (Heidelbeeren)
> 400 g griechischer Sahnejoghurt

Zubereitungszeit: 25 Minuten, ohne Abkühlzeit
Backzeit: etwa 15 Minuten

1. Zum Vorbereiten die Zitronen heiß abwaschen, abtrocknen und die Schalen fein abreiben. Die Zitronen halbieren, den Saft auspressen und 70 ml davon abmessen.

2. Den Backofen vorheizen.
Ober-/Unterhitze: etwa 200 °C
Heißluft: etwa 180 °C

3. Für den Teig beide Mehlsorten mit Backpulver und 1 Messerspitze Zitronenschale mischen. Die restlichen Zutaten hinzufügen, mit einem Mixer (Knethaken) erst kurz auf niedrigster, danach auf höchster Stufe gut durcharbeiten. Anschließend auf einer leicht bemehlten Arbeitsfläche kurz zu einem Teig verkneten, dann zu einer Kugel formen. Sollte der Teig kleben, ihn in Frischhaltefolie gewickelt eine Zeit lang in den Kühlschrank legen.

4. Den Teig auf der leicht bemehlten Arbeitsfläche zu einer runden Platte (Ø etwa 26 cm) ausrollen, auf den Boden einer Springform (Ø 26 cm, gefettet, mit Backpapier belegt) legen und mit einer Gabel mehrfach einstechen. Den Springformrand darumstellen. Die Form auf dem Rost in den vorgeheizten Backofen schieben. Den Knetteigboden in **etwa 15 Minuten goldbraun backen.**

5. Die Form auf einen Kuchenrost stellen. Den Knetteigboden in der Form erkalten lassen.

6. Für den Pudding 50 ml Mineralwasser mit Zucker, Ei und Stärke sorgfältig verrühren. Restliches Mineralwasser (200 ml) mit abgemessenem Zitronensaft und restlicher Zitronenschale in einem Topf zum Kochen bringen. Die angerührte Stärke in die von der Kochstelle genommenen Zitronenmischung rühren, nochmals kurz aufkochen. Den Zitronenpudding noch heiß in der Form auf dem Knetteigboden glatt streichen. Pudding erkalten lassen.

7. Für den Belag Blaubeeren verlesen, abspülen und sehr gut abtropfen lassen. Die Tarte vorsichtig aus der Form lösen und auf eine Kuchenplatte setzen.

8. Den Joghurt glatt rühren, auf die Tarte geben und in leichten Wellen verstreichen. Die Tarte mit Blaubeeren belegen, sofort servieren.

Zitronen-Pops I
Für den Cake-Pop-Maker
24 Stück

Pro Stück: E: 3 g, F: 14 g, Kh: 15 g,
kJ: 825, kcal: 198, BE: 1,5

Für den Cake-Pop-Teig:

½	kleine Bio-Zitrone (unbehandelt, ungewachst)
150 g	Butter (zimmerwarm)
120 g	brauner Zucker
1 Prise	Salz
3	Eier (Größe M)
75 g	Polenta (Maisgrieß)
75 g	Maismehl
50 g	gem. Mandeln
1 gestr. TL	Dr. Oetker Backin

Zum Garnieren:

2 Pck.	Kuchenglasur Zitrone
100 g	geröstete, gehobelte Mandeln

Außerdem:

1	Cake-Pop-Maker
24	Lollistiele aus Plastik, Holz oder Papier
1 Stück	Styropor

Zubereitungszeit: 60 Minuten, ohne Kühlzeit
Backzeit: etwa 6 Minuten

1. Für den Teig Zitronenhälfte heiß abwaschen, abtrocknen und die Schale fein abreiben. Butter, Zucker, Zitronenschale und Salz mit einem Mixer (Rührstäbe) zunächst kurz auf niedrigster, dann auf höchster Stufe in etwa 4 Minuten schaumig schlagen.

2. Nach und nach die Eier unterrühren (jedes Ei etwa ½ Minute).

3. Polenta mit Maismehl, Mandeln und Backpulver mischen und unter die Eier-Fett-Masse heben.

4. Den Cake-Pop-Maker nach Herstelleranleitung kurz vorheizen. Die Mulden evtl. dünn mit Speiseöl auspinseln (Vorsicht: Das heiße Fett könnte spritzen!).

5. Den Teig in einen Spritzbeutel (mit großer Lochtülle, Ø etwa ½ cm) füllen, in die Mulden des Cake-Pop-Makers spritzen. Die Cake Pops etwa 6 Minuten backen. Anschließend auf einem mit Backpapier belegten Kuchenrost erkalten lassen.

6. Aus dem restlichen Teig weitere Teigkugeln backen und erkalten lassen.

7. Zum Garnieren 1 Päckchen Kuchenglasur nach Packungsanleitung schmelzen.

8. Die Lollistiele 2 cm tief in die Glasur tauchen, dann in die Teigkugeln stecken.

9. Die Cake Pops etwa 30 Minuten in den Kühlschank legen.

10. Die Kuchenglasurreste und das zweite Päckchen nach Packungsanleitung schmelzen, dann zusammen in eine kleine Schale geben.

11. Cake Pops an den Stielen in die Glasur tauchen, etwas abtropfen lassen und in den gerösteten Mandeln wälzen.

12. Die Cake Pops mit den Stielen in ein Stück Styropor stecken. Die Glasur trocknen lassen.

Cookies

Cheesecakes

Cake Pops & Whoopies

Pies & Tartes

Für Fragen, Vorschläge oder Anregungen stehen Ihnen der Verbraucherservice der Dr. Oetker Versuchsküche Telefon: 00800 71 72 73 74 Mo.–Fr. 8:00–18:00 Uhr (gebührenfrei in Deutschland) oder die Mitarbeiter des Dr. Oetker Verlages Telefon: +49 (0) 521 52 06 51 Mo.–Fr. 9:00–15:00 Uhr zur Verfügung.
Schreiben Sie uns an Dr. Oetker Verlag KG, Am Bach 11, 33602 Bielefeld oder besuchen Sie uns im Internet unter www.oetker-verlag.de, www.facebook.com/Dr.OetkerVerlag oder www.oetker.de.

Umwelthinweis Dieses Buch und der Einband wurden auf FSC®-zertifiziertem, chlorfrei gebleichtem Papier gedruckt.
Die Einschrumpffolie – zum Schutz vor Verschmutzung – ist aus umweltfreundlichem und recyclingfähigem PE-Material.

Copyright © 2015 by Dr. Oetker Verlag KG, Bielefeld

Redaktion Christina Langner

Innenfotos Walter Cimbal, Hamburg (S. 5, 20, 22, 25, 33, 46, 49, 52, 59, 69, 70, 80, 82, 100, 110, 117–120, 126, 128, 134, 148–153, 158, 165–169, 177, 182, 193, 196–199, 204, 205, 212, 217, 231, 232, 244, 246, 249, 253, 258–261, 272, 277)
Fotostudio Diercks – Thomas Diercks/Kai Boxhammer, Christiane Krüger, Hamburg (S. 7, 23, 29, 30, 32, 35, 40–43, 45, 60, 63, 75, 79, 81, 96, 103, 104, 109, 112, 114, 116, 123, 127, 131, 141–147, 160, 173, 174, 181, 185–188, 221, 225–229, 235, 236, 240, 250, 254, 257, 266, 269, 271)
Eising Studio Food Photo & Video, München (S. 191)
Ulli Hartmann, Halle/Westf. (S. 38, 39, 183)
Janne Peters, Hamburg (S. 111, 140, 208)
Antje Plewinski, Berlin (S. 26, 27, 55, 67, 68, 71, 91, 94, 129, 139, 157, 189, 195, 209, 222, 265, 273, 278, 281)
Anke Politt, Hamburg (S. 8–19, 21, 31, 36, 37, 44, 47, 50, 57, 64, 66, 72, 73, 76, 83–89, 92, 95, 99, 107, 108, 124, 132, 135–137, 161, 163, 170, 180, 184, 192, 200, 203, 207, 214, 215, 218, 233, 239, 243, 247, 262, 267, 274, 282)
Axel Struwe, Bielefeld (S. 211)
Brigitte Wegner, Bielefeld (S. 154)
Winkler Studios, Bremen (S. 51, 93, 113, 178, 202, 270)

Lektorat no:vum, Susanne Noll, Hennef

Nährwertberechnungen Nutri Service, Hennef

Wir danken für die freundliche Unterstützung Ludwig Schokolade, Bergisch Gladbach
MARS, Viersen

Grafisches Konzept, Gestaltung und Satz MDH Haselhorst, Bielefeld
Titelgestaltung imaginas, Schloß Holte-Stukenbrock
Druck und Bindung Mohn Media Mohndruck GmbH, Gütersloh

ISBN: 978-3-7670-0786-4